사소절 동규편
士小節 童規編

세 살 적 배움,
평생을 이끈다

이덕무 著·김종권 譯
해설 김윤섭·조인상·황효숙·지옥진

明文堂

머리말

사소절士小節은 실학자인 아정雅亭 이덕무李德懋(1741-1793)의 저작
著作이다. 영조英祖 51년(1775년)에 간행刊行되었으며 총8권 3편 924장
으로 나누어져 있으며 남자의 예법을 다룬 사전士典편(제1-5권), 부녀
자의 예절을 다룬 부의婦儀편(제6-7권), 어린이의 규범을 다룬 동규童規
편(제8권)으로 구성되어 있다. 책의 서문에서 그는 "나는 사소한 예절을
잘 살펴서 그 허물을 적게 하려고 하였으나 그러나 돌아보면 잘 되지 않
은 것이 있었다. 사람들은 항상 사소한 예절에는 메일 것이 아니라고들
말하지만 나는 일찍이 이는 올바른 도리에 어긋나는 말이라고 생각했
다. 사소한 예절을 닦지 않고서는 능히 큰 예의를 실행하는 사람은 아직
보지 못하였다."고 일갈하였다.

사소한 예절!
우리들은 이 말씀에 크게 공감하였다. 사소절士小節에서 일러 주신
여러 가르침들이 옛 어른의 자잘한 주의 말씀 정도로 그냥 넘겨 버릴 일
이 아니라 온고지신溫故知新과 타산지석他山之石의 마음가짐으로 주의
깊게 공부할 필요가 있다고 본 것이다. 특히 오늘날과 같이 아동교육에
서부터 대학교육에 이르기까지 인성교육人性敎育의 중요성이 강조되고

있는 터에 교육 현장의 모든 이들이 '사소한 예절' 공부에 적극 동참해야 할 과업이 아닌가 생각한다. 이런 믿음을 가지고 우리들이 먼저 연마鍊磨함으로써 자기 정화淨化와 쇄신刷新을 기하며 부모님들은 가정에서 자녀들의 본이 되어야 할 것이며, 사명감 있는 교사들은 현장에서 '사소한 예절'을 실천하는 친절한 안내자의 역할을 수행하여야 할 것이리라. 이런 의미에서 본 서는 '사소한 예절' 실천을 위한 한 행보行步로서 어린이의 규범을 다룬 사소절士小節 동규童規편 131장에서 어떤 교육규범을 일러주고 있는 것인지, 나아가 이러한 가르침들을 오늘에 적용, 실천할수 있는 방안과 방향은 무엇인지, 틈나는 대로 학습모임을 가지고 필진 각자의 견해와 실천방향을 제시해 보았다.

필자들의 교육적 견해와 관점을 밝히고 현실 속에서 실천할 수 있는 방향을 제시했다고는 하나 옛 어른의 뜻을 되새겨보거나 또는 비판적 수정 입장을 표하는 경우가 대부분이라 할 것이다. 그러므로 본 서는 필진의 자유로운 견해와 관점들을 담아본 과업이라는 점에서 관심을 가진 많은 분들이 아동 예절교육에 관한 서로 다른 관점이나 방향을 제시해 보는 '논의의 광장'을 열어보았다는 데에 나름의 의의가 있지 않나 생각해

본다. 무릇 고전古典은 욕심내지 말고 틈틈이 조금씩 음미吟味해 보는 것이 공부의 맛이라 한다. 오늘날의 이 불안정한 세태에서 무슨 옛 얘기들을 하고 있느냐 할지 모르겠으나 그래도 가르치는 일을 아니 할 순 없다. 우리의 자녀들이 더 잘 자라나서 보다 평화로운 세상을 만들어 갈 수 있도록 하기 위해서 말이다.

그리고 한 가지 첨언할 사항은 {본문}과 {한자 뜻풀이}에 나오는 한자어들은 평소 자주 쓰지 않는 글자도 있고 또 글자의 자의字意나 용례用例가 다양하므로 옥편을 활용하여 학습할 것을 당부드린다.

끝으로 《김종권金鍾權 역저譯著 사소절士小節》(1993년 명문당明文堂 간행刊行)의 한문 번역본의 인용과 책의 출간을 허락해 주신 명문당明文堂 출판사 김동구金東求 사장님과 편집자님들의 노고에 깊이 감사드린다.

2021년 11월

김윤섭·조인상·황효숙·지옥진

차례

──────── 4. 이런 일 저런 일〔事物사물〕 ────────

1

행동거지
〔動止동지〕

"어린이의 성장과 발전은
천천히 지속적으로 해나가야 한다."

{본문}

童孺之象, 穎超不至浮橫, 渾樸不至孱腐, 不可
동 유 지 상   영 초 부 지 부 횡   혼 박 부 지 병 부   불 가

了了無餘蘊, 只可肫肫有長進.
요 요 무 여 온   지 가 순 순 유 장 진

{해석}

어린이의 기상은 영리하고 뛰어나더라도 들떠 날뛰는 데 이르
지 않아야 하고, 후하고 순박하더라도 잔약하고 무른 데 이르지
않아야 하고, 대번에 재능을 다 나타내서 남아 있는 재능이 없게
하여서는 안 되는 것이니, 다만 정성을 다하여 오래도록 발전되도
록 할 것이다. (김종권 역, 1993, p.274)

{ 한자 뜻풀이 }

童 아이 동 孺 젖먹이 유 之 갈 지 象 코끼리 상

穎 이삭 영 超 뛰어넘을 초 不 아닐 부 至 이를 지 浮 뜰 부 橫 가로 횡

渾 흐릴 혼 樸 질박할 박 不 아닐 부 至 이를 지 屛 병풍 병 腐 썩을 부

不 아닐 불 可 옳을 가 了 마칠 요 無 없을 무 餘 남을 여 蘊 쌓을 온

只 다만 지 可 옳을 가 肫 정성스러울 순 有 있을 유 長 길 장 進 나아갈 진

{ 실천방향 }

김윤섭 옛 어른들은 아이들의 총명함도 너무 자랑하거나 과신하지 않도록 가르쳐야 하며, 또한 조금 부족해 보이는 점이 있어도 자책하지 않도록 독려해 갈 것을 일러주고 있다. 돌이켜 보건대, 어릴 때 형제자매나 친척 간 자라나는 모습을 가지고 어른들이 일찍부터 이런 저런 말이 참 많기도 했다. 자기 아이가 좀 잘하면 자랑하기 바쁘고, 남의 아이가 잘한다 하면 속상해하고 서로 의가 상하고 반목하기도 한다. 후일 아이들이 장성해서 각자 제 위치에서 자기 일들 하는 걸 보면 특별히 차이가 나지도 않는다. 학교 공부만을 놓고 경솔하게 어린아이들을 비교하곤 하던 부모 세대의 각성이 요구된다. 편향 없이 따뜻하게 키워나가면 아이의 자율성은 튼튼히 자라게 된다.

조인상 인재강국 이스라엘에는 이런 속담이 있다. "형제의 개성을 비교하면 모두 살릴 수 있지만, 형제의 머리를 비교하면 모두 죽인다." 한마디로 서로 다른 점을 인정하며 키우라는 것이다. 형제를 키우면서 편향 없이 키우는 것은 매우 쉬워 보이지만 은연

중에 비교하는 경우가 참 많다. 하물며 다른 집 아이까지 비교하는 것도 허다하다. '형이 되어서… 동생이라면… 옆집 누구는…' 어릴 적 부모님께 한번쯤은 들었을만한 말이다. 서로 아껴주고 지지하면서 살아야 할 형제가 부모님의 잦은 비교로 경쟁자로 살아가게 되는 것이다. 성경에 나온 인류 최초의 살인도 형제간의 살인이었음을 생각해 볼 일이다.

황효숙 어린이의 성장과 발전은 어린나무에 비교될 수 있다. 씨를 심을 때 정성을 다하여 심고 잘 돌보아주고 살펴야 한다. 적당한 햇볕과 물을 주고 온도를 맞추어주어야 하며, 혹여 올바르게 자라지 못할 때는 버팀목을 대어서 바르게 자라게 하여야 한다. 혹 빠른 성장을 원해서 물을 과하게 주거나 양분을 넘치게 주면, 어린 묘목은 썩어버리거나 바르게 자라지 못한다. 잘 관찰하여 기다리고 관심을 가지는 것이 옳다. 이와 같이 어린아이를 연령에 맞게 자유롭게 돌보되 절제와 균형을 가지고 훌륭한 자아를 가질 수 있도록 뚝심 있게 부모는 기다려주어야 한다.

지옥진 부모님이 5세 아들이 언어가 느린 것 같다고 하며 언어 검사를 예약하고 아이와 함께 내원을 하였다. 부부는 맞벌이고, 아이를 돌봐주시는 주 양육자는 편찮으신 할머니를 돌보시는 할아버지셨다. 할아버지는 아이가 어릴 때부터 힘드시면 주로 영어 비디오를 틀어주었는데, 아이가 영어를 따라하며 말을 하는 것이 신기해서 계속 보여주었다고 한다. 아동의 언어 검사는 나이보다 1년 6개월

늦은 것으로 나왔고, 아이가 놀이하는 것을 지켜보니 놀잇감을 만지며 영어로 놀이를 하고, 선생님과 소통을 하지 않으며 혼자서 놀고, 눈 맞춤이 없고 관계를 시도하지 않았다고 한다. 잘한다고 지나치게 앞서가도록 공부시키는 것은 해가 될 수 있다.

아이가 흥미를 가지고 재미있어 하는 것을 꾸준히 하도록 하는 것이 재능이 되는 것처럼 너무 서두르지 않고 한쪽으로 치우치지 않으며, 꾸준히 성장하고 발전하도록 도와주며 양육하는 것이 중요하다.

"어린이의 성정을 헤아리면서 가르친다."

{본문}

童子類多輕躁浮淺之習, 百行之不完全, 萬事之
동자유다경조부천지습 백행지불완전 만사지

不堅固, 皆由於此.
불견고 개유어차

故易曰,「蒙養以正, 聖功也.」
고역왈 몽양이정 성공야

{해석}

　어린이들은 경솔하고 수선스럽고 들뜨고 천박한 버릇이 많은
데, 온갖 행실이 완전하지 못하고, 온갖 일이 굳건하지 못한 것은
다 이런데 말미암는 것이다.

　그러므로 《주역》에 말하기를, 「무지몽매한 아이들을 기르고 가

르쳐서 공명정대한 사람으로 만드는 것이 위대한 성인의 공적이
다.」라고 하였다.(김종권 역, 1993, p.274)

{ 한자 뜻풀이 }

童 아이 동 子 아들 자 類 무리 유 多 많을 다 輕 가벼울 경 躁 조급할 조

浮 뜰 부 淺 얕을 천 之 갈 지 習 익힐 습

百 일백 백 行 다닐 행 之 갈 지 不 아닐 불 完 완전할 완 全 온전할 전

萬 일만 만 事 일 사 之 갈 지 不 아닐 불 堅 굳을 견 固 굳을 고

皆 다 개 由 말미암을 유 於 어조사 어 此 이 차

故 연고 고 易 바꿀 역 曰 가로 왈

蒙 어두울 몽 養 기를 양 以 써 이 正 바를 정

聖 성인 성 功 공 공 也 어조사 야

{ 실천방향 }

김윤섭   세상에 완전한 사람은 없다. 아이들의 부족함을 속상해
하고, 조바심내고, 잔소리하고, 핀잔주고 해서 아이들이
제대로 클까? 애정과 신뢰, 경청과 격려가 명약이다. 불화 없는 가정
에서의 따뜻한 대화가 아이의 마음을 안정되게 한다. 시간이 흐른다
고 저절로 되는 교육은 없다. 아이들은 부모와 선생님을 따라 배우면
서 자란다는 점을 명념하여야 한다.

조인상   아이들이 행동을 습득하는 데는 여러 가지 방법이 있는데,
그중 모델링을 통한 학습방법이 있다. 다른 사람이 하는

것을 보고 따라 하는 것이다. 어른의 경우도 마찬가지다. 처음 가본 식당에서 잘 모를 때 옆 사람을 보고 음식을 시키기도, 먹기도 하니 말이다. 특히 가정이 세상의 전부인 영유아기에는 부모님의 모습을 보고 모든 것을 따라 배우기 시작한다. 걸음걸이, 목소리, 말투, 웃는 모습도 모두 부모님의 것이다. 양심과 도덕성도 부모의 양육태도에서 만들어진다. 내가 원하는 아이를 위해서는 부모가 변해야 하는 것이다.

황효숙 반듯함에 대하여 어릴 적부터 분별력을 심어주어야 한다. 생각과 함께 실천할 수 있는 힘을 기를 수 있도록 가르치고 도와야 한다. 돈으로 살 수 없는 것들에 대한 생각을 해본다. 예절(Manners), 도덕성(Morals), 존경심(Respect), 성품(Character), 신뢰(Trust), 참음(Patience), 클래스(Class), 진실(Integrity), 사랑(Love) 등… 이런 소중한 것에 대해 훈육하여서 올바르게 자랄 수 있도록 끊임없이 교육하는 것이 마땅하다.

지옥진 식사 예절은 일단 식사시간이 되면 자리에 앉아서 식사를 하고, 식사시간에 장난을 치며 돌아다니거나 안 먹겠다고 하면 밥상을 치워야 한다. 가정의 규범과 규칙은 걸어 다니고 말을 배우는 시기부터 가르쳐야 한다고 생각한다. 지금 상대방이 싫어하는 행동은 모두가 잘못된 행동으로 볼 수 있기 때문이다. 예를 들면, 외출할 때 가족들에게 말하고 나가기, 약속한 시간 전에 귀가하기, 이웃에게 먼저 인사하기, 자기 방은 스스로 알아서 정리하기, 다 먹은 밥

그릇은 설거지통에 갖다 넣기, 다 함께 쓰는 물건은 쓰고 나서 제자리에 놓기, 기본적인 것은 우리가 먼저 실천하면서 아이들에게 가르쳐야 한다. 자라나는 아이들에게 기본적인 규칙들을 잘 가르쳐서 남에게 피해를 주지 않고, 바르고 현명한 아이들로 자라도록 해야 나라가 공명정대하고 위대한 나라로 발전할 수 있기 때문이다.

"어린이의 급한 성정은
어릴 때 바르게 잡아야."

{본문}

童子類多急語疾步, 長者隨見隨禁, 期於矯革可
동 자 유 다 급 어 질 보　 장 자 수 견 수 금　 기 어 교 혁 가

也.
야

{해석}

　어린이들은 흔히 말을 급하게 하고 걸음을 빨리하는데, 어른들
은 보는 대로 금지하여 기어이 바로잡도록 고쳐 주어야 한다. (김종
권 역, 1993, p.274)

{한자 뜻풀이}

　童 아이 동　子 아들 자　類 무리 유　多 많을 다　急 급할 급　語 말씀 어　疾 병 질

步 걸음 보

長 길 장 者 놈 자 隨 따를 수 見 볼 견 隨 따를 수 禁 금할 금

期 기약할 기 於 어조사 어 矯 바로잡을 교 革 가죽 혁 可 옳을 가 也 어조사 야

{ 실천방향 }

김윤섭　아이의 행실이 바르지 않다 생각되면 조기에 바로잡아주는 것이 필요하다. 급한 행동을 자제하고 조심하는 태도를 기르도록 가정에서 가르쳐야 한다. 어린 시절에 습관을 잘 닦아 놓으면 커서도 신중한 사람이 될 것이다. 자녀들이 어릴 적에 잘못 길들여진 것들이 사회생활 속에서 계속된다면 어디 가서도 좋은 평을 듣기 어려울 것이다. 병원과 학원이 있는 건물 1층에서 여러 사람들이 엘리베이트터를 기다리는데, 초등학교 1년생쯤으로 보이는 아이가 저만치 보이는 제 친구들을 보고 "야 빨리 와!" 하고 고함을 지른다. 누군가 어른이 "그렇게 소리 지르는 것 아니야." 하고 이르는 데도 듣지 않는다. 우리나라 교육에서는 그렇게 키우는 것이 기를 살리고 용맹을 키우는 것인지 생각해 볼 일이다.

조인상　호기심이 많은 아이와 겁이 없는 아이는 구분해서 양육할 필요가 있다. 새로운 것을 보고 궁금해 하고 눈빛을 빛내는 아이와, 겁이 없어 마구 헤집고 다니는 아이는 객관적으로 바라봐야 할 필요가 있다. 부모의 주관적인 시각에서는 비슷하게 느껴질 수 있을 듯하다. 누군가에게 피해를 주는 것은 아이의 연령에 맞게 지도해야 한다. 상황을 이해하지 못하는 연령의 아이는 성장할 때까지 기

다려주어야 하고, 이해할 수 있는 아이는 설명하여 바른 태도를 가르쳐야 한다.

황효숙 우리나라 속담에 "급하다고 바늘 허리에 실 매어 쓸까?" 라는 말이 있다. 걸음마도 못 뗀 아기가 계단을 뛰어오를 수 없듯이, 욕심난다고 일을 서두르면 오히려 좋지 않은 결과를 낳게 된다. 급할수록 천천히 생각하고 중심을 잘 잡아야 한다. 무슨 일을 할 때에 여러 번 생각하고 행동에 옮기고, 급하게 하면 일을 망치기가 쉽다. 서두르지 않아야 일의 완성도가 높고 꼼꼼히 잘 살필 수 있음을 알게 하여야 한다.

"독서할 때는 집중하는 습관을 길러야 한다."

{본문}

方讀書, 而門外雖有簫鼓之聲, 不可遽起而疾走
방 독 서　이 문 외 수 유 소 고 지 성　불 가 거 기 이 질 주

也.
야

{해석}

바야흐로 책을 읽을 때, 문 밖에서 비록 퉁소나 북소리가 들리
더라도 급히 일어나 빨리 달려 나가서는 안 된다. (김종권 역, 1993,
pp.274-275)

{한자 뜻풀이}

方 모 방　讀 읽을 독　書 글 서

而 말이을 이 門 문 문 外 바깥 외 雖 비록 수 有 있을 유 簫 퉁소 소 鼓 북 고
之 갈 지 聲 소리 성
不 아닐 불 可 옳을 가 遽 갑자기 거 起 일어날 기 而 말이을 이 疾 병 질
走 달릴 주 也 어조사 야

{ 실천방향 }

김윤섭   책을 읽을 때 집중할 수 있다면 그 아니 좋겠는가? 주의력
이 산만하다고 어린아이만 뭐라고 할 일은 아닌 것 같다.
특히 독서는 주변 환경과 문화가 조성되어야 한다. 그것이 독서력을
키우는 요체다. 독서는 창의력 개발의 첫걸음이라 할 수 있으므로, 부
모들 스스로 독서를 생활화하여 자연스럽게 자녀의 독서활동이 활발
히 이뤄지도록 관심을 기울여야 한다. 매일 그저 한 두어 페이지씩만
같이 읽으면서 토론하면 독서 체질 형성이 보일 것이다. 어린 자녀들
과 같이 도서관엘 자주 들리고 독서모임 같은 데에 나가서 늘 배우면
서 자녀들과 독서토론을 하는 태도를 기르면 좋을 것이다. 자녀들에
게도 스스로 공공도서관 등에서 제공하는 독서교실에 나가서 소집단
독서활동에 참여하도록 권장할 일이다. 독서야말로 자녀의 미래를
준비하여 장래성 있는 사람으로 커가게 하는 첩경임에랴. 참고로,
'몰입'과 관련하여 황농문 교수의 '인생을 바꾸는 자기혁명 몰입'과
칙센트미하이의 '몰입의 경영/심현식 역' 등을 참고할 만하다.

조인상   산만한 아이들의 집중력을 키워주는 방법은 몰입을 경험
하게 하는 것이 좋다. 아이가 좋아하는 것을 실컷 하게 해

준다. 좋아하는 놀이를 통해서 몰입을 경험하고 집중력이 높아지게 될 것이다. 주의할 점은, 놀이를 하고 있을 때 자주 방해하여 흐름을 깨지 않아야 한다. 위험하거나 남에게 피해를 주는 것이 아니라면 충분히 놀 수 있도록 배려하는 것이 좋다.

황효숙 독서하는 습관을 어릴 때부터 기르는 것은 참으로 중요하다. 독서는 간접적인 경험을 통하여 많은 상상력과 창의력을 갖게 한다. 글을 읽는 과정에서 텍스트의 의미를 해석하며 스스로 결과물을 만들어 낼 수 있다. 논리적인 글에서는 논리적인 사고를 배울 수 있고, 정서적인 글에서는 인간의 삶과 다양한 모습을 이해할 수 있다. 옛 선현들의 위인전부터 현대 과학에 이르기까지 늘 책을 가까이하는 습관을 어릴 적부터 길러주고 부모가 함께 아이의 책을 같이 읽고 이야기 나누는 것이 필요하다.

지옥진 집중하는 습관은 좋아하는 것을 열심히 할 때 생기는 것이라 생각한다. 집중으로 몰입이 생길 때 성취감과 희열을 느낄 수 있다. 집중력과 몰입을 높이는데 창작활동만큼 도움이 되는 작업이 예체능 활동이라고 할 수 있다. 새로운 것을 만들어내고 고민하고 새롭게 해보는 활동은 밤을 새워도 피곤하지 않다. 왜냐하면 자신이 원하는 일이고 좋아서 고민하고 집중하기 때문이다.

독서를 할 때 집중하려면 먼저 마음이 안정되고 편해야 한다. 머릿속이 복잡하고 마음에 불안이나 분노, 우울, 고민이 많을 때는 아무리 유익한 책도 눈에 들어오지 않고, 좋은 이야기도 귀에 들리지 않는다.

공부를 하려고 해도 글씨가 머릿속에 들어오지 않기 때문이다.

그리고 머릿속을 비워야 한다. 부모님이 책을 읽어라, 공부를 해라 해서 집중하고 독서하는 습관이 길러지지 않는다. 화가 있거나 고민이 있으면 먼저 마음자리를 살펴야 하고 편한 상태를 유지해야 집중할 수 있기 때문이다.

"어린이가 참을성을 갖도록 가르쳐야 한다."

{ 본문 }

童子稍長, 而躁心者, 或暫飢, 而固索食, 甚病,
동 자 초 장 이 조 심 자 혹 잠 기 이 고 색 식 심 병

而善却藥, 此亦乖戾之漸也.
이 선 각 약 차 역 괴 려 지 점 야

{ 해석 }

　어린이가 좀 자라서 성질이 급한 사람은 잠깐 동안만 배가 고
파도 굳이 먹을 것을 찾고, 심한 병에도 약을 잘 안 먹고 물리치
는데, 이러한 것도 역시 사리에 어긋나는 행동의 시초가 되는 것
이다.(김종권 역, 1993, p.275)

{ 한자 뜻풀이 }

　童 아이동 子 아들자 稍 점점초 長 길장

而 말이을 이 躁 조급할 조 心 마음 심 者 놈 자

或 혹 혹 暫 잠깐 잠 飢 주릴 기

而 말이을 이 固 굳을 고 索 찾을 색 食 밥 식

甚 심할 심 病 병 병

而 말이을 이 善 착할 선 却 물리칠 각 藥 약 약

此 이 차 亦 또 역 乖 어그러질 괴 戾 어그러질 려 之 갈 지 漸 점점 점

也 어조사 야

{ 실천방향 }

김윤섭 어릴 적부터 좀 힘든 경우를 마주했을 때에 참아낼 줄 아는 인내심을 길러줘야 한다. 아동기의 급한 성정은 부모가 그런대로 품고 갈 수 있다. 그러나 커서도 부모가 계속하여 어릴 때 하던 대로 품어줄 순 없다. 보다 큰 사회 속의 생활은 '참을성'이 필요한 경우가 많다. 사회적 적응을 위해서라도 일찍 '참을성' 교육이 필요하다.

자기 아이만 귀한 줄 아는 잘못된 풍조, 고쳐야 한다. 자기만 아는 이기적 아이가 커서 사회적 삶을 원활히 해낼까? 부모가 짜증내고 소리치고 하지 말아야 하며 몸과 마음, 말씀 모두를 조심하고 실행할 때 자녀들은 따라 배운다. 백인유덕百忍有德이라 하였거늘, 잘 참아 넘기는 공부가 인생 공부의 전부라 해도 과언이 아닐 것이다.

조인상 만족감 지연에 대한 연구가 있다. 4살짜리 아이에게 1개의 마시멜로를 주고, 15분 동안 먹지 않고 참으면 마시멜

로를 하나 더 주겠다는 실험이다. 만족을 늦출 수 있는 능력을 기록하고 자랐을 때의 성취 정도를 추적하였더니, 잘 참은 아이가 좋은 성적을 가지고 있었다는 실험연구이다.

최근에 통제 요인에 대한 신뢰도 문제로 틀렸다는 얘기도 있지만, 만족감을 지연할 수 있는 능력은 자기감정을 잘 조절한다는 것을 의미한다. 정서조절이 잘 되는 아이는 지적능력보다 의사소통 능력이 점점 중요시되는 미래의 리더가 될 것이다.

황효숙 참을성은 아이의 학습과 교우 관계 등 일생을 올바르게 살아가기 위해서 어릴 때부터 길러야 하는 덕목 중 하나다. 참을성이 부족한 아이는 책을 오래 읽거나 공부하는 것을 참지 못한다.

감정 조절 능력도 떨어지기 때문에 감정 기복이 심하고, 생각하는 것보다 행동이 먼저 나가므로 폭력적일 수 있다. 또한 하기 싫은 일은 막무가내로 안 하려고 하는 성향을 보인다.

반대로 참을성이 많은 아이는 참는 학습을 통해서 긍정적인 결과를 많이 얻었기 때문에 매사에 긍정적이고 문제를 해결하는 능력이 참을성이 부족한 아이보다 뛰어난 특징을 보인다.

참을성이 많은 아이는 행동하기 전에 생각하고 반응하기 때문에 실수가 적고, 생각하는 능력이 뛰어나 학습 효과도 높다.

지옥진 우리가 살아가는데 너무 급하게 필요한 것을 얻기 위하여 서두르다 보면 피해를 보기도 하고 실수를 하기도 한다.

종종 홈쇼핑을 보다가 사고 싶은 물건이 '매진 임박' 이라던가, 다음에는 기회가 없다는 소리는 들으면 빨리 사려고 서둘러서 구입을 하는 경우가 있다. 그 물건이 왔을 때는 신중하게 생각해 보지 않은 결과로 후회하기도 한다.

너무 지나치거나 부족하여 결핍이 한이 되는 서러움보다는 적당한 부족함을 아이 스스로 극복하고 해결하도록 키워야 나중에 사회에 나가서도 스스로 어려움을 헤쳐나가는 지혜로움을 배우게 될 것이다.

"호기심에 이끌리지 말고
검소한 태도를 갖도록 가르친다."

{ 본문 }

童子之性, 有癖於鮮新, 試影自嬌者, 此易入於
동 자 지 성　유 벽 어 선 신　시 영 자 교 자　차 이 입 어

奢汰, 父母抑, 而矯之以儉, 使衣儉樸之服也.
사 태　부 모 억　이 교 지 이 검　사 의 검 박 지 복 야

亦有亂頭垢貌, 不修衣帶, 此非儉也, 近於庸陋,
역 유 난 두 구 모　불 수 의 대　차 비 검 야　근 어 용 루

不足爲賢, 父母抑, 而矯之以精, 使之洗濯整飭,
부 족 위 현　부 모 억　이 교 지 이 정　사 지 세 탁 정 칙

無至率也.
무 지 솔 야

{ 해석 }

　　어린이의 성품은 깨끗하고 새로운 것을 좋아하는 버릇이 있어
서 자기가 스스로 그러한 것을 시험해 보려고 하는데, 이는 사치

하는 버릇에 들어가기 쉬우니, 부모는 이를 억제하여 검소하게 바로잡아서 거칠고 소박한 의복을 입게 할 것이다.

또한 헝클어진 머리와 때묻은 얼굴에 옷과 띠를 잘 정비하지 않는 아이가 있는데, 이는 검소한 것이 아니라 용렬하고 비루한데 가까워 족히 칭찬할 것이 못되니, 부모는 이를 억제하여 깨끗하게 바로잡아서 그로 하여금 잘 씻고 정비하여 누추하게 되지 않게 할 것이다. (김종권 역, 1993, p.275)

{ 한자 뜻풀이 }

童 아이동 子 아들자 之 갈지 性 성품성

有 있을유 癖 버릇벽 於 어조사어 鮮 고울선 新 새신

試 시험시 影 그림자영 自 스스로자 嬌 아리따울교 者 놈자

此 이차 易 쉬울이 入 들입 於 어조사어 奢 사치할사 汰 일태

父 아비부 母 어미모 抑 누를억

而 말이을이 矯 바로잡을교 之 갈지 以 써이 儉 검소할검

使 하여금사 衣 옷의 儉 검소할검 樸 순박할박 之 갈지 服 옷복

也 어조사야

亦 또역 有 있을유 亂 어지러울난 頭 머리두 垢 때구 貌 모양모

不 아닐불 修 닦을수 衣 옷의 帶 띠대

此 이차 非 아닐비 儉 검소할검 也 어조사야

近 가까울근 於 어조사어 庸 떳떳할용 陋 천할루

不 아닐부 足 발족 爲 할위 賢 어질현

父 아비부 母 어미모 抑 누를억

而 말이을이 矯 바로잡을교 之 갈지 以 써이 精 정할정

使 하여금 사 之 갈 지 洗 씻을 세 濯 씻을 탁 整 가지런할 정 飭 신칙할 칙

無 없을 무 至 이를 지 率 거느릴 솔 也 어조사 야

{ 실천방향 }

김윤섭   옛 어른의 아동관이 잘 나타나 있다. 아이의 호기심으로 인한 나쁜 습관을 경계하게 하고 검소한 기풍을 가지도록 가르칠 일이다. 오늘날 가정의 살림살이가 그리 옹색하지 않아서이 겠지만, 너도 나도 아이들 기를 살리려는 급한 마음에 소비 풍조가 만연되어 있다. 성찰해 볼 문제다. 사소절에서 지향하는 아동 교육의 방향은 이른바 품격 있는 선비교육이다. 이를 위하여서는 부모와 교사의 아동에 대한 이해가 선행되어야 한다. 즉 아동은 미완성의 존재로서 성인에 이르는 과정에 있으므로 바른 도리로 가르쳐야 하며, 호기심이 많은 아동의 특성을 잘 이해하여 나쁜 습관에 가까이 가지 않도록 하여 아동의 습관이 잘 형성되게 가르쳐야 한다. 아이들을 존중과 관용으로 대하여야 한다는 점, 유념할 일이다. 일상에서 아이의 바람직한 성장에 도움이 되지 않는다거나 옳은 방향이 아니라는 판단이 드는 일에 대하여서는 자녀들과의 충분한 대화를 통해 바른 결론에 이르도록 해야 할 것이다.

조인상   할머니, 할아버지의 손자녀 사랑은 최근 아동 시장의 큰 소비자로 떠오르고 있다. 100만원이 넘는 책가방, 고가의 의류와 신발을 초등학생 아이의 입학선물로 사주는 일부 조부모님의 선물로 나라가 떠들썩했다. 이웃나라 일본도 비슷한 현상이 나타났

는데, 귀한 것으로 주고 싶은 부모의 마음은 이해하지만 집집마다 자녀의 수가 적어지면서 물질의 중요함을 알게 되는 경험은 적어지는 듯하다. 성장하면서 약간의 결핍은 근검절약을 알게 한다. 빨리 철이 들기도 하고 부모님의 수고로움도 알게 하는 계기가 되기도 한다. 한때 모 브랜드의 이름을 등골브레이크라고 했었던 적이 있었다. 중고생들이 ○○브레이크라는 옷을 교복 위에 입는 것이 유행하였는데, 그 가격이 비싸고 가격에 따라 옷에 숫자가 적혀있어 외모에 민감한 청소년들이 무리해서 입고자 했었다. 부모의 등골을 뺀다고 해서 등골브레이크라는 웃픈 사회상을 반영한 단어도 등장했었다. 살아가면서 물질의 소중함을 알아 절제할 수 있도록 키워야 한다. 가급적 어릴적부터 과소비에 대한 경계를 주면서 키우면 좋겠다.

황효숙 호기심에 대해서는 장, 단점이 있다. 아인슈타인은 본인은 천재가 아니며 호기심이 많을 뿐이라고 말하였다. 호기심이 많은 아이의 장점은 열정적인 자극을 가지고 있으며, 새로운 것을 시도하고, 자발적으로 지식을 습득하고 사고하고 행동한다. 반면에 단점으로는 순응에 약하며, 이해가 되지 않으면 효율이 떨어지며 산만하다.

현대사회에서는 호기심 많은 아이가 창의력이 높다는 평가를 받는다. 그런데 호기심이 많으면 옛것에 대한 싫증을 낼 수도 있어 자칫 잘못하면 사치에 들 수도 있겠다. 절제할 수 있는 습관을 길러주고 꼭 필요한 것만을 소유하는 미니멀라이프, 즉 검소한 생활패턴을 교육할 필요가 있다.

지옥진　직업의 귀천을 떠나 근면, 성실해야 한다.

'나' 라는 삶이 저만치에서 나를 보고 있다.

"늘 깨어 있어라." 고 고함치면서…

"집안일을 하는 사람을
함부로 대하지 않도록 가르친다."

{본문}

凡衣服, 飮食, 居處, 使令若不適意, 姿行恚恨,
범 의복   음식   거처   사영약부적의   자행에한

及其壯大, 大則凶悖, 小則苛刻.
급 기 장 대   대 칙 흉 패   소 즉 가 각

故方其幼時, 於此等事, 養成良吉, 溫善之習,
고 방 기 유 시   어 차 등 사   양 성 양 길   온 선 지 습

然後可以作君子矣.
연 후 가 이 작 군 자 의

{해석}

　무릇 의복, 음식 거처를 심부름하는 사람이 만약 뜻에 맞지 않
게 하였다고 해서 노여움과 원망을 방자하게 하면, 그는 자라서는
크게는 흉악하고 도리에 어긋나는 짓을 하게 되고, 작게는 가혹하
고 각박하게 되는 것이다.

그러므로 어릴 때에 이러한 일들에 있어서 어질고 착한 버릇을 길러 놓은 연후에야 군자를 만들 수 있다.(김종권 역, 1993, p.275)

{ 한자 뜻풀이 }

凡 무릇 범 衣 옷 의 服 옷 복

飮 마실 음 食 밥 식

居 살 거 處 곳 처

使 하여금 사 令 하여금 령 若 같을 약 不 아닐 부 適 맞을 적 意 뜻 의

姿 모양 자 行 다닐 행 恚 성낼 에 恨 한 한

及 미칠 급 其 그 기 壯 장할 장 大 클 대

大 클 대 則 법칙 칙 凶 흉할 흉 悖 거스를 패

小 적을 소 則 곧 즉 苛 가혹할 가 刻 새길 각

故 연고 고 方 모 방 其 그 기 幼 어릴 유 時 때 시

於 어조사 어 此 이 차 等 무리 등 事 일 사

養 기를 양 成 이룰 성 良 어질 양 吉 길할 길

溫 따뜻할 온 善 착할 선 之 갈 지 習 익힐 습

然 그럴 연 後 뒤 후 可 옳을 가 以 써 이 作 지을 작 君 임금 군 子 아들 자

矣 어조사 의

{ 실천방향 }

김윤섭 우리들 사는 모습에 별별 경우가 많겠지만 세간에 심심찮게 들려오는 몰지각, 몰인정, 비인간적, 폭력적 행위에 관한 얘기가 많다. 뭇사람들의 손가락질을 받는 경우는 다반사이고 분통을 터뜨리게 하는 일도 예사로 한다. 이런 일은 해선 안 된다는 것을

유년시절부터 배우도록 해야 한다. 따뜻한 정을 나누고 작은 기부와 봉사를 실천할 기회가 올 때 피하거나 외면하지 않는다면 부모교육은 최고의 모습이라 할 것이다. 명심보감 첫 구절 말씀을 새겨둔다.

子曰;「爲善者는 天報之以福하고 爲不善者는 天報之以禍니라.」
자왈;「위선자는 천보지이복하고 위불선자는 천보지이화니라.」
「"선善을 행爲하는 사람者은(는) 하늘天이 복福으로서以 보報답하고(갚고), 불선不善을 행爲하는 사람者은(는) 하늘天이 화禍로서以 보報답한다(갚는다)."」

子曰;「見善如不及하고 見不善如探湯이니라.」
자왈;「견선여불급하고 견불선여탐탕이니라.」
「"선善을 보기見를(을) 그에 미치지 못하는 것 같이 如不及하고, 불선不善 보기見를(을) 끓는 물에 손을 넣는 것 같이 如探湯 하라."」

조인상 품위 있는 권위는 그냥 얻어지는 것은 아니다. 노블리스 오블리제noblesse oblige라는 말이 있다. 사회적 지위에 상응하는 도덕적 의무를 다할 때, 기득권층의 솔선하는 자세는 존경을 받는다. 일제치하에서도 우리 선조들은 서민에서 지도층까지도 사회적 의무를 다하였고 그 정신이 자주독립의 씨앗이 되었던 것을 기억해야 한다. 벼가 익을수록 고개를 숙이는 것처럼 많이 누리는 자는 감사함으로 겸손하게 베풀어야 할 것이다.

황효숙 "함부로 하다", 혹은 "하대하다"라는 말은 참으로 좋지 않은 행동이다. 상대방을 낮게 대우하는 뜻으로 여겨진다. 사람에게는 귀천이 없는 것으로 직업에도 마찬가지이다. 나 자신과 내 자식이 귀하고 소중한 것을 안다면, 상대방 또한 마찬가지라는 것을 어린아이 때부터 가르쳐야 한다. 각 사람마다 역할이 다를 뿐이지 어느 것이 귀하다고, 더 소중하다고 판단해서는 안 된다. 새벽부터 청소하는 분들이 안계시면 이 세상은 어찌 깨끗할 수 있으며 우리가 편하게 잘살 수 있을까?

지옥진 어른들이 아이들을 보고 어리다고 함부로 말하거나, 남루하고 허름한 의복을 입은 어른이라고 무시하며 대하다가 도리어 봉변을 당하는 경우가 종종 뉴스에 나오기도 한다. 요즘 분노조절장애라는 말이 있듯이, 화를 참지 못하고 폭발하여 문제가 생기는 경우가 많이 있다. 요즘에는 자신의 감정을 잘 들여다보고 1~10까지 분노가 있다면, 어느 정도 점수까지 왔는지 인지하고 더 이상 분노가 폭발하지 않고 잘 조절할 수 있는 힘을 길러야 한다. 특히 아이들은 감정조절이 어려우므로 자신의 감정을 알맞은 말로 표현하는 습관을 가르치고 도와주어야 한다.

"음식을 먹는 일에도 절제를 가르친다."

{ 본문 }

童子善跳躍, 善醎食. 故多熱多渴, 以致飮水無
동 자 선 도 약　선 함 식　고 다 열 다 갈　이 치 음 수 무

節, 多成痼疾.
절　다 성 고 질

夫習安静慎飮啖, 亦孝順之事也.
부 습 안 정 신 음 담　역 효 순 지 사 야

{ 해석 }

　어린이들은 뛰놀기를 좋아하고 짠 음식을 좋아한다. 그러므로
열이 많고 조갈이 심하여 물을 절제 없이 자꾸 마셔서 많이들 고
질을 이룬다.

　그러니 안온하고 조용한 행동을 익히고, 마시고, 먹는 것을 삼

가는 것도 또한 효도하고 순종하는 일인 것이다. (김종권 역, 1993, pp.275-276)

{ 한자 뜻풀이 }

童 아이 동 子 아들 자 善 착할 선 跳 뛸 도 躍 뛸 약

善 착할 선 鹹 짤 함 食 밥 식

故 연고 고 多 많을 다 熱 더울 열 多 많을 다 渴 목마를 갈

以 써 이 致 이를 치 飮 마실 음 水 물 수 無 없을 무 節 마디 절

多 많을 다 成 이룰 성 痼 고질 고 疾 병 질

夫 지아비 부 習 익힐 습 安 편안 안 靜 고요할 정 愼 삼갈 신 飮 마실 음

啖 씹을 담

亦 또 역 孝 효도 효 順 순할 순 之 갈 지 事 일 사 也 잇기 야

{ 실천방향 }

김윤섭 어려서부터 식탐食貪을 자제할 수 있도록 가르쳐야 한다. 시간을 두고 조금씩 가르쳐 나가야 한다. 육류를 많이 먹거나 짠 인스턴트 식품들을 가까이하지 않도록 할 필요가 있다. 조화와 균형 있는 식단, 바른 식습관이 아이의 평생 건강의 초석이 된다. 성정性情 형성에도 영향을 미칠 수 있다. 부모들이 모두 바쁜 일상이더라도 아이들의 식사관리, 챙겨야 할 문제다.

조인상 "You are what you ate." 서양 속담에 이런 글이 있다. 우리의 신체는 이제까지 우리가 먹은 음식으로 구성되어 있

으며, 우리의 감정, 정서, 생각까지도 우리가 먹은 음식으로 구성되었다는 것이다. 요즘 육아의 기본은 임신해서 먹는 음식이 태아의 성격에 영향을 준다고 하여 고르게 먹는 것부터 시작된다. 다양한 영양소의 섭취와 칼슘, 견과류의 섭취 등이 어려워지면 태아의 신경조직 발달에 영향을 미쳐 정서적인 불안과 신경질적인 성격이 된다고 한다. 골고루 좋은 음식을 먹는 것, 육아의 첫걸음이다.

황효숙 어린아이가 음식을 절제하는 일은 매우 드문 일이다. 하지만 좋은 식습관의 훈련으로 반듯한 식사 태도를 가질 수 있다. 식사의 버릇 가운데 가장 좋은 버릇은, 무엇이나 즐겨 먹는 버릇이다. 처음 어린이에게 음식을 주었을 때, 싫어한다고 함부로 단정을 내리고 잘 먹는 음식만을 계속해서 주어서는 아니 되며 먹을 수 있도록 유도해 주어야 한다. 특정한 음식에 대하여 좋지 않은 선입관을 가졌을 때 그대로 방치하면 편식의 원인이 되므로 부모가 좋은 본보기를 보여주어 이를 고치도록 해야 한다. 그리고 식욕은 매일 변하기 때문에 어린이 스스로가 식사량을 결정하게 하여 식욕이 없는 상태에서는 식사를 강요하여 어린이에게 부담을 주는 일이 없도록 해야 한다. 음식을 먹기 전에는 감사의 뜻을 표시하도록 하고, 손을 깨끗이 씻고 단정히 한 후 밥상에 앉을 것이며, 다른 가족을 위해 기다릴 줄 알아야 하며 , 혼자서 스스로 먹는 습관, 덤벙대지 않고 먹는 습관, 소리 내지 않고 먹는 습관, 국물을 그릇째 들이마시지 않는 습관, 수저를 동시에 들지 않게 하며, 식사 후 수저를 반듯하게 놓는 습관, 흘리지 않는 습관 등을 가르쳐야 한다.

지옥진 어려서 자주 먹었던 음식이 성인이 되어서도 먹고 싶고 생각나는 음식이 되는 경우가 많다. 또한 어려서 먹는 음식은 짜지 않고, 맵지 않고, 자극적이지 않는 음식을 해주어야 온화한 성향의 아이로 자라게 된다. 너무 자극적인 음식에 길들여지면 성인병에 노출되기 쉽고 건강에 지대한 영향을 미친다.

"출입 시에는 문을 잘 닫고 다니도록 가르친다."

{ 본문 }

出入門户, 而不能堅闔, 奴婢之相也.
출 입 문 호 이 불 능 견 합   노 비 지 상 야

上下階庭, 而跳踊躑躅, 羊馬之習也.
상 하 계 정 이 도 용 척 촉   양 마 지 습 야

{ 해석 }

문을 드나들 때 잘 닫지 아니함은 노비들이나 하는 짓이다.

계단이나 뜰을 오르내릴 때 뛰어다니거나 땅을 구르는 것은 염
소나 망아지가 하는 버릇이다.(김종권 역, 1993, p.276)

{ 한자 뜻풀이 }

出 날출 入 들입 門 문문 户 집호

而 말이을이 不 아닐불 能 능할능 堅 굳을견 闔 문짝합

奴 종노 婢 여자종비 之 갈지 相 서로상 也 어조사야

上 윗상 下 아래하 階 섬돌계 庭 뜰정

而 말이을이 跳 뛸도 踊 뛸용 躑 머뭇거릴척 躅 머뭇거릴촉

羊 양양 馬 말마 之 갈지 習 익힐습 也 어조사야

{ 실천방향 }

김윤섭　방을 드나들 때 문을 닫고 다니도록 어릴 때부터 가르쳐야 한다. 이런 일은 지키기 어려운 일도 아니고, 잘 지키면 스스로 '예의 지킴'을 실천하는 일이 되어 자부심도 생길 것이다. 남에게도 무례를 저지르지 않는 일이 되어 좋은 인상을 가지게 해줄 것이다.

조인상　어릴 적 방문을 닫고 가지 않으면 너의 꼬리는 어디까지냐면서 문을 닫지 않는 이유가 꼬리가 다 나오지 않은 까닭이라고 하셨다. 어른들께서 문 닫지 않은 모습을 보며, 꼬리가 빠져나오는 것을 기다리느라 문을 닫지 못하는 것이라 해학적으로 말씀하셨던 기억이 난다. 친구들끼리도 어른의 말을 흉내 내어 문을 닫지 않고 나가는 친구들에게 '쟤는 꼬리가 길어'라고 놀렸었다. 문을 열고 닫는 것도 자신의 행동에 대한 책임감을 가르치려던 조상들의 지혜가 담긴 말씀이었을 것이라 짐작해본다.

황효숙　가장 기본이 되는 생활태도에 대하여 아이들에게 작은 것 하나에서부터 가르쳐야 한다. 잔소리가 되지 않도록 부모

가 모범적인 태도를 보이면 될 일이다. 단정하고 침착하고 몸가짐을 단아하게 하는 그런 태도 말이다. 무엇이든지 작은 것에서부터 정성을 다해 행동하면 좋을 것 같다. 반듯하고 정도를 걷는 행동은 사소한 몸가짐에서부터 배어나온다. 매사에 정성을 다해 언행을 하고 겸손히 행하는 것이야말로 모든 일에 근본임을 알게 하자.

지옥진 "작은 일도 무시하지 않고 최선을 다해야 한다. 작은 일에도 최선을 다하면 정성스럽게 된다. 정성스럽게 되면 겉에 배어 나오고, 배어 겉으로 드러난다. 겉으로 드러나면 이내 밝아지고, 밝아지면 남을 감동시키고, 남을 감동시키면 이내 변하게 되고, 변하면 생육된다. 그러니 오직 세상에서 지극히 정성을 다하는 사람만이 나와 세상을 변하게 할 수 있는 것이다." (중용 23장)

"심한 장난버릇은 일찍 고치도록 가르친다."

{ 본문 }

凡說謊驚嚇, 挏膈掠敲, 旋風舞, 商羊步, 筋斗
범 설 황 경 하 동 격 약 고 선 풍 무 상 양 보 근 두

迷藏, 抹煤妝人頓, 撚紙鍼客鼻, 狡獪炫幻之習,
미 장 말 매 장 인 둔 연 지 침 객 비 교 회 현 환 지 습

皆可禁也.
개 가 금 야

{ 해석 }

무릇 거짓말을 해서 남을 놀라게 하고, 명치 끝을 짓누르고 발
목 뼈를 후려치고, 바람을 일으키며 춤을 추고, 한 발로 걷고, 곤
두박질하고, 술래잡기하고, 남의 얼굴에 먹칠을 하고, 종이를 말
아가지고 손님의 콧구멍을 쑤시는 등 교활하고 현혹하게 하는 버
릇은 다 금할 것이다. (김종권 역, 1993, p.276)

{ 한자 뜻풀이 }

凡 무릇범 說 말씀설 謊 잠꼬대할황 驚 놀랄경 嚇 웃음소리하

挏 끌동 膈 가슴격 掠 노략질할약 敲 두드릴고

旋 돌선 風 바람풍 舞 춤출무

商 장사상 羊 양양 步 걸음보

筋 힘줄근 斗 말두 迷 미혹할미 藏 감출장

抹 지울말 煤 그을음매 妝 단장할장 人 사람인 頓 둔할둔

撚 비틀연 紙 종이지 鍼 침침 客 손객 鼻 코비

狡 교활할교 獪 교활할회 炫 밝을현 幻 헛보일환 之 갈지 習 익힐습

皆 다개 可 옳을가 禁 금할금 也 어조사야

{ 실천방향 }

김윤섭 장난이 유독 심한 아이들을 더러 보게 된다. 고쳐야 할 일
임엔 분명하나 매를 대거나 야단치고 꾸짖고 할 일은 더욱
아니라는 점을 유념하여 시간을 가지고 천천히 충분한 대화와 설득을
통하여 고쳐나가도록 하는 것이 바람직하다. 학교 때 장난꾸러기가
의젓한 사회적 인사가 된 경우가 드물지 않다는 점, 참고할 일이다.

조인상 타인에게 기분 나쁜 장난을 하며 웃는 사람들이 있다. 남
의 불행이 행복이 아닌데, 타인을 유머의 소재로 웃는 사
람들도 있다. 내 유머로, 내 장난으로 누군가가 기분이 나빠진다면 장
난이 아닌 것이다. 자신의 재미를 위해 남을 위해危害하는 것은 삼가
야 한다. 타인을 존중할 때 나도 존중받는 것임을 알게 하자. 여왕이

되고 싶으면 남편을 왕같이 대접하라고 한다. 내가 존중 받고 싶은 모습으로 타인도 존중할 수 있도록 부모가 보여주어야 할 것이다.

황효숙　아이들이 식당에서 뛰어다니며 다른 사람들에게 피해를 주거나, 아이가 식사 시간에 장난을 치는 등의 행동에는 반드시 '안 돼'라고 말해주시는 태도가 굉장히 중요하다. 아이들이 혹여 부모님의 거절에 상처를 받거나 좌절을 하더라도, 이는 아이들이 성장하는 과정에서 다른 사람과의 관계를 올바르게 배워가는 과정이 될 수 있으며, 현명한 표현 방법이 필요하다는 점이다. 따라서 아이에게는 왜 안 되는 것인지, 그 '이유'를 반드시 알려주어야 한다. 아이의 행동에 따른 인과관계를 쉽고, 명확하게 설명을 해주시는 것이 바람직하며, 아이가 부모님의 말을 온전히 다 이해하지 못했다고 하더라도 어느 정도 자신의 행동에 따른 결과를 생각할 수 있기 때문에, 이러한 과정들이 반복되면 똑같은 환경에 처했을 때 자신이 어떻게 행동해야 올바른 것인지를 자연스럽게 알 수 있다. 부모는 아이에게 강압적으로 말하지 않아야 하지만 단호하고 절제 있게 말할 수 있어야 한다.

지옥진　예전에는 너무 무지해서 아이들과 함께 기거하는 방에서 아버지가 담배를 피우거나, 사람들이 많이 있는 식당이나 극장, 고속버스에서도 담배를 피우는 일이 있었다. 지금은 금연구역을 정해놓고 남에게 피해가 되는 행동을 하면 안 된다는 교육을 받게 된다.

우리 아이들이 살아가는 세상은 더욱 정의롭고, 서로 아끼며 사랑하는 세상을 만들어야 한다. 친구를 때린다거나, 성적인 언행으로 타인에게 치욕스러운 행동을 해서는 안 된다. 그러므로 우리 어른들은 아이들에게 모범이 되어야 하며, 부모는 아이들이 행복감을 느끼도록 키워야 한다.

"몸가짐을 안정되게 가지도록 가르친다."

{ 본문 }

童子之容止, 不安靜者, 或口齧衣係髮組, 余甚
동 자 지 용 지   불 안 정 자   혹 구 설 의 계 발 조   여 심

怪之.
괴 지

{ 해석 }

어린이들의 몸가짐이 안정되지 않은 사람은, 혹 입으로 옷끈과
댕기를 씹는데, 나는 이를 아주 괴이하게 여긴다.(김종권 역, 1993,
p.276)

{ 한자 뜻풀이 }

童 아이동 子 아들자 之 갈지 容 얼굴용 止 그칠지

不 아닐불 安 편안안 靜 고요할정 者 놈자

或 혹혹 口 입구구 齧 물설 衣 옷의 係 맬게 髮 터럭발 組 짤조

余 나여 甚 심할심 怪 괴이할괴 之 갈지

{ 실천방향 }

김윤섭 혹시라도 아이들의 정서불안정 경향에 대해서는 학부모
와 학교가 모두 관심을 기울여야 한다. 각자가 자기 일이
바쁘다고 아이들에게 잠시 소홀한 사이에 아이들이 혼자 힘든 시간
을 갖는 경우가 일어나지 않도록 해야 할 일이다.

조인상 마음이 안정되지 않으면 조바심을 내며 몸이나 손가락, 발
을 흔드는 아이의 모습을 보면 어른들은 복이 달아난다고
가만히 앉아있기를 권유했었다. 마음의 불안은 이상과 현실의 부조
화에서 나타나고 심해지면 스트레스가 된다. 유난히 불안정한 모습
을 보이는 아이는 영아기 때 주 양육자와의 관계에서 불안정한 애착
이 형성되었을거라 짐작해본다. 애착은 노력으로 달라질 수 있는데,
안정된 애착으로 바뀌려면 민감하고 일관성 있는 부모의 사랑 많은
양육태도로 변화된다.

황효숙 아이의 불안을 알아채려면 "예민함에 가려진 신호를 읽어
라." 에 주목해보자. 불안은 모든 아이들이 겪는 가장 흔한
정서장애다. 아이가 손가락을 빨거나, 손을 물어뜯어서 피가 나거나,
앉아서 다리를 떨거나, 계속 소리를 내는 등 특이행동을 지속한다면

야단을 치기보다는 무엇 때문에 불안 행동이 일어나는가에 대해 생각해 봐야 한다. 이런 아이에게 지속적인 사랑과 관심으로 아이를 정성스럽게 돌봐야 하며 "토닥토닥, 아이 마음 달래주기"를 실천해 보며 아이의 마음을 받아주고 보듬어주는 것이 필요하다. 불안이 사라지면 자존감과 사회성도 같이 커질 수 있다.

지옥진   어린이가 내향적이면 수줍음이 많고 남 앞에 서서 말하는 것이 쑥스럽고 또래 관계에서도 사회성이 떨어지게 된다. 마음이 불안하거나 엄마와의 애착이 불안정해도 위축되고 자신감이 없으며, 어른들을 피하게 되고 뒤로 숨는 어린이도 있다. 이런 어린이는 자신감과 즐거운 마음으로 채워져야 하는데, 방관하면 사회성도 떨어지게 되므로 부모님들이 칭찬과 격려와 지지를 해서 자아존중감을 향상시켜야 한다.

"반듯한 행동을 몸에 익히도록 가르친다."

{ 본문 }

鼻涕拭雙袖, 階庭雖乾淨, 徒跣而行, 醜與忙也.
비 제 식 쌍 수　계 정 수 건 정　　도 선 이 행　추 여 망 야

{ 해석 }

콧물을 두 소매로 닦고, 뜰이 비록 마르고 깨끗하다 하더라도 맨발로 다니면 추하고 서두르게 된다. (김종권 역, 1993, p.276)

{ 한자 뜻풀이 }

鼻 코 비　涕 눈물 제　拭 씻을 식　雙 두 쌍　袖 소매 수

階 섬돌 계　庭 뜰 정　雖 비록 수　乾 하늘 건　淨 찰 정

徒 무리 도　跣 맨발 선　而 말이을 이　行 다닐 행

憎 미워할추 與 더불어 여 忙 바쁠망 也 어조사 야

{ 실천방향 }

김윤섭　사소절土小節에서 이르는 말씀은 대부분 이런 것이다. 자질구레하지만 지켜 나갈 것을 일러주고 권하고 있다. 있는 그대로 자유롭게 커가게 두면 안 되느냐고 할 수도 있겠지만, 그래도 작은 예절을 배우고 익혀 아이의 장래에 도움이 된다면 가르쳐야 한다. 그저 조금씩 다듬는 과업이라 할까? 그것이 부모의 할 일이다. 그래도 심한 나무람은 삼갈 일이다.

조인상　말씀을 보니, 초등학교에 입학할 때 손수건을 접어서 옷에 달았던 기억이 난다. 그 시절에는 위생의 문제로 코 흘리는 아이들이 제법 있었나 보다. 손등이나 소매 부리로 닦지 않도록 1학년 입학 때는 손수건을 달고 다니게 했었나 하는 생각을 해본다. 코를 흘리는 아이는 코보시칼이라고 불렀던 기억이 있어 찾아보니, 코흘리개라는 전라도의 방언이라고 한다. 요즘은 물휴지가 비치되어 있어 깔끔하게 뒤처리를 하지만, 휴대용 휴지나 물휴지가 없었던 시절이니 개인의 손수건을 갖고 다니게 했었나보다.

황효숙　다정하면서 성실한 열정이 있는 사람, 앞에 나설 땐 나서지만 지나치게 무리하지 않으며, 여러 사람을 배려하면서 문제를 풀어나가고, 솔선수범하기 때문에 나이에 관계없이 주변으로부터 추천을 받고, 굳이 말하지 않아도 자기주도적으로 자기일은 알아서 하고, 스스로 삶의 패턴을 선택해도 어른들이 만족할만한 합리적인 결론을 내리는 사람…

그런 사람은 내면에 반듯함이 자리잡고 있다. 생각과 언어와 행동을 절제할 줄 알고, 명예를 존중하며 행동 규범 이상형으로 바른 삶의 규칙이 있다. 즉 품격 있는 사람을 말한다.

지옥진 어린이가 습관적으로 옷에다 문지르고 닦는 습관을 휴지나 수건으로 또는 물로 씻도록 가르쳐야 한다. 요즘은 우리 생활에 필요한 간편한 제품들이 많아서 유아때 부터 올바른 습관을 몸에 익히도록 해야 어린이들의 신체적 건강과 질병에 대한 위험이 줄어들 거라고 생각된다. 청결에 대한 노력은 부모님들이 더욱 바른 행동을 지도하고 어린이가 스스로 바르게 실천하게 해야 할 것이다.

"어릴 적부터 반듯하게 앉는
습관을 길러야 한다."

{ 본문 }

幼時不習危坐, 及長軆骨强硬, 不耐整坐, 箕踞
유 시 불 습 위 좌   급 장 체 골 강 경   불 내 정 좌   기 거

偏側, 從而荒散, 心亦傾邪, 九容盡壞, 可哀也已.
편 측   종 이 황 산   심 역 경 사   구 용 진 괴   가 애 야 이

{ 해석 }

　어려서 바르게 앉는 행동을 익히지 않으면 자라서는 뼈대가 굳
어져 똑바르게 앉는 것을 견디지 못하고, 두 다리를 쭉 뻗고 앉거나
한편으로 기우뚱하게 앉게 되어 행동이 거칠고 어지러워지고, 마음
도 또한 간사한 데로 기울어져, 아홉 가지 몸가짐(:발은 무겁게, 손을
공손하게, 눈은 바르게, 입은 신중하게, 소리는 고요하게, 머리는 똑바르
게, 숨소리는 고르게, 설 때는 의젓하게, 낯빛은 단정하게)이 다 허물어
질 것이니, 가히 슬퍼할 따름이다.(김종권 역, 1993, pp.276-277)

幼 어릴 유　時 때 시　不 아닐 불　習 익힐 습　危 위태할 위　坐 앉을 좌

及 미칠 급　長 길 장　體 몸 체　骨 뼈 골　強 강할 강　硬 굳을 경

不 아닐 불　耐 견딜 내　整 가지런할 정　坐 앉을 좌

箕 키 기　踞 걸터앉을 거　偏 치우칠 편　側 곁 칙

從 좇을 종　而 말이을 이　荒 거칠 황　散 흩을 산

心 마음 심　亦 또 역　傾 기울 경　邪 간사할 사

九 아홉 구　容 얼굴 용　盡 다할 진　壞 무너질 괴

可 옳을 가　哀 슬플 애　也 잇기 야　已 이미 이

{ 실천방향 }

김윤섭　　어릴 적 교육에서부터 바른 태도를 익혀가라는 말씀이다. 주의를 기울여 배워나가야 한다. 오늘날의 교육에서도 옛 말씀이라고 치부해 버릴 일이 아니다. 지키면 가정교육 잘 받았다고 부모가 칭송들을 일이다. 이런 말씀들은 이덕무가 이 글을 만든 조선 영조 51년(서기 1775년) 시절의 가르침이지만, 오늘날의 우리들 일상에도 그대로 적용, 실천할만한 의미가 있다. 고전古典의 지혜를 통해 온고지신溫故知新의 실천을 이어온 덕이 쌓여 있기 때문이다. 조상의 가르침과 어른의 말씀에 의지하는 이유가 바로 여기에 있다.

조인상　　바른 태도는 어릴 적부터 몸에 익히게 해야 한다. 대부분 신체의 병은 바르지 않은 자세로 기인起因된 것이 많다. 고개를 많이 숙여 거북목이나 척추측만증 같은 병이 생기고, 등을 구

부려 장기가 눌려 오는 병들도 있다. 온화한 표정의 곧은 자세는 호감 가는 사람으로 만들고 대인관계에도 중요한 영향을 준다.

황효숙 "요새 애들은 다 그래"라고 단정 지어버리는 것은 교육자로서 포기에 가깝다고 할 것이다. 요새 애들이 다 그렇지 않다. 바른 교육, 품위 있는 교육을 제대로 받은 아이는 절대 요즘 애들이라도 그렇지 않다. 반듯한 자세인 사람은 당당하고 밝은 인상을 준다. 반면 구부정한 자세를 한 사람은 첫인상이 자신감이 없어 보이고 어딘가 어두워 보이는 게 당연하다.

"바른 걸음걸이를 하도록 가르친다."

{본문}

内不足者, 荒步窘言, 徒咳乾笑, 貼頭揚手, 非
내 불 족 자　황 보 군 언　도 해 건 소　점 두 양 수　비

好氣像也.
호 기 상 야

記曰,「容無作.」
기 왈　용 무 작

{해석}

　수양이 모자라는 사람은 걸음걸이를 거칠게 하고, 말을 군색하
게 하며, 헛기침을 하고 건성 웃으며, 머리를 기웃거리고 손을 내
두르고 하는데, 이는 좋은 기상이 아니다.

　《예기》에는 「몸가짐에 부끄러운 일이 없어야 한다.」고 하였
다.(김종권 역, 1993, p.277)

內 안내 不 아닐불 足 발족 者 놈자

荒 거칠황 步 걸음보 窘 가난할군 言 말씀언

徒 무리도 咳 어린아이 웃을해 乾 하늘건 笑 웃음소

貼 붙일점 頭 머리두 揚 날릴양 手 손수

非 아닐비 好 좋을호 氣 기운기 像 모양상 也 어조사야

記 기록할기 曰 가로왈

容 얼굴용 無 없을무 怍 부끄러워할작

{ 실천방향 }

김윤섭 반듯하고 건강한 걸음걸이, 또렷하게 말하기, 헛기침 삼가기, 히죽거리는 건성 웃음 조심하기, 머리를 움직여 여기저기 살피는 일 삼가 하기, 필요 없이 손짓하는 버릇 고치기 등 실천할 일이 많다. 자유분방한 사회라고 하나 오늘날에도 가지런한 행동거지가 잘 뵈는 법이다. 남의 눈에 의아하게 비쳐질 수 있는 작은 일들은 주의할 필요가 있다. 조금 주의하면 고쳐질 수 있다. 남의 시선쯤은 아랑곳하지 않겠다면 어디 사회생활을 해낼 수 있겠는가? 더불어 사는 사회 속에서 남을 조금 의식하면서 살아가는 태도, 유년 시부터 익히는 것이 필요하다.

조인상 맘이 담기지 않고, 집중하지 않고, 건성으로 대하는 태도에는 신뢰가 깃들지 않는다. 인간관계의 첫걸음은 신뢰로부터 시작된다. 반듯한 몸짓과 진실한 눈빛은 첫인상에서 믿음을 주

는 척도이다. 작은 일에도 진정성이 담긴 태도를 형성하도록 가르치는 것은 세상을 살아가는 기준점을 알려주는 것이다.

지옥진 "걸음걸이가 그 사람을 말해준다."라는 말이 있다. 자존감이 높고 반듯한 사람의 걸음걸이는 건강하고 당당한 걸음걸이일 것이다.

"남의 흉내를 내는 일을 삼가도록 가르친다."

{본문}

軍吏呼喝趨拜之節, 不可戱而習之.
군 이 호 갈 추 배 지 절　불 가 희 이 습 지

凡梵唄, 打令許邪, 囉嗊, 雜聲, 亦不可習.
범 범 패　타 령 허 사　라 홍　잡 성　역 불 가 습

{해석}

　군사와 아전이 큰소리로 부르거나 허리를 굽히고 나아가 절하는 예절을 희롱 삼아 익혀서는 안 된다.

　범패〔부처를 찬미하는 노래〕·타령·부름 소리·나공〔옛날 노래 곡조의 하나〕·잡소리 같은 것도 역시 익혀서는 안 된다.(김종권 역, 1993, p.277)

軍 군사군 吏 벼슬아치이 呼 부를호 喝 꾸짖을갈 趍 달아날추 拜 절배

之 갈지 節 마디절

不 아닐불 可 옳을가 戲 놀이희 而 말이을이 習 익힐습 之 갈지

凡 무릇범 梵 불경범 唄 염불소리패

打 칠타 令 하여금령 許 허락할허 邪 간사할사

囉 소리얽힐라 嗊 노래홍

雜 섞일잡 聲 소리성

亦 또역 不 아닐불 可 옳을가 習 익힐습

{ 실천방향 }

김윤섭   남의 흉내를 내는 장난은 어릴 때부터 하지 않도록 주의를 주어야 한다. 이런 습성이 붙으면 어른이 되어서도 하던 버릇이 나오게 된다. 이런 못난 버릇은 사람의 마음씨까지 잘못되게 할 수 있으므로, 어릴 적의 일시적인 일이겠거니 하고 가벼이 여기지 말고 단단히 조심케 할 일이다. 커서도 남의 말을 하거나 예사로 흉을 보는 나쁜 습성이 들게 될까 걱정이다.

조인상   성대모사가 개인기로 자리 잡은 요즘에 어울리지 않는 말처럼 느껴질 수 있다. 재미로 남의 흉내를 내거나, 잡스러운 노래들을 따라 부르는 것은 삼가게 해야 한다. 어릴 때 좋은 소리를 들려주자, 고맙습니다. 사랑합니다. 덕분입니다. 아름다운 음악도 많이 들려주자, 고운 말씨는 사람을 돋보이게 한다. 부모의 학력이 아

이의 발달에 영향을 미치는 연구 중 하나는 아이의 어휘력이라고 한다. 고운 말을 사용하는 아이는 바른 생각을 하고 반듯한 심정을 품고 자랄 것이다.

황효숙 흉내 내기는 발달과정의 하나로 모방을 하기 때문이다. 모방을 통해서 자연스럽게 세상을 알아가고 배워나가는 것이다. 하지만 잘못된 모방은 아이들에게 곧바로 전달되고 아이 정서에 영향을 미치게 된다. 아이들은 자신의 관점이나 주관이 아직 미성숙하므로 어떠한 자극이 주어지느냐에 따라 다양한 유형으로 자라날 수 있다. 남의 흉내를 내는 것을 보면, 부모는 감정적으로 대처하기보다는 침착하고 냉정하게 행동해야 하는 것을 명심해야 한다. 너무 과한 반응을 보이지도 말고 차분하게 대처하며 바람직한 언행을 제시해야 할 것이다. 아이가 이해할 수 있는 눈높이에 맞춰 설명하고 바람직한 언행을 제시해주는 것이 좋다.

**"남의 잘못하는 습관을
흉내 내지 않도록 가르친다."**

{본문}

人之聲音, 容貌之有痼疾氣習者. 不可戲而倣
인 지 성 음　 용 모 지 유 고 질 기 습 자　 불 가 희 이 방

之, 久而貫習, 則類而難改.
지 구 이 관 습 즉 유 이 난 개

如瞬目訥舌, 倣而成習者有之, 可不戒哉?
여 순 목 눌 설　 방 이 성 습 자 유 지　 가 불 계 재

九容自幼時檢察, 而不作雅飭之士者, 吾未之見
구 용 자 유 시 검 찰　 이 불 작 아 칙 지 사 자　 오 미 지 견

也.
야

{해석}

말소리나 용모에 고질로 된 기습이 있는 사람을 장난삼아 흉내

내어서는 안 된다. 오랫동안 익혀 버릇이 되면 그를 닮아 고치기가 어려워진다.

눈을 깜박거리거나 말을 더듬는 것과 같은 것을 흉내 내어 버릇이 된 사람도 있으니 가히 경계하지 않겠는가?

아홉 가지 몸가짐을 어릴 때부터 잘 살펴 행하고서 훌륭한 선비가 못된 사람을 나는 보지 못하였다.(김종권 역, 1993, pp.277-278)

{ 한자 뜻풀이 }

人 사람 인 之 갈 지 聲 소리 성 音 소리 음

容 얼굴 용 貌 모양 모 之 갈 지 有 있을 유 痼 고질 고 疾 병 질 氣 기운 기

習 익힐 습 者 놈 자

不 아닐 불 可 옳을 가 戱 희롱할 희 而 말이을 이 倣 본뜰 방 之 갈 지

久 오랠 구 而 말이을 이 貫 꿸 관 習 익힐 습

則 곧 즉 類 무리 유 而 말이을 이 難 어려울 난 改 고칠 개

如 같을 여 瞬 눈 깜작일 순 目 눈 목 訥 말더듬을 눌 舌 혀 설

倣 본뜰 방 而 말이을 이 成 이룰 성 習 익힐 습 者 놈 자 有 있을 유 之 갈 지

可 옳을 가 不 아닐 불 戒 경계할 계 哉 어조사 재

九 아홉 구 容 얼굴 용 自 스스로 자 幼 어릴 유 時 때 시 檢 봉함 검 察 살필 찰

而 말이을 이 不 아닐 불 作 만들 작 雅 매까마귀 아 飭 신칙할 칙 之 갈 지

士 선비 사 者 놈 자

吾 나 오 未 아닐 미 之 갈 지 見 볼 견 也 잇기 야

김윤섭　　아이들의 나쁜 버릇을 고치는데 게을리하면서 커서 좋은 사람이 되길 바라는 부모들이 참 많다. 교육에 있어서 그냥 되는 일이란 없다. 성장과정에서 적절하고도 충분한 주의를 기울여야 하기 때문이다. 여기서 아홉 가지 몸가짐이란 구용九容이라 하여 몸가짐의 아홉 가지 규칙을 이르는 말이다.《예기禮記》「옥조玉藻」편에 "발의 모습은 신중하게(족용중足容重), 손의 모습은 공손하게(수용공手容恭), 눈의 모습은 단정하게(목용단目容端), 입의 모습은 다물고 있게(구용지口容止), 목소리는 고요하게(성용정聲容靜), 머리의 모습은 곧게(두용직頭容直), 기운은 엄숙하게(기용숙氣容肅), 서 있는 모습은 덕스럽게(입용덕立容德), 얼굴빛은 장엄하게(색용장色容莊) 하여라."라고 하였다. 사람이 일상생활을 하는 동안 이루어지는 아홉 가지 모습으로 어려서부터 몸에 익혀 나간다면 자연스럽게 인격수양의 기본이 잡힐 것이다. 율곡栗谷 선생은《격몽요결擊蒙要訣》에서 "마음과 몸을 거두어 바로잡는 일에는 구용보다 더 절실한 것은 없다."고 하였다.

조인상　　타인의 말투를 흉내 내어 버릇이 되기도 한다. 재미삼아 따라하다가 같은 말투가 되는 것을 경험해 보았을 것이다. 원어민의 영어 발음을 흉내 낸다거나 사투리나 특이한 의성어를 사용하는 친구들과 자주 얘기하다 보면 동화되어 간다. 동성의 가족끼리는 음성이 비슷하여 전화 통화로 잘 구분하지 못하는 것도 예라 할 수 있다. 인간은 모델링을 통해 사회화가 학습되고 희망하는 모습을 따라하는 것은 바람직하다고 볼 수 있다.

황효숙 "심은 대로 거둔다."라는 말이 있다. 반듯한 "가훈"을 집 안에 두고 마음에 새겨서 어릴 적부터 바르게 교육하고 아이의 마음에 반듯한 씨앗을 심고 부모가 잘 돌보아 싹이 트고 열매 맺게 하여야 한다. 참고로, 구사는 볼 때에는 밝게 볼 것을 생각하고(시사명視思明), 말을 들을 때에는 총명할 것을 생각하고(청사총聽思聰), 안색은 온순하게 할 것을 생각하고(색사온色思溫), 모양은 공손히 할 것을 생각하고(모사공貌思恭), 말할 때에는 정성껏 할 것을 생각하고(언사충言思忠), 일할 때에는 경건하게 할 것을 생각하고(사사경事思敬), 의심날 때에는 질문할 것을 생각하고(의사문疑思問), 화를 내면 하는 일이 어려워지므로 이성으로 억제할 것을 생각하고(분사난忿思難), 재물을 얻을 때에는 의리에 합당한가를 생각할 것(견득사의見得思義) 등이다. 이들 아홉 가지 생각 중에서 앞의 네 개는 일신의 측면에서 말한 것이고, 뒤의 다섯 개는 사물의 측면에서 말한 것이다.

지옥진 심리 상담을 받으러 오는 내담자 중에 불안과 긴장, 걱정 두려움으로 눈을 깜박이고, 코를 쿵쿵거리며 들이마시고, "음 음 , 이 어 , 가 가 가~ 가방" 하며 말은 더듬고, 손톱을 뜯으며 냄새를 맡고, 목을 뒤로 젖히거나 꺾는 행동을 하고, 두려운 마음을 표현하고, 몸이 떠서 마구 움직이는 아이들이 있다. 이런 행동을 TIC이라고 진단을 내린다. 음성틱으로 '음 음' 소리를 내며, 행동으로 손을 흔들거나, 몸을 반복적으로 움직이거나 하는 행동틱, 또는 두 가지 이상이 반복적으로 나타나는 증상을 투렛 장애라고 한다. 이런 증상을 TIC이라고 하는데, 불안과 긴장이 올라오고 두려움과 답답함으로 해소를 못하는 증상이 심해지면 조기에 약물을 복용하거나 놀이치료나 미술치료 심리 상담을 받는 것이 바람직하다.

"치아 건강에 유념토록 가르친다."

{본문}

時時持楊枝刷齒牙, 鹽滓刮磨, 去口過防蠱蟲.
시 시 지 양 지 쇄 치 아　고 행 괄 마　거 구 과 방 비 충

若或專事冶容, 期如淸氷, 則是妓女之習也.
약 혹 전 사 야 용　가 여 청 빙　즉 시 기 여 지 습 야

{해석}

　때로는 양지(:이쑤시개)를 가지고 틈을 쑤셔서 음식 찌꺼기를 빼
내어 입안의 잡것을 없애버리고, 이가 벌레 먹는 것을 막아야 한
다.

　그러나 만약 오로지 모양내기만 일삼아 맑은 얼음 쪽같이 만들
려고 한다면, 이는 곧 기생들의 버릇이라 하겠다.(김종권 역, 1993,
p.278)

{ 한자 뜻풀이 }

時 때시 持 가질지 楊 버들양 枝 가지지 刷 인쇄할쇄 齒 이치 牙 어금니아

鹽 엄지고 涬 기운행 刮 긁을괄 磨 갈마

去 갈거 口 입구 過 지날과 防 막을방 麤 긴맛비 蟲 벌레충

若 같을약 或 혹혹 專 오로지전 事 일사 冶 풀무야 容 얼굴용

期 기약할기 如 같을여 淸 맑을청 氷 얼음빙

則 곧즉 是 이시 妓 기생기 女 여자여 之 갈지 習 익힐습 也 어조사야

{ 실천방향 }

김윤섭 유년 시부터 치아 위생을 잘 지켜 나간다면 얼마나 좋겠는
가? 좋은 습관을 기르는 일은 나쁜 버릇을 들이지 않는 것
이 우선이다. 책상에 앉아 공부할 때나 길을 걸어갈 때에도 막대사탕
을 입에 물고 다닌다면 좋은 버릇이라 할 것인가? 치아 관리에 도움
이 될까? 이런 좋지 않은 버릇을 빨리 고쳐 나가고 가방 속에는 치약,
칫솔을 지참하여 수시로 위생에 관심을 가지고 실천하도록 해야 한
다. 죽염으로 입안을 늘 깨끗이 하도록 하는 것도 좋은 방법이다.

조인상 태어나서는 충치균이 없다고 한다. 충치균 보균자인 어른
들이 뽀뽀를 해서 영아에게 옮겨주는 것이다. 영아를 키
울 때는 위생에 주의해야 하고 건치健齒를 위한 습관형성에 지속적인
관심이 필요하다. 오복 중에 하나가 튼튼한 이를 가진 것이라고 한
다. 건강한 습관으로 튼튼한 이를 갖도록 양육해야 한다.

황효숙　어린아이의 치아관리는 온전히 부모의 몫이다. 부모가 아이에게 관심을 가져서 위생적으로 치아를 관리함은 물론이고, 유치가 빠지는 순서 : 앞니(6-7세)-2번째 앞니(7-8세)-송곳니(9-12세)-작은 어금니(9-11세)-큰 어금니(10-12세)를 잘 알아서 적절한 시기를 놓치지 말아야 한다. 혹여 잘못해서 덧니가 나게 되면, 아이는 낮은 자존감으로 부끄럼이 많아져서 손으로 입을 가리는 행동을 하게 되고 급기야는 소극적인 생각을 가지게 될 것이다.

> ### "옷을 바르게 입도록 가르친다."

{ 본문 }

衣勿摺領, 袴勿拖組, 坐必整裾, 立必齊襪.
의 물 접 영　고 물 타 조　좌 필 정 거　입 필 제 말

{ 해석 }

　웃옷의 동정을 접어 올리지 말고, 바지의 끈을 늘어뜨리지 말고, 앉을 때는 반드시 옷깃을 정제하고, 설 때는 반드시 버선을 바로잡을 것이다. (김종권 역, 1993, p.278)

{ 한자 뜻풀이 }

　衣 옷 의 勿 말 물 摺 접을 접 領 거느릴 영

　袴 바지 고 勿 말 물 拖 끌 타 組 짤 조

坐 앉을좌 　必 반드시필　整 가지런할정　裾 자락 거

立 설 입　必 반드시필　齊 가지런할제　襪 버선 말

{ 실천방향 }

김윤섭　옷 입는 일을 두고 어찌 이말 저말을 할 수 있겠는가? 오늘 날 이 자유분방한 세상에서 무슨 시시비비是是非非가 통할 수 있을까? 그렇지만 적어도 반듯하게 입어야 하고 과도한 노출을 자제한다는 점 정도는 지킬 필요가 있다. 옷 잘 입는 감각과 태도, 일찍 길러주는 일! 좋은 일이다.

조인상　레이어드layered 옷차림이 유행이라 블라우스나 셔츠 위로 조끼나 재킷을 층층이 꺼내 입는 것이 자연스러워졌다. 레이어드를 한 옷차림이 시작되었을 때는 단정해 보이지 않는다고 어른들이 셔츠나 블라우스를 허리춤에 넣어 입으라고 주의를 주셨다. 옷차림도 전략이라는 말이 있다. 때와 장소에 맞는 옷차림은 매력지수를 높여준다. 면접을 보러갈 때도 옷차림이라는 공식이 있고 적절한 옷차림은 호감을 높여준다. 좋은 옷차림이란, 깨끗하고 단정한 차림이 기본이다.

황효숙　의복의 원래 기능은 신체를 보호하고 몸을 가리고 존재를 드러내고자 하는 욕망과 몸을 장식하는 효과가 있다. 그러므로 의복으로 계급이나 신분을 표현할 수 있고, 개성을 드러낼 수가 있으며, 예의와 관례에 적절한 옷을 입어야 한다. 현대사회에 이르러 이와 같은 본질적인 의복의 기능을 무시하고 지나치게 야한 옷이라든지 때와 장소에 맞지 않는 옷을 입는 것은 자제하여야 한다. 지나치게 매스컴을 통한 유행을 따라하는 것이나 적합하지 않는 옷은 절제하여야 옳다.

지옥진 의복이라는 것은 어떻게 입느냐에 따라 그 사람이 달리보이는 경우가 많다. 비싸지 않은 허름한 옷이라 해도 깨끗하고 단정하게 입으면 사람이 빛이 난다. 그러나 아이의 옷이 때가 꼬질꼬질하고 냄새가 난다면 비싼 옷이라도, 이는 방임이나 방치해서 관리를 하지 않았음을 보여준다. 또는 게을러서 집을 치우지 않고 옷 세탁을 하지 않는 것도 고쳐야 할 버릇이라고 할 수 있다.

"남과 마주할 때는
다른 일을 하지 않도록 가르친다."

{ 본문 }

勿納手于袴, 對人勿捫蝨.
물 납 수 우 고   대 인 물 문 슬

{ 해석 }

손을 바지 속에 집어넣지 말고, 남과 상대해 있을 때 이를 잡지
말라. (김종권 역, 1993, p.278)

{ 한자 뜻풀이 }

勿 말 물 納 들일 납 手 손 수 于 어조사 우 袴 바지 고

對 대할 대 人 사람 인 勿 말 물 捫 어루만질 문 蝨 이 슬

김윤섭 상대방 입장에서 생각해 보면 답이 나온다. 상대방이 불쾌해 할 수도 있는 일은 삼갈 줄 아는 것이 에티켓의 기본 아닐까? 그리고 잘 아는 사이라 해도 마주 앉아서 딴짓을 한다면 누가 좋아하겠는가? 무시無視당한다 생각하게 될 것이다. 예의가 아니다. 그저 훈훈한 미소로 고개를 끄덕이면서 경청하는 사람! 그런 사람이 되어보자.

조인상 프로필 사진을 찍을 때 하지 않아야 되는 자세 중 하나는 주머니에 손 넣기이다. 폐쇄적으로 보이기 때문이다. 메리비안의 법칙에서는 정보를 받아들일 때,

〔언어적 내용 : 7% (말 그 자체의 의미) – 언어 메시지

청각적 정보 : 38% (음질, 빠르기, 크기, 말투, 억양, 악센트…) –음성 메시지

시각적 정보 : 55% (겉모습, 표정, 행동, 시선, 동작…) – 동작 메시지〕

시각적 정보가 차지하는 비중이 크다고 한다.

타인을 존중하는 모습을 보이지 않는다면 나도 존중받지 못할 것이다. 누군가와 있을 때에는 그에게 집중을 하자. 타인과의 신뢰 형성은 오롯이 그를 향하는 집중부터 관계 형성이 시작된다.

황효숙 대화하는 상대에 따라 다르겠지만, 상대방의 눈높이를 맞추고, 중심을 상대에 두고 바라볼 줄 알고, 상대방의 나이

를 생각하며 조언이나 비판하는 마음보다는 공감하려는 자세로 경청하며 집중하여 대화에 노력을 더해야 한다. 사람 사이에는 정성을 기울이자.

"입을 벌리고 있거나
눈동자를 굴리지 않도록 가르친다."

{본문}

非飮食言語, 而口常哆然, 非正容也.
비 음 식 언 어   이 구 상 치 연   비 정 용 야

目睛搖轉不定者, 其心久放.
목 정 요 전 부 정 자   기 심 구 방

{해석}

　음식을 먹거나 말을 하지 않으면서 입을 항상 딱 벌리고 있는
것은 바른 몸가짐이 아니다.
　눈동자를 굴리고 안정하지 못하는 사람은 그 마음이 오래 헝클
어져 있는 징조이다.(김종권 역, 1993, p.278)

{ 한자 뜻풀이 }

非 아닐비 飮 마실음 食 밥식 言 말씀언 語 말씀어

而 말이을이 口 입구 常 떳떳할상 哆 입딱벌릴치 然 그럴연

非 아닐비 正 바를정 容 얼굴용 也 어조사야

目 눈목 睛 눈동자정 搖 흔들요 轉 구를전 不 아닐부 定 정할정 者 놈자

其 그기 心 마음심 久 오랠구 放 놓을방

{ 실천방향 }

김윤섭 구용지口容止라 하지 않았던가? 입의 모습은 다물고 있는 것이 바른 모습일 테고 목용단目容端이라 하여 눈의 모습은 단정하고 안정되게 갖도록 애써 나갈 일이다. 넉넉한 웃음을 머금고 있는 입모습과 선량하고 다정함이 느껴지는 눈에서 호감을 느끼게 되는 법이다.

조인상 증명사진을 찍을 때마다 입을 어떻게 해야 하는지 곤란하다. 다행히 학교의 졸업사진을 찍을 때는 사진 찍어주는 분이 사랑하는 가족을 떠올려보라고 얘기를 걸어주어 활짝 웃는 모습으로 찍히긴 했는데, 입을 다물어야 편한 사람이 있고 입을 조금 벌려야 편한 사람이 있다고 한다. 현재에 와서는 개성이라 칭하나 꽉 다문 입술은 강직함을 느끼게 한다. 더 좋은 입매는 웃는 모습이다. 유명한 관상쟁이도 웃는 얼굴은 관상을 볼 수 없다고 하지 않는가. 웃으면 입꼬리가 올라가서 복이 나가지 못하고, 입꼬리가 내려가면 복이 흘러버린다고 한다. 이마로 들어온 복이 나가지 못하게 웃는 입매로

꽉 붙들어야 한다.

황효숙　불안한 아이들은 지나치게 긴장되거나 초조해하는 경우가 많다. 어떤 아이는 많은 위안을 받고 싶어하며 그런 걱정들이 일상 활동을 방해하게 된다. 또한 불안한 아이들은 조용하고 순종적이며 칭찬받으려고 노력하기 때문에, 어른들이 아이의 어려움을 알아채지 못할 수도 있다. 부모들은 심한 불안에 대한 주의를 가짐으로서 아이의 두려움을 가볍게 생각하지 않는 것이 중요하다. 그러기 위해서는 아이와 함께 시간을 보내고 안정감을 주며 사랑으로 부드럽게 잘 감싸주고, 기다려주고 묵묵히 지켜볼 필요가 있다.

지옥진　상담센터에 오는 내담자들 중에 눈동자가 심하게 흔들리거나 눈을 마주치지 못하고 눈치를 보는 사람들이 있다. 마음이 불안하거나 두려움이 있고 자신감 없는 행동에서 나오는데, 어린이의 경우 불안이 심한 아이들은 자리에 오래 앉아있지 못하고 부산하고 산만하게 행동하는 경우가 있다. 불안을 낮추는 방법으로 많이 웃게 하는 놀이가 좋다. 즐거움이 가득 차면 불안이 힘을 쓰지 못하고 내려가게 된다.

"글씨 쓰는 태도를 잘 익히도록 가르친다."

{본문}

以手書空, 心不静也. 以筆醮涎及水, 亂書硯面
이 수 서 공　심 불 정 야　이 필 초 연 급 수　난 서 연 면

硯蓋, 散漫無次序, 心隨而放失, 可思也已.
연 개　산 만 무 차 서　심 수 이 방 실　가 구 야 이

大抵見紙, 則必雜書大小字, 斜仄荒忙, 無文理
대 저 견 지　칙 필 잡 서 대 소 자　사 측 황 망　무 문 이

失體製, 其心之忽忽閃閃, 昭不可掩, 亦可哀也.
실 체 제　기 심 지 홀 홀 섬 섬　소 불 가 엄　역 가 애 야

勿污書硯滴筆筒.
물 오 서 연 적 필 통

{해석}

　손으로 허공에다 글씨를 쓰는 것은 마음이 안정되지 못한 짓이
다. 붓에 침이나 물을 묻혀 벼루면이나 벼루 뚜껑에 어지럽게 써

서 산만하여 질서가 없으면, 마음도 이에 따라 산만해지고 잘못되는 것이니 가히 두려워할 일이다.

대체로 종이를 보기만 하면 반드시 조잡하게 크고 작은 글자를 기울고 거칠게 써서, 문리도 통하지 않고 체제도 잃는 것은, 그 마음이 소홀하고 흔들림을 환히 드러내어 가리지 못하는 것이므로, 또한 슬픈 일이다.

연적이나 필통에다 글씨를 써서 더럽히지 말아야 한다.(김종권 역, 1993, pp.278-279)

{ 한자 뜻풀이}

以 써이 手 손수 書 글서 空 빌공

心 마음심 不 아닐불 靜 고요할정 也 잇기야

以 써이 筆 붓필 醮 제사지낼초 涎 침연 及 미칠급 水 물수

亂 어지러울난 書 글서 硯 벼루연 面 낯면 硯 벼루연 蓋 덮을개

散 흩을산 漫 흩어질만 無 없을무 次 버금차 序 차례서

心 마음심 隨 따를수 而 말이을이 放 놓을방 失 잃을실

可 옳을가 懼 두려워할구 也 잇기야 已 이미이

大 클대 抵 막을저 見 볼견 紙 종이지

則 곧즉 必 반드시필 雜 섞일잡 書 글서 大 클대 小 적을소 字 글자자

斜 비낄사 仄 기울측 荒 거칠황 忙 바쁠망

無 없을무 文 글월문 理 다스릴이 失 잃을실 體 몸체 製 지을제

其 그기 心 마음심 之 갈지 忽 갑자기홀 閃 번쩍일섬

昭 밝을소 不 아닐불 可 옳을가 掩 가릴엄

亦 또역 可 옳을가 哀 슬플애 也 어조사야

勿 말 물 汚 더러울 오 書 글 서 硯 벼루 연 滴 물방울 적 筆 붓 필 筒 대통 통

김윤섭 　오늘날에도 옛 어른의 이르는 말씀을 지켜 나간다면 몸과
마음이 공히 반듯해질 것이다. 한번 실천해 볼 일이다. 그
교육적 의미가 크다.

조인상 　아이들이 글씨를 쓰기까지는 근육의 발달 순서에 따라 달
라진다. 신체 근육은 안에서 밖으로 발달되어지는데, 어
깨 근육이 가장 먼저 발달한 다음 팔꿈치, 손목 순으로 이루어진다.
그래서 자연스럽게 끼적거리기를 한 후 커다란 동그라미를 그릴 수
있고, 손목 근육이 발달되어야만 작은 동그라미를 그릴 수 있게 된다.
더불어 대·소근육이 발달할 수 있도록 다양한 활동 경험을 주어야
한다. 예를 들어 신문지 찢기, 종이접기, 색칠놀이, 점토 주무르기, 블
록놀이 등이다. 본능적으로 필기구를 쥐게 되면 끼적거리기를 하고
무에서 유로 그려져 나타나는 것의 즐거움을 알아간다. 성장과 더불
어 정교한 그림으로 바뀌어가고 글씨를 쓸 수 있는 신체구조가 되는
것이다. 이때 주의할 점이 아무 곳에나 그리면 안 된다는 것을 알려주
어야 한다. 우리 큰애도 영아 때 싸인펜으로 자기 몸에도 그려보고,
내의에도 그리고, 깨알처럼 탁자에도 살짝 그려두곤 했다. 잘 살펴 적
절한 곳에 그릴 수 있도록 알려주어야 한다. 다른 나라를 여행하면서
그 나라 문화재에 한글로 자기 가족 모두의 이름을 적어두어 국제적
으로 망신스러운 뉴스를 보았다. 아이가 해도 말려야 할 일을 어른이

함께 4명의 이름을 다 적은 것을 어떻게 이해해야 할까? 사람은 죽어서 이름을 남겨야 한다지만 이건 좀~~~

황효숙 요즘 세상의 아이들은 글씨를 종이에다가 쓸 일이 별로 없는 것이 현실이다. 노트북이나 스마트폰에 입력을 하는 편이다. 그럼에도 불구하고 글씨는 예부터 마음의 창이라고 하지 않았던가? 손 편지나 종이에 글을 쓰는 일은 드문 일이겠으나, 마음을 잘 가다듬어 반듯한 글씨체를 익히고 쓰는 것은 바람직한 일이 아닐 수 없다.

지옥진 글씨를 아무 곳에나 쓰는 경우는, 낙서를 하고 싶은 욕구가 많아서 쓰기 도구만 보면 벽이나 책상, 바닥에 마구 그리기를 한다. 또한 책이나 필통, 가방에 낙서하는 것을 그냥 두면 밖에서도 벽이나 문, 공동화장실 같은 곳에도 낙서를 하는 경우가 생긴다. 어려서 마구 낙서를 하는 아이에게는 마음대로 할 수 있는 큰 전지 두 장을 바닥에 붙여주거나 벽에 손이 닿는 부분까지 종이를 붙여서 쓸 수 있는 공간을 만들어 준다. 종이가 붙어있는 공간을 쓰고 다른 곳에는 낙서를 하면 안 된다고 인지하면, 아동 스스로 낙서를 할 수 있는 곳이 생기므로 다른 곳에는 낙서를 하지 않게 되고, 잘 지키면 칭찬을 해준다.

"손님의 물건을 만지지 않도록 가르친다."

{본문}

勿摩弄客箑, 勿以亂筆, 點涴他人箑及草笠衣帶.
물 마 농 객 삽   물 이 난 필   점 완 타 인 삽 급 초 립 의 대

{해석}

　손님의 부채를 만지작거려 희롱하지 말고, 붓으로 남의 부채와
초립이나 옷띠 같은 것을 어지럽게 더럽히지 말라. (김종권 역,
1993, p.279)

{한자 뜻풀이}

　勿 말물　摩 문지를마　弄 희롱할농　客 손객　箑 부채삽
　勿 말물　以 써이　亂 어지러울난　筆 붓필

點 점점 浣 물굽이쳐 흐를 완 他 다를 타 人 사람 인 簁 부채 삽 及 미칠 급
草 풀 초 笠 삿갓 립 衣 옷 의 帶 띠 대

{ 실천방향 }

김윤섭　어른의 말을 잘 듣지 않는 아이라 하여도 그런 행동을 할
　　　　때마다 주의를 주면 조금씩 개선이 될 것이다. 이런 경우
에도 어른들이 크게 나무라지는 않는 것이 좋을 듯하다. 크게 야단치
는 일은 후일 돌이켜보면 잘했다는 느낌을 주는 경우가 별로 없다.

조인상　어렸을 적 아버지의 손님이 오면 붙임성 좋은 동생이 어른
　　　　들 곁에서 알짱거리며 애교를 부리고는 했다. 너희 방에
가 있으라는 어머니의 타이름에도 듣지 않아 어느 날인가 손님 앞에
서 엄청 혼났던 기억이 있다. 아마도 어머니는 아이 버릇을 고치기 위
해 손님께 양해를 구하였으리라. 그 후로 동생은 손님이 있으면 어머
니가 혼내지 못할 것이라는 예상을 하고 까불었던 버릇이 일시에 없
어지는 쾌거가 있었다. 하지만 훈육도 아이의 기질과 성격을 보고 실
행해야 한다.

황효숙　남의 물건을 함부로 만지지 않는 것은 기본 중의 기본이
　　　　다. 내 것과 네 것을 구분할 줄 알며 남의 것은 탐을 내서
도 안된다. 마음도 마찬가지이고, 사람도 마찬가지이다. 이 세상의
근본 질서 중의 하나가 남의 것과 내 것을 구별할 줄 알아야 한다. 그
런 것이야말로 정직의 밑바탕이 될 것이다.

"심한 장난을 치지 않도록 늘 주의를 준다."

{ 본문 }

冬月圍爐, 弄火畫灰, 鼻煤額黔, 頭毛焦卷, 亦
동 월 위 로　농 화 화 회　비 매 액 검　두 모 초 권　역

可疾也.
가 질 야

{ 해석 }

　　겨울에 화로를 끼고 앉아서 불장난을 하고 재에 그림을 그리다
가 코나 이마에 검정이 묻고 머리털이 꼬부라지는 수가 있는데,
이것 역시 나쁜 짓이다.(김종권 역, 1993, p.279)

{ 한자 뜻풀이 }

　　冬 겨울동　月 달월　圍 에워쌀위　爐 화로로

弄 희롱할농 火 불화 畵 그림화 灰 재회

鼻 코비 煤 그을음매 額 이마액 黔 검을검

頭 머리두 毛 터럭모 焦 탈초 卷 책권

亦 또역 可 옳을가 疾 병질 也 어조사야

{ 실천방향 }

김윤섭 장난이 심한 아이들을 어떻게 하면 좋을까? 매번 주의를 주고 야단치고 나무라는 일도 그리 쉽지가 않다. 그래도 위험이 따를 수 있으므로 참고 그냥 지나쳐 넘길 일은 아니다.

조인상 훈육에 대한 사회적 관심이 대단하다. 아동의 인권에 대한 생각이 달라지고 있기 때문이다. 하지만 부모가 훈육을 해야 하는 경우가 있다. 목숨이 위태롭다거나 누군가를 힘들게 할 때, 사회의 규칙을 지키지 않았을 때에는 부모의 훈육이 필요하다. 자녀의 발달상황에 맞추어 얘기하거나 연령이 어려 이해하지 못하는 경우에는 갈등 환경을 제거해야 한다.

황효숙 지나치게 장난이 심한 아이의 마음을 들여다 보면 인정받고 사랑받고 싶어하는 욕구가 가득 차있다. 적절한 의사소통 방법을 배우지 못했을 때도 장난으로 의사 표현을 하게 된다. 자신의 의사를 말이나 긍정적인 방법으로 표현할 줄 모를 때도 장난을 친다. 이러한 행동은 또래들 사이에 부정적인 감정을 불러 일으키게 된다. 이럴 때는 하면 안되는 일을 명확히 알려주고, 말로 표현하도록 돕고, 긍정적인 방법으로 능력을 발휘하도록 도와주고, 야단보다는 칭찬이 좋겠다.

지옥진　어린 시절 불에 대한 신비함 때문에 불장난을 했던 기억이 있다. 추운 겨울날 시골 담벼락에 구멍이 나서 거기에 짚을 넣고 성냥으로 불을 붙여 동생과 함께 불을 쬐다가 할머니에게 들켜서 심하게 혼이 난 적이 있다.

지금은 화로를 쓰지 않지만, 내가 어렸을 때, 나무를 때서 밥을 하고 나면 아궁이에 있던 숯불을 화로에 담아서 안방으로 가져가 따뜻하게 불을 쬐고 군고구마도 구워 먹고, 가래떡을 구워 먹고, 된장찌개나 김치찌개를 화롯불에 데워서 먹기도 하였다.

요즘은 가스레인지, 전기레인지를 쓰는데, 부모님들이 주의를 시킨다. 집안에 성냥이나 라이터를 아이들 손에 닿지 않는 곳에 두고 불장난을 할 수 없도록 한다. 예전에는 아버지들이 안방에서 담배를 피우시고 재떨이나 성냥, 라이터를 아무 곳에 두어서 호기심에 아이들이 불장난을 하다가 불이 나는 경우를 뉴스에서 보도하기도 하였다. 요즘은 가정에 방염 소화기 장치가 잘되어 있어서 다행이라는 생각을 한다.

"위험한 물건을 가지고 놀지 않도록 한다."

{본문}

童子好使刀錐尖利之器, 誤傷肌膚成瘢, 或有刺
동 자 호 사 도 추 첨 이 지 기 오 상 기 부 성 반 혹 유 자

睛眇目, 長者恒加禁止可也.
정 묘 목 장 자 항 가 금 지 가 야

晉范宣年十歲, 嘗以刀傷手, 奉手改容, 『人問
진 범 선 년 십 세 상 이 도 상 수 봉 수 개 용 인 문

痛耶?』
통 야

答曰, 『不足爲痛. 但受親之全體而致毀傷不可
답 왈 부 족 위 통 단 수 친 지 전 체 이 치 훼 상 불 가

處耳.』
처 이

{해석}

어린아이들은 칼이나 송곳 같은 뾰족하고 날카로운 기구를 가

지고 놀기를 좋아하여, 잘못해서 살을 상하여 딱지가 앉게 만들고, 혹은 눈동자를 찔러 애꾸눈이 되게 하는 일이 있으니, 어른된 사람은 항상 이를 금지하는 것이 옳다.

진나라 범선이 내가 열 살 때 칼을 가지고 놀다가 손을 다쳤는데, 그는 손을 붙들고 얼굴빛을 고치므로, 이를 본 사람이 『아파서 그러느냐?』고 물었더니,

그는 대답하기를, 『아플 것은 없습니다. 다만 어버이에게서 받은 온전한 몸을 상하게 하였으므로, 몸 둘 곳을 모를 따름입니다.』라고 하였다. (김종권 역, 1993, p.279)

{ 한자 뜻풀이 }

童 아이동 子 아들자 好 좋을호 使 하여금사 刀 칼도 錐 송곳추 尖 뾰족할첨
利 이로울이 之 갈지 器 그릇기
誤 그르칠오 傷 다칠상 肌 살가죽기 膚 살갗부 成 이룰성 瘢 흉터반
或 혹혹 有 있을유 刺 찌를자 睛 눈동자정 眇 애꾸눈묘 目 눈목
長 길장 者 놈자 恒 항상항 加 더할가 禁 금할금 止 그칠지 可 옳을가
也 잇기야
晉 나아갈진 范 성씨범 宣 베풀선 年 해년 十 열십 歲 해세
嘗 맛볼상 以 써이 刀 칼도 傷 다칠상 手 손수
奉 받들봉 手 손수 改 고칠개 容 얼굴용
人 사람인 問 물을문 痛 아플통 耶 어조사야
答 대답답 曰 가로왈
不 아닐부 足 발족 爲 할위 痛 아플통
但 다만단 受 받을수 親 친할친 之 갈지 全 온전할전 體 몸체 而 말이을이

致 이를 치 毁 헐 훼 傷 다칠 상 不 아닐 불 可 옳을 가 處 곳 처 耳 귀 이

김윤섭 아이 스스로 자기 안전을 지키기 위해 조심하고 주의하는 습관을 일찍 익히도록 해야 한다. 큰 소리로 야단을 치거나 "누굴 닮아서 이렇게 산만하냐? 알 수가 없네…" 등과 같은 표현으로 싫은 소릴 하는 것은 자제할 일이다.

조인상 아동안전에 대한 위협이 최근에는 더 늘어가고 있다. 문명文明의 이기利器에서 오는 것인데, 아이를 다치게 하는 것은 도처에 있어 몸가짐의 주의를 당부해야 한다. 두 명의 유아가 서로의 앞머리를 가위로 잘라본다던가, 미술 작업을 하는데 옆 친구가 귀찮게 해서 가위 든 손으로 밀쳐서 사고가 나기도 한다. 고의적 사고는 아니었지만 아이가 어릴수록 환경을 점검하여 사고를 미리 예방해야 한다. 조심성 있는 태도는 부모의 모범이 필요하고, 권하여 타일러 익힐 수 있도록 해야 한다.

황효숙 어린아이는 주변의 사물이나 환경에 대한 호기심이 높고 탐구하려는 충동이 강한데 비해 신체 기능 발달의 미숙, 균형을 유지하려는 능력, 또는 운동 기능이 충분히 발달되어 있지 않아서 사고가 일어날 수 있는 위험한 상황에 대한 지식이 부족하며, 상황 판단 능력이나 위험한 상황의 결과를 예측할 수 있는 능력의 부족으로 사고가 일어나기가 쉽다. 이럴 때는 아이의 눈높이에 맞추어 쉽

게 이해할 수 있도록 충분히 설명하고 설득해야 한다. 무조건 화를 내거나 두려움을 발산하는 것은 아이에게 불안을 일으킬 수 있으므로 조심하고 미리 예방하는 것이 바람직하다.

지옥진 청소년 상담을 하다 보면 자신의 신체에 자해를 하는 아이들을 만나게 된다. 부모님이 주신 소중한 몸을 상하게 하면 안 된다는 생각을 해야 되는데, 오히려 자해를 해서 부모님을 더 마음 아프게 하는 아이들이 있다. 자해뿐만 아니라 문신을 팔, 다리에 보이게 하고 다니는 젊은 사람들이 있다. 옛날에는 조직폭력배라고 하는 사람들이 문신을 해서 무서운 사람들이라는 느낌을 받았는데, 요즘에는 젊은 사람들도 하고 평범해 보이는 청소년에서 연예인, 대학생들도 많이 하기에 무섭기보다는 대중화스러워 보여 거리감이 덜 느껴진다. 그러나 자해는 정서적 고통, 스트레스와 극도의 긴장감을 발산해주기 때문에 무감각한 느낌을 없애주는 것으로 보인다. 또한 자해는 내성이 생기기 때문에 더 심한 자해를 한다. 자신의 감정 기분을 긍정적인 방법으로 해결하고 승화시켜서 자신을 소중하게 지켜야 한다.

"주의를 요하는 물건은
조심하도록 가르친다."

{본문}

人之運用, 刀斤椎鑿, 不可迫而臨之, 弄以摩之.
인 지 운 용   도 근 추 착   불 가 박 이 임 지   농 이 마 지

{해석}

사람이 쓰는 칼, 도끼, 망치, 끌 같은 물건에 가까이 가거나 장
난으로 만져서는 안 된다.(김종권 역, 1993, pp.279-280)

{한자 뜻풀이}

人 사람인 之 갈지 運 옮길운 用 쓸용

刀 칼도 斤 도끼근 椎 쇠뭉치추 鑿 뚫을착

不 아닐불 可 옳을가 迫 핍박할박 而 말이을이 臨 임할임 之 갈지

弄 희롱할 농 以 써 이 摩 문지를 마 之 갈 지

{ 실천방향 }

김윤섭　유년기를 지나 소년기에 이르면 집안의 연장이나 도구 등에 대하여 바른 사용법을 가르칠 필요가 있다. 사용할 줄 알아야 위험에 대비할 수 있다.

조인상　기본적으로 위험한 도구는 아이들이 쉽게 만질 수 있는 곳에 두는 것은 안 된다. 하지만 나이에 맞게 도구 사용법은 가르쳐야 한다. 지하철에서 사온 밤 깎는 가위를 둘째가 고3때 가지고 다니면서 쉬는 시간에 사과를 깎아먹어 선생님들이 사용하는 연장을 궁금해 했었다 한다. 과도果刀로 과일 깎기가 어려우니 밤 깎는 가위를 사용하였던 거다. 보관도 칼보다는 쉬웠을 테니 본인이 잘 다룰 수 있는 가위를 가지고 다녔다. 도구나 연장은 사용법도 중요하지만 보관법도 중요하다. 특히 이동을 할 때는 찔리지 않도록 조심해야 한다.

황효숙　아이의 자율성이 신장됨에 따라 자신의 몸을 스스로 지키고 보호할 수 있도록 안전교육을 실시함으로써 스스로가 자신을 보호할 수 있는 지식과 태도와 기술을 습득하도록 교육하여야 한다.

"바르게 걷는 습관을 기르도록 가르친다."

{본문}

夜行必曳踵而步. 凡行不視前, 觸仆多致顚.
야 행 필 예 종 이 보   범 행 부 시 전   촉 부 다 치 전

{해석}

밤길을 다닐 때는 반드시 발뒤꿈치를 끌면서 걸어야 한다. 무
릇 다닐 때 앞을 보지 않으면 부딪쳐 넘어지는 수가 많다. (김종권
역, 1993, p.280)

{한자 뜻풀이}

夜 밤야 行 다닐행 必 반드시필 曳 끌예 踵 발꿈치종 而 말이을이 步 걸음보
凡 무릇범 行 다닐행 不 아닐부 視 볼시 前 앞전

觸 닿을촉 仆 엎드릴부 多 많을다 致 이를치 顛 엎드려질전

김윤섭 '건강한 걸음걸이'에 관심 가져야 한다. 집에서도 학교에서도 강조할 일이다. 실천하면 평생 건강할 것이다.

조인상 밤길 웅덩이에 빠진 사고에 대한 기사가 난 적이 있다. 30센티 정도의 웅덩이인데, 한 발만 빠져 중심을 잃고 넘어지면서 머리를 다쳤고 밤이라 발견되지 않아 사고자는 죽었던 것으로 보도되었다. 접시 물에 코 박고 죽을 수도 있다더니, 인간의 나약함과 밤길을 조심히 다녀야 한다는 생각에 두려웠던 기억이다. 걸음걸이는 움직이면서 체중의 하중으로 걷게 되고, 체형이 안정되며 내장기관의 기능을 활성화시킨다고 알려져 있다. 몇 년 전 조깅 열풍과 함께 몇십만 원씩 하는 워킹화가 인기가 있었는데, 현대인들이 바른 자세로 걷는 것이 건강에 중요하다는 인식을 가지고 있음을 알 수 있다. 건강과 더불어 바른 걸음걸이에서 나오는 품격도 중요하다. 옛 양반들의 팔자걸음이 신분을 나타내었듯이 말이다. 참고로, 바른 걸음걸이는 머리를 수직으로 꼿꼿이 하고 시선을 멀리 전진을 바라보며 등을 펴고 보폭을 넓게 걷는 것이다.

황효숙 중국의 명문가의 자녀교육법 중에 습관 배양(후천적 자질은 습관으로 길러진다)이란 말이 있다. 송나라의 큰 유학자인 주희는 습관 배양의 중요성을 인식하고 일찍이 자식과 아동들

의 좋은 습관 형성을 위해 아동이 꼭 알아야 할 행동규칙을 적은 〈동몽수지〉라는 책을 집필했다. 옷 입는 것으로부터 말과 행동(걸음걸이 등), 청소와 같은 간단한 집안일, 책 읽고 글 쓰는 것 등 아동의 초기 습관 형성에 중요한 분야 등을 망라해 습관처럼 길들이도록 한 것이다. 습관 배양은 말 그대로 습관을 훈련하고 기른다는 뜻이다. 습관은 타고나는 것이 아니라 후천적이라는 뜻이기도 하다. 나쁜 습관이 몸에 밴 다음, 다시 바로잡는 것은 무척이나 어렵다. 그렇기 때문에 아이의 습관이 형성되기 시작할 무렵, 정확한 행동 습관을 길러주는 일이 무엇보다 중요하다. 행위는 습관을 형성하고, 습관은 성격을 기르고, 성격은 운명을 결정하기 때문이다. 아이들이 예의범절, 배려, 사람이라면 가져야 할 기본적인 도덕관념과 교양을 일찌감치 익히지 않는다면, 개인을 떠나 지역과 사회에 악영향을 미칠 수도 있다. 오늘날 가정에서의 습관 교육이 중요한 이유다.

지옥진 밤길은 조심해서 걸어야 한다는 이야기를 한 것으로 보여진다. 밤길을 취해서 걷다가 정화조, 웅덩이, 하수구에 빠져서 사고를 당하는 경우가 있을 수 있기 때문이다. 그리고 밤길에 소리 없이 걸으면 더 두려움과 무서움을 느끼기 때문에 깜깜한 새벽에 산에 올라갈 때나 어두운 밤에 밤길을 걸어갈 때는 노래를 부르거나 발소리를 내거나 헛기침을 하며 가야 서로 마주쳤을 때 놀라지 않는다.

童規－動止 27

"지필묵을 함부로 다루지 않도록 가르친다."

{ 본문 }

凡探高處之物, 手雖不及, 不以枕曁書帙硯甲,
범 탐 고 처 지 물　　수 수 불 급　　불 이 침 기 서 질 연 갑

支于足下.
지 우 족 하

{ 해석 }

　무릇 높은 곳에 있는 물건을 찾을 때는 손이 비록 미치지 못하
더라도 목침이나 책이나 벼루갑 등을 가져다가 발밑에 괴어서는
안 된다.(김종권 역, 1993, p.280)

{ 한자 뜻풀이 }

　凡 무릇범 探 찾을탐 高 높을고 處 곳처 之 갈지 物 물건물

手 손수 雖 비록수 不 아닐불 及 미칠급

不 아닐불 以 써이 枕 베개침 曁 및기 書 글서 帙 책권 차례질 硯 벼루연

甲 갑옷갑

支 지탱할지 于 어조사우 足 발족 下 아래하

{ 실천방향 }

김윤섭　선비가 늘 소중히 여기고 사용하는 서책과 도구를 함부로 굴리지 말라는 말씀으로 오늘날에도 지킬 일이다.

조인상　자녀에게 물건의 사용 방법과 보관 방법을 함께 알려주어 단정한 품행을 가질 수 있게 도와야 한다.

황효숙　지식을 전하는 책과 도구를 아무렇게나 사용하는 것은 옳지 못하다.

지옥진　우리가 밥상이나 책상에 올라가는 것이 보기에 싫듯이, 머리에 베고 자는 목침이나 귀하게 여기는 책이나 벼루처럼 선비들이 소중하게 여기는 물건들을 함부로 사용해서는 안 된다는 가르침이라고 생각된다. 지금은 의자가 있지만 예전에는 좌식생활을 하다 보니 의자 대신으로 부모님 목침이나 소중한 책 같은 물건을 함부로 밟고 올라가는 일이 있어서 금해야 한다고 가르치는 것이다.

"남을 비하하여 부르지 않도록 가르친다."

{본문}

童子口快, 須戒愼重. 如對乞人, 勿斥呼乞丐,
동 자 구 쾌   수 계 신 중   여 대 걸 인   물 척 호 걸 개

眇者勿斥呼一目.
묘 자 물 척 호 일 목

又如慘酷駭愕冤痛, 等語, 勿輕出口.
우 여 참 혹 해 악 원 통   등 어   물 경 출 구

{해석}

어린이는 입이 빠르니 모름지기 신중히 하도록 경계할 것이다.
만약 거지를 대하여도 비렁뱅이라 마구 부르지 말고, 애꾸눈을 대
하여도 애꾸눈이라고 마구 부르지 말게 할 것이다.

또 참혹하다느니, 해악하다느니, 원통하다느니 하는 따위의 말

을 가볍게 입 밖에 내지 말도록 할 것이다. (김종권 역, 1993, p.280)

{ 한자 뜻풀이 }

童 아이동 子 아들자 口 입구 快 쾌할쾌

須 모름지기수 戒 경계할계 愼 삼길신 重 무거울중

如 같을여 對 대할대 乞 빌걸 人 사람인

勿 말물 斥 물리칠척 呼 부를호 乞 빌걸 丐 빌개

眇 애꾸눈묘 者 놈자 勿 말물 斥 물리칠척 呼 부를호 一 한일 目 눈목

又 또우 如 같을여 慘 참혹할참 酷 심할혹 駭 놀랄해 愕 놀랄악

冤 원통할원 痛 아플통

等 무리등 語 말씀어

勿 말물 輕 가벼울경 出 날출 口 입구

{ 실천방향 }

김윤섭 남에게 아픈 말을 하여 그의 가슴에 상처를 준다는 것은 두고두고 참회懺悔할 일이다.

불경佛經에 "망어중죄금일참회妄語重罪今日懺悔(: 거짓말 한 큰 죄), 기어중죄금일참회綺語重罪今日懺悔(: 삿된 말 한 큰 죄), 양설중죄금일참회兩舌重罪今日懺悔(: 이간질 한 큰 죄), 악구중죄금일참회惡口重罪今日懺悔(: 악담 한 큰 죄)"라 했다.

어른들이 입을 신중하게 하여 일상 언어 사용 시 주의해야 한다. 아이들의 말하는 모습은 그 부모의 영향이 크다. 그래서 보다 좋은 교육을 위해서는 무엇보다 부모들이 수신제가修身齊家하는 마음으로 늘

공부하고 실천하여야 한다.

조인상 의사소통은 매우 중요한 사회적 기술이다. 사회생활을 하면서 최고의 기술은 기분 나쁘지 않게 상대를 거절하는 법이라고 생각한다. 남에게 상처를 주는 말, 특히나 자기보다 약자에게 (자녀 포함) 함부로 말을 하면 안 된다. 독한 말은 가슴을 후비고 두고두고 상처가 되기 때문이다. 사람이 동물과 다른 몇 가지 능력 중 언어를 통해 따뜻한 말, 위로의 말을 건넬 수 있도록 키워내자.

황효숙 "말이 씨가 된다." 라는 속담이 있다. 이는 별생각 없이 했던 말대로 실제로 현실이 벌어졌을 때 등장하는 말이다. 한 번 입에서 뱉어내면 다시 주워 담을 수 없으므로, 특별히 말에 주의를 기울이라는 의미를 가지고 있다. 말은 특히 그 사람의 품격을 나타낸다. 말이 거친 사람은 행동도 거칠다. 부디 적절한 곳에 알맞은 말을 품위 있게 하고 조심하고 신중하게 말을 하여야 한다.

지옥진 무심코 한 말이 씨가 되어 실제로 그리될 수 있으니 말조심하라는 뜻이다. 특히 불길한 말은 아예 하지 않는 것이 좋다. 남에게 듣기 싫거나 무시하는 말은 함부로 해서는 안 된다. 어떤 사람은 "내 손에 장을 지진다. 내 눈에 흙이 들어와도 안 된다." 등의 말을 해서 결국은 정말 안 되는 일이 일어나는 경우가 있다. "말한마디에 천 냥 빚도 갚는다." 라는 말도 언어표현이 얼마나 중요한지 알려주는 내용이다.

> "신체장애가 있는 사람을
> 배려하도록 가르친다."

{본문}

贅者性多暴狂, 道路之間, 不可調戲. 必致歐辱,
고 자 성 다 폭 광   도 노 지 간   불 가 조 희   필 치 구 욕

戒之戒之.
계 지 계 지

予於途上逢贅, 恐其相觸, 必咳而過. 凡殘病之
여 어 도 상 봉 고   공 기 상 촉   필 해 이 과   범 잔 병 지

人善怒, 皆可善待之也.
인 선 노   개 가 선 대 지 야

{해석}

소경은 성질이 대개 사나우므로, 길을 가다 만나더라도 비웃거나 희롱하여서는 안 된다. 그러다가는 반드시 욕을 당할 것이니, 경계하고 경계할 것이다.

나는 길을 가다가 소경을 만나면 그와 서로 부딪칠까 염려하여

반드시 큰 기침을 하고서 지나간다. 무릇 불구자는 잘 노여워하는 것이니, 다 잘 대접함이 옳다.(김종권 역, 1993, p.280)

{ 한자 뜻풀이 }

瞽 소경 고 者 놈 자 性 성품 성 多 많을 다 暴 사나울 폭 狂 미칠 광

道 길 도 路 길 노 之 갈 지 間 사이 간

不 아닐 불 可 옳을 가 調 고를 조 戱 희롱할 희

必 반드시 필 致 이를 치 歐 칠 구 辱 욕될 욕

戒 경계할 계 之 갈 지 戒 경계할 계 之 갈 지

予 나 여 於 어조사 어 途 길 도 上 윗 상 逢 만날 봉 瞽 소경 고

恐 두려울 공 其 그 기 相 서로 상 觸 닿을 촉

必 반드시 필 咳 기침 해 而 말이을 이 過 지날 과

凡 무릇 범 殘 잔인할 잔 病 병 병 之 갈 지 人 사람 인 善 착할 선 怒 성낼 노

皆 다 개 可 옳을 가 善 착할 선 待 기다릴 대 之 갈 지 也 잇기 야

{ 실천방향 }

김윤섭 새겨들을 말씀이다. 신체적 어려움이 있는 사람을 놀려대거나 하는 일은 어린 시절 성장과정에서 부모들이 단단히 주의를 주어 못하도록 가르칠 일이며, 나아가 그런 어려움이 있는 사람들을 배려하는 태도를 기르도록 가르쳐야 한다.

조인상 어릴 때부터 장애인과 통합교육을 하는 것이 중요하다. 4세쯤이면 편견이 부모의 것을 80%정도 답습하게 된다고 한다. 어떤 환경에서 성장하였는가가 어느 정도 편견의 한계를 만드

는 것이다. 외국인이나 장애인에 대한 불편함은 익숙하지 않아서 생기게 되는 것 같다. 통합교육 환경에서 서로를 배려하고 틀림이 아니고 다름에 대한 것을 경험하게 하는 것이 좋다. 편협한 사고는 나를 힘들게 한다. 긍정적인 사고를 갖게 되면 주위보다 자신이 가장 행복하게 된다.

황효숙 약자에 대한 배려와 정직과 윤리에 대한 강조는 한국사회보다 서구사회에서 더 일찍 교육되어져 왔다. 그들은 차별하지 않으려고 노력하며 사회적으로 따뜻한 시선이 있고, 교통이나 여러 면에서 국가가 보호하고 배려를 한다. 장애를 이유로 차별을 한다는 것은 못난 마음가짐에서 나온다. 약자에 대한 폭력을 용납하지 말아야 하며 그런 사회적 의식을 교육으로 심어주고 다스려야 함이 맞다.

"아이의 발달 단계에 맞는
바른 성의식을 가르쳐야 한다."

{본문}

童子畧有知識, 不可與小婢同遊戲, 不可使頑童
동 자 약 유 지 식   불 가 여 소 비 동 유 희   불 가 사 완 동

之淫媚者, 與之昵遊也.
지 음 미 자   여 지 닐 유 야

{해석}

소년이 좀 철이 들면 어린 계집종과 함께 놀고 장난하여서는
안 되고, 음란하고 아양 잘 부리는 완만한 아이와 가까이 놀게 하
여서는 안 된다.(김종권 역, 1993, pp.280-281)

{한자 뜻풀이}

童 아이동 子 아들자 畧 다스릴액(략) 有 있을유 知 알지 識 알식

不 아닐 불　可 옳을 가　與 더불어 여　小 적을 소　婢 여자종 비　同 같을 동
遊 놀 유　戱 희롱할 희
不 아닐 불　可 옳을 가　使 하여금 사　頑 완고할 완　童 아이 동　之 갈 지
淫 음란할 음　媚 아첨할 미　者 놈 자
與 더불어 여　之 갈 지　昵 친할 닐(일)　遊 놀 유　也 어조사 야

{ 실천방향 }

김윤섭　인간의 본능적 영역의 문제들은 주변 환경에 영향을 받거나 무방비 상태가 되지 않도록 여건을 정비하여야 하며, 이성異性 교육에 대한 부모들의 관심과 주의가 각별히 요구된다. 맹모孟母 삼천지교三遷之敎를 떠올려 볼 일이다.

조인상　아동 간의 성추행 문제가 해마다 나타나고 있다. 관련된 법이 제정되지 않아 가해 아동과 부모, 피해 아동과 부모 모두들 힘든 상황이다. 법 제정이 어떻게 진행될지 지켜보아야겠지만 성장기 아이들의 행동으로 묵과하기에는 버거워 진통 중이다. 발달에 맞게 성교육을 한다는 것이 말처럼 쉽지 않아서 교육 방법에 대하여도 모두가 고민해 보아야겠다. 출발은 내 몸이 소중하면, 네 몸도 소중하다는 인식부터 알려주어야 할 것이다.

황효숙　성교육은 단순히 남녀 신체의 명칭이나 기능을 가르치는 것이 아니라 나 자신이 얼마나 소중한 존재이고, 나의 몸과 다른 사람의 몸도 소중하다는 것을 아는 것에서부터 출발한다. 부

모는 아이가 보이는 성에 대한 호기심에 관심을 가져주고 다양한 질문에 대해서도 함께 이야기하는 것이 바람직하다. 가정에서의 성교육은 평상시 부모의 태도가 중요하며, 일상 속에서 자연스럽게 정확한 정보와 명칭을 알려주고, 가정에서 평등한 성 역할을 보여주고, 성폭력에 대한 대화도 나눠야 한다.

지옥진   옛날 성교육에도 '남녀칠세부동석' 이라는 말이 있다 어린아이들이 장난으로 이성을 희롱하거나 음란하게 끼를 부리는 아이와 함께 놀아서는 안 된다고 교육하듯이 요즘에 어린이집, 유치원, 초등학교에서도 인권교육과 함께 성교육을 시킨다. 내가 좋다고 장난하여도 상대방이 싫으면 인격적으로 해서는 안 된다고 이야기해줘야 한다. 언어폭력이나 신체폭력도 마찬가지로 상대방이 싫어하고 남에게 해를 주는 행동은 절대로 해서는 안 된다고 가르쳐야 한다.

"바른 몸가짐 교육은
아이 때부터 해야 한다."

{본문}

童女不可使出中門, 童子不可使出大門, 養冲
동 여 불 가 사 출 중 문　동 자 불 가 사 출 대 문　양 충

蒙, 防逸宕, 齊家之則也.
몽　방 일 탕　제 가 지 즉 야

{해석}

　어린 여자아이는 중문 밖에 나가게 해서는 안 되고, 어린 사내
아이는 대문 밖에 나가게 해서는 안 되며, 어린이를 기르는 데 방
탕한 버릇을 막는 것은 집안을 다스리는 법칙이다.(김종권 역,
1993, p.281)

{ 한자 뜻풀이}

童 아이 동 女 계집 여 不 아닐 불 可 옳을 가 使 하여금 사 出 날 출 中 가운데 중 門 문 문

童 아이 동 子 아들 자 不 아닐 불 可 옳을 가 使 하여금 사 出 날 출 大 클 대 門 문 문

養 기를 양 冲 화할 충 蒙 어두울 몽

防 막을 방 逸 편안할 일 宕 호탕할 탕

齊 가지런할 제 家 집 가 之 갈 지 則 곧 즉 也 어조사 야

{ 실천방향}

김윤섭 여성의 정체성을 가정 안에서 찾고자 했던 시대의 전형이 었던 것으로 오늘날과 비교한다는 것 자체가 무리가 있 다. 그러나 자녀들 스스로 자율 속에서 자기 규범을 가지고 지켜나가 는 자세는 필요한 것인 만큼 부모가 가정교육에서 정한 방향과 기대 에 부응해 나가는 아들딸이 되도록 규범을 정하여 힘써 나가야 한다.

조인상 천상 여자, 여자 여자 하다, 여성스럽다 등으로 여성성에 대한 사회의 바람을 담아서 칭찬 아닌 칭찬을 한다. 남성 과 여성의 다른 부분을 인정하고 존중하여야 한다. 남성과 똑같아 지 기 위해서가 아니라, 여성이 잘할 수 있는 분야에 대하여 노동의 가치 는 달라져야 한다. 사회의 저임금에 해당되는 직무는 대부분이 여성 중심의 노동이다. 노동에 대한 가치기준이 달라져 성차별 없는 세상, 서로의 성을 존중하는 세상을 꿈꾼다.

황효숙 무릇 여자아이 뒤에는 엄마가 있다고 생각한다. 엄마를 보면 보통 딸아이를 짐작할 수 있기 때문이다. 옛 시대의 여성성을 현대사회의 커리어 우먼들과 비교할 수 없겠지만, 품격 있는 여인으로 키우고자 한다면 품위 있는 엄마가 뒤에서 잘 보살피고 훈육하여야 한다. 스킨십과 긍정적인 말투로 분명하게 사랑을 전달하고, 우리 집의 규칙을 만들어 아이의 미래를 위해 규칙을 지키게 하고, 사랑스런 여아로 키우기 위해 자존감을 높게 하는 악기와 바른 자세를 익히는 발레를 가르치는 것은 어떨까?

작은 노력을 찾아서 구체적으로 칭찬하며 유소년기의 식사예절이 여성의 품격을 결정하는 것임을 잊지 말자.

"경조 관례를 가르치는 일, 필요하다."

{ 본문 }

居喪童子, 曚然不識人事, 遊戲馳逐, 誦咏詩詞,
거 상 동 자   몽 연 불 식 인 사   유 희 치 축   송 영 시 사

長者敎喩申申, 不使之放縱禮節.
장 자 교 유 신 신   불 사 지 방 종 예 절

{ 해석 }

부모상을 입고 있는 어린 소년이 망연히 사람의 범절을 알지 못하여 뛰놀고 시를 읊는 일이 있는데, 어른 된 사람은 잘 가르치고 타일러서 그로 하여금 예절에 벗어난 행동을 하지 못하게 할 것이다. (김종권 역, 1993, p.281)

{ 한자 뜻풀이 }

居 살 거 喪 잃을 상 童 아이 동 子 아들 자

矇 어두울 몽　然 그럴 연　不 아닐 불　識 알 식　人 사람 인　事 일 사

遊 놀 유　戱 희롱할 희　馳 달릴 치　逐 쫓을 축

誦 외울 송　咏 읊을 영　詩 시 시　詞 말 사

長 길 장　者 놈 자　敎 가르칠 교　喩 깨우칠 유　申 거듭 신

不 아닐 불　使 하여금 사　之 갈 지　放 놓을 방　縱 세로 종　禮 예도 예

節 마디 절

{ 실천방향 }

김윤섭　조문弔問객들이 이런저런 언급을 하는 것은 그리 바람직
하지 않다. 법도에서 다소 맞지 않다 싶어도 오직 상중喪
中의 자손들의 힘든 마음을 헤아려주고 살펴주어야 할 것이다.

조인상　죽음이라는 것에 대하여 아이가 받아들이기에는 연령에
따라 어려울 수 있지만, 다시 보지 못한다는 긴 이별이니
까 눈높이를 맞춘 상세한 설명과 최소한의 예의를 가르쳐야 한다.

황효숙　그럼에도 불구하고 경조 관례에 대한 기본은 알아야 한다
고 생각한다.

지옥진　어린아이 아버지가 세상을 떠나 친척들이 슬픔에 잠겨 있
는데, 아이들이 죽음에 대한 생각이 부족하여 어떤 상황인
지 이해를 못하고 웃으며 장난치고 뛰어다닐 때는 어른들이 잘 타일
러서 아버지의 죽음에 대한 슬픔과 애도하는 마음을 가르쳐야 한다.

"아동 중심의 관점에서
아이들을 지켜보라."

{ 본문 }

童子纖媚善依人, 有婦女之態者, 長必柔侫, 須
동 자 섬 미 선 의 인   유 부 여 지 태 자   장 필 유 녕   수

矯之以正直樸實.
교 지 이 정 직 박 실

{ 해석 }

　어린 소년이 아주 아름답게 생겨 남에게 잘 붙고 여자의 태도
와 같이 하는 사람이 있는데, 이런 아이는 자라서 반드시 잘 아첨
하는 사람이 될 것이니, 모름지기 이를 바로잡아서 정직하고 순박
하고 성실한 사람이 되게 할 것이다. (김종권 역, 1993, p.281)

童 아이동 子 아들자 纖 가늘섬 媚 아첨할미 善 착할선 依 의지할의
人 사람인
有 있을유 婦 며느리부 女 여자여 之 갈지 態 모습태 者 놈자
長 길장 必 반드시필 柔 부드러울유 佞 아첨할녕
須 모름지기수 矯 바로잡을교 之 갈지 以 써이 正 바를정 直 곧을직
樸 순박할박 實 열매실

{ 실천방향 }

김윤섭 옛 어른들의 편견이 좀 개입된 말씀인 듯하다. 아이들의
행동에 지나침이 보인다면 조금씩 개선시켜 나갈 일이다.
배움을 통하여 성장의 과정을 향해 가는 주체는 아동이다. 많은 교육
사상가들도 아동 중심의 관점을 강조했다. 이탈리아의 여의사였던
마리아 몬테소리Maria Montessori(1870-1952)는 교사는 아동을 가르치
고, 지시하고, 훈련시키고 감독하는 사람이 아니라, 단지 아동의 독립
적 발달과 자기교육을 지켜보는 보조자의 역할을 담당한다고 했다.
어른들은 아동의 발달 과정을 잘 지켜보는 것이 중요하다.

조인상 잘생긴 남자가 만지면 성추행이 아니고, 예쁜 여자가 만지
면 성추행이 아니라고 느낀다고 한다. 일단 성추행은 상
대가 불쾌감을 느껴야 하고, 권위에 의한 행동이어야 하는데, 외모가
뛰어난 사람이 만지는 것은 기분이 나쁘지 않다고 하는 연구결과가
나왔다. '얼굴이 다 했어요.' 라는 말이 일상어로 쓰이고, 외모지상주

의로 변해간다는 걱정의 소리가 높다. 분명 빼어난 용모는 축복이다. 잘생긴 용모를 가진 사람은 겸손할 수 있도록 양육할 때 유의해야 한다. 너무 외모에 대한 칭찬을 하는 것은 자존감이 아닌 자만심이 커질 수도 있으니 양육자는 주의해야 할 것이다. 변하지 않는 본질에 대한 칭찬은 독이 된다.

황효숙 조선시대의 어린 소년의 교육은 보통 남자 어른이 담당하였고, 품행 교육(개인이 사적으로 행해야 할 행실과 자녀의 몸가짐을 가르치는 것)과 역할 교육(일상생활에서 부딪치는 사회적 관계, 즉 대인관계에서 지켜야 할 수칙과 해야 할 역할을 가르치는 것), 인간교육(인간으로서 추구해야 할 가치관, 즉 철학을 가르치는 것)으로 나누었다. 현대사회에서는 입시 위주의 지식 교육에만 치우쳐 있어서 인성이나 품행, 역할, 인간교육 등을 소홀히 하는 것이 사실이다. 가정과 학교에서 좋은 프로그램이나 본이 되는 교육을 작은 것에서부터 하나하나 가르쳐야 한다.

"경솔하고 산만한 습벽,
조기에 잡아줄 수 있다."

{ 본문 }

坐必憑依, 不耐久坐, 搖膝翻手, 厭避長者, 輕
좌필빙의　불내구좌　요슬번수　염피장자　경

驕麤浮, 恒有高飛遠走之意者, 非令器也.
교추부　항유고비원주지의자　비령기야

若不矯氣革習, 後日不爲凶悖之行者鮮矣.
약불교기혁습　후일불위흉패지행자선의

{ 해석 }

앉을 때는 반드시 기대앉고, 오래 앉는 것을 견디어내지 못하여 무릎을 흔들고 손을 뒤척이고 어른을 꺼려 피하는 사람과, 경솔하고 교만하고 거칠고 들떠서 항상 멀리 달아나려는 사람은 좋은 인재가 아니다.

만약 이런 기운을 바로잡고 버릇을 고쳐 주지 않으면, 뒷날에

험상궂고 패악한 행실을 하지 않는 사람이 드물 것이다.(김종권 역,
1993, p.281)

{ 한자 뜻풀이 }

坐 앉을좌 必 반드시필 憑 기댈빙 依 옷의

不 아닐불 耐 견딜내 久 오랠구 坐 앉을좌

搖 흔들요 膝 무릎슬 翻 날번 手 손수

厭 싫어할염 避 피할피 長 길장 者 놈자

輕 가벼울경 驕 교만할교 麤 거칠추 浮 뜰부

恒 항상항 有 있을유 高 높을고 飛 날비 遠 멀원 走 달릴주 之 갈지

意 뜻의 者 놈자

非 아닐비 令 하여금령 器 그릇기 也 어조사야

若 같을약 不 아닐불 矯 바로잡을교 氣 기운기 革 가죽혁 習 익힐습

後 뒤후 日 날일 不 아닐불 爲 할위 凶 흉할흉 悖 거스를패 之 갈지

行 다닐행 者 놈자 鮮 고울선 矣 어조사의

{ 실천방향 }

김윤섭　주의력이 매우 산만한 아이를 가르치는 일은 힘이 든다.
이런 아이들이라고 주의주고 야단칠 일만도 아니다. 개선
을 위하여 교육상담가의 도움을 받아 대안과 치료적 처방을 찾아볼
일이다. 교과운영에 골몰하는 학교교육만 믿고 있다가는 조기에 개
선 가능한 일들을 악화시키게 되고 아이와 부모가 모두 힘들게 된다.
최적의 교육환경과 여건을 활용하여 보다 나은 방향으로 향상시켜

가는 것이 교육의 역할이다.

조인상 초등학교에서 있었던 일이다. 1학년 아이가 너무나 산만
하여 수업에 방해되어 옆 교실로 보내 혼자 과제를 다 하
고 오라고 한 일이 있었다. 아동학대로 부모가 고발하였고, 담임은 교
육을 위한 일이었다고 한 공방전이 있었다. 아동인권침해와 교사의
학습권에 대한 사회의 해석이 중점 논의사항이다. 산만함의 기준은
장애 범주와도 연관되어지는데, 주의력 결핍 과잉행동장애注意力缺乏
過剩行動障碍(Attention Deficit Hyperactivity Disorder), ADHD라고도 하
는데, 어른보다는 아이들에게 흔히 발생하며 남자아이가 많고 전체
아이들의 3~6% 가량이 증상을 보인다고 한다. 유전과 환경이 원인이
라고 하니, 너무 산만하여 집중하지 못하는 아이는 검사가 필요하다
는 생각이다. 유전이면 약물치료하고, 환경이라면 정비하여야 한다.

황효숙 집중력이 부족하고 산만한 아이들의 지도는 어떻게 하는
것이 바람직할까? 우선 원인을 살펴보고 적절한 예방과
교육을 하는 것이 바람직하다. 주의력이 짧은 원인들에는 주의력 결
핍 과잉행동장애, 타고난 기질, 순서의 개념 부족, 환경과 심리적 요
인 등이 있으며, 이를 예방하기 위해서는 부모의 역할이 중요하다. 부
모는 아이에게 산만하지 않게 환경을 조정하고, 집중해야 할 과제에
대한 매력을 높여주어야 하며, 집중하고 산만하지 않으려는 노력을
보상해준다. 교구를 이용하여 자기조절을 가르치기도 하고, 규칙을
만들고 결과를 보여준다. 이런 과정은 자녀에게 책임감을 심어주는

데도 많은 도움이 된다.

지옥진　심리적으로 머릿속이 복잡하거나 고민이 있어서 마음이 심란할 때, 다리를 흔들거나 안절부절하며 집중을 못하고 산만하게 된다. 더 심하게 불안한 사람은 헛기침 소리를 주기적으로 반복하거나 코를 흘쩍거리며 몸을 반복적으로 흔들고, 코를 찡긋찡긋하고 얼굴근육을 실룩거리기도 한다. 더 심해지면 강박적으로 반복하는 버릇이 생기기도 한다. 이런 행동은 불안이 높아지거나 긴장할 때 생기므로 우리는 더 마음의 건강을 챙겨야 한다.

"아이들과 부모가 함께하는
가족문화를 실천하자."

{ 본문 }

樂遊戲而憚拘檢, 常冀長者之不在家, 非善心
낙 유 희 이 탄 구 검   상 기 장 자 지 불 재 가   비 선 심

也.
야

{ 해석 }

놀기를 좋아하고 구속받기를 꺼려서 항상 어른이 집에 없기를
바라는 것은 착한 마음이 아니다. (김종권 역, 1993, p.281-282)

{ 한자 뜻풀이 }

樂 즐길 낙 遊 놀 유 戲 희롱할 희 而 말이을 이 憚 꺼릴 탄 拘 잡을 구
檢 검사할 검

常 떳떳할상 冀 바랄기 長 길장 者 놈자 之 갈지 不 아닐불 在 있을재
家 집가
非 아닐비 善 착할선 心 마음심 也 잇기야

{ 실천방향 }

김윤섭 아이들이 오락娛樂에 빠져드는 일이 없도록 지도하라는
말씀이다. 옛 시절과는 달리 오늘날은 다양하고 유익한
오락 프로그램이 많이 개발되어 있고, 개성과 취향을 공히 충족케 하
는 여가餘暇 활용의 방안이 많다. 열린 마음으로 아이들 지도에 임하
는 부모의 인식을 새로이 하여 자녀와 함께 하는 시간을 자주 갖도록
해볼 일이다. 특히 중학교 재학 과정까지 부지런히 자녀교육에 관심
가져야 한다. 고교에 진학하면 현실적으로 쉽지 않다.

조인상 아이들은 태어나서 약 4개월까지는 엄마와 한 몸으로 인
식하다가 차차로 두 몸인 것을 알게 된다고 한다. 1차 독
립기가 오면 모든 선택을 '내가 할 거야!' 하면서 독립심을 키워간다.
2차 독립기인 사춘기에는 독립심과 반항심이 절정에 오면서 부모와
말을 하거나 함께 하는 시간은 급격하게 줄어들고, 친구의 영향을 많
이 받고 친구와 함께하는 시간이 많아지게 된다. 이쯤 일상에서 부딪
히는 문제는 가족여행을 떠날 때 혼자 있겠다거나 가족모임에 참여
하지 않는 것이다. 자유와 자율은 다르다. 책임감 있는 아이로 키워
내려면 선택한 것에 대한 책임을 다할 수 있도록 경험하게 하는 것이
다. 자녀를 소유로 생각하는 부모님들이 많은데, 하나의 독립된 인격

체로 바라보고 존중하고 대화하는 것이 중요하다. 참고로 1, 2차 독립기에는 자기 조절능력을 관장하는 뇌인 '안와전두피질眼窩前頭皮質 (Orbitofrontal Cortex)' 이 발달하는 시기라고 한다.

황효숙 아이들은 감시나 간섭은 원하지 않지만 관심은 원한다. 아이가 자신의 독립성을 느낄 수 있으면서도 부모의 도움을 요청할 수 있는, 의존성까지 잘 충족시켜줄 수 있는 그 거리를 정하는 것, 즉 '경계선을 잘 세우는 일' 이 부모의 중요한 역할이 아닐까 싶다. 아이의 마음을 잘 읽는 것, 또한 부모가 가져야 할 마음가짐이라고 생각된다. 그리고 아이를 인정해주고 아이와 함께 자라는 부모가 되어야 할 것이다.

아이를 잘 키우려면 부모가 좋은 사람이어야 하고, 둘째는 아이가 부모를 좋아해야 한다는 것. 좋은 아이로 키우기 위해서는 부모가 성숙해야 하고 아이와 좋은 관계를 유지하는 것이 가장 중요하다. 실제로 부모가 자존감이 높으면 아이의 행동에 민감하지 않다고 본다. 왜냐면 부모는 아이를 믿기 때문이다.

지옥진 어린이들은 엄마와 떨어져서 혼자 있지 못하는데, 청소년이 되면 부모와 함께 외출하는 것을 싫어하고 따라다니지 않으려고 한다. 집에서 컴퓨터게임을 하고 싶어하고 친구와 놀겠다고 하며 친구에게로 관심을 가지게 되므로 어떤 친구들을 만나는지, 가까이 지내는 친구 중에 문제행동을 하는 친구들을 만나는지, 청소년이 하지 말아야 하는 음주 흡연을 하는지 살펴보아야 한다. 사춘기

시기에 친구를 잘 사귀어야 하는 이유로는 친구가 중요하기 때문에 거절하지 못하고 따라하는 경우가 있기 때문이다.

"어른을 속이려는 기질을 바로잡아줘야 한다."

{ 본문 }

乘長者之不在, 聚伴吵鬧, 無所不至, 忽聞長者
승 장 자 지 부 재   취 반 초 요   무 소 부 지   홀 문 장 자

警欬, 穴牕窺探, 潛步微語, 强讀課書, 長者其可
경 해   혈 창 규 탐   잠 보 미 어   강 독 과 서   장 자 기 가

欺乎?
기 호

記曰,「如見其肺肝.」凡爲童子滔滔如是. 然此
기 왈   여 견 기 폐 간   범 위 동 자 도 도 여 시   연 차

而不改, 爲小人而其餘, 可使深懲而不可恕也.
이 불 개   위 소 인 이 기 여   가 사 심 징 이 불 가 서 야

{ 해석 }

　어른이 집에 없는 것을 틈타서 친구들을 모아 콩 볶듯 시끄럽
게 놀며 하지 않는 짓이 없다가, 문득 어른의 큰기침 소리가 들리

면 창문 구멍으로 엿보며 가만가만 걷고 조용조용 이야기하여 굳이 책 읽는 체 하는데, 어른이 그렇게 속아 넘어갈 것인가?

《예기》에 말하기를, 「그 마음속을 환히 들여다보는 것과 같다.」고 하였다. 무릇 어린이들은 하는 짓이 모두 이와 같다. 그러나 이런 행실을 고쳐 주지 않으면 소인이 되고도 남음이 있으니 심히 징계할 것이요, 그대로 용서하여서는 안 된다.(김종권 역, 1993, p.282)

{ 한자 뜻풀이 }

乘 탈 승 長 길 장 者 놈 자 之 갈 지 不 아닐 부 在 있을 재

聚 모을 취 伴 짝 반 吵 소리 초 鬧 시끄러울 요

無 없을 무 所 바 소 不 아닐 부 至 이를 지

忽 갑자기 홀 聞 들을 문 長 길 장 者 놈 자 警 깨우칠 경 欬 기침 해

穴 구멍 혈 牕 창 창 窺 엿볼 규 探 찾을 탐

潛 잠길 잠 步 걸음 보 微 작을 미 語 말씀 어

强 강할 강 讀 읽을 독 課 공부할 과 書 글 서

長 길 장 者 놈 자 其 그 기 可 옳을 가 欺 속일 기 乎 어조사 호

記 기록할 기 曰 가로 왈

如 같을 여 見 볼 견 其 그 기 肺 허파 폐 肝 간 간

凡 무릇 범 爲 할 위 童 아이 동 子 아들 자 滔 물넘칠 도 如 같을 여 是 이 시

然 그럴 연 此 이 차 而 말이을 이 不 아닐 불 改 고칠 개

爲 할 위 小 적을 소 人 사람 인 而 말이을 이 其 그 기 餘 남을 여

可 옳을 가 使 하여금 사 深 깊을 심 懲 징계할 징 而 말이을 이 不 아닐 불

可 옳을 가 恕 용서할 서 也 잇기 야

김윤섭 어른을 어려워하면서도 놀고 싶은 마음을 억제치 못하고 거짓 행동을 하거나 부모를 속이는 경우가 있다. 잘 헤아려서 대화와 이해를 통하여 문제의 발생을 줄여나가도록 할 일이다. 그러기 위해선 아이들의 만남과 놀이 즐김의 문화를 이해하고 개방적으로 발전시켜가야 한다. 사회화 학습은 가정에서부터 시작되기 때문이다.

조인상 아이들과 얘기를 나누다보면 놀랍거나 당황할 때가 있다. 이럴 때는 표정관리를 하고 이해한 것처럼 모습을 보인다. 내가 놀라 다그치게 되면 아이는 더 이상 부모 앞에서 본마음이나 행실에 대하여 터놓고 얘기하지 않게 된다. 말하기 쉽지 않은 자신의 잘못된 선택에 대하여 들려주면 '말하기 어려웠을텐데 고맙다.' 라고 하고 안아준다. '늘 너를 믿고 지지한다.' 라는 확신을 주는 것이 좋다. 부모는 자녀의 안전지대이다. 흔들림 없는 부모의 무한한 신뢰로 아이는 잘 성장한다.

황효숙 아이가 거짓말을 하면 대부분의 부모는 놀라고 당황한다. '거짓말은 나쁜 것이고 배워선 안 되는 것' 이라는 고정관념이 머릿속에 박혀 있기 때문이다. 그래서 일단 혼내고 다시는 거짓말을 하지 말라고 가르친다. 하지만 현명한 부모라면 아이가 거짓말을 할 때, 그 순간을 놓치지 않고 아이가 거짓말을 하게 된 동기가 무엇인지, 거짓말을 할 만큼 스트레스가 될 만한 것이 있는지, 아이의 정서상에 다른 문제가 있는 건 아닌지 먼저 살펴보아야 한다. 거짓말을 일종의 신호로 여기는 것이 필요하다.

지옥진　요즘은 맞벌이를 하는 부모님이 많아서 아이들이 학교 방과 후에 친구들과 함께 집에서 라면도 끓여먹고, 게임을 같이하며 좋지 않은 비디오를 보거나 어른들이 없는 빈집에서 해서는 안될 행동들을 하기도 한다. 어른들이 없는 틈을 타서 잘못된 행동을 하는지 어른들이 관심 있게 신경 쓰고 살펴야 한다.

"바른 마음가짐을 가르쳐야 한다."

{본문}

世有一種巧詐之童子, 對端人正士, 則修飭威
세유일종교사지동자 대단인정사   즉수칙위

儀, 審愼言辭, 將若有爲, 而察其所行, 則傾邪驕
의 심신언사 장약유위 이찰기소행 즉경사교

逸, 無一可觀, 此眞小人之象也.
일 무일가관 차진소인지상야

勿以童子而少恕之也.
물이동자이소서지야

{해석}

　세상에는 일종의 교묘하고 간사한 사내아이가 있어 단정한 사
람이나 바른 선비를 대하면 위의를 잘 닦고서 말도 삼가여 장래
무슨 일을 할 만해 보이나, 그 행실을 자세히 살펴보면 사특한 데

로 기울어져 교만하고 방자하여 한 가지도 볼 만한 것이 없으니,
이는 참으로 소인의 꼴이다.

어린이라고 해서 그 잘못을 조금이라도 용서해 주어서는 안 된
다.(김종권 역, 1993, p.282)

{ 한자 뜻풀이 }

世 인간 세 有 있을 유 一 한 일 種 씨 종 巧 공교할 교 詐 속일 사 之 갈 지
童 아이 동 子 아들 자
對 대할 대 端 끝 단 人 사람 인 正 바를 정 士 선비 사
則 곧 즉 修 닦을 수 飭 신칙할 칙 威 위엄 위 儀 거동 의
審 살필 심 愼 삼길 신 言 말씀 언 辭 말씀 사
將 장수 장 若 같을 약 有 있을 유 爲 할 위
而 말이을 이 察 살필 찰 其 그 기 所 바 소 行 다닐 행
則 곧 즉 傾 기울 경 邪 간사할 사 驕 교만할 교 逸 편안할 일
無 없을 무 一 한 일 可 옳을 가 觀 볼 관
此 이 차 眞 참 진 小 적을 소 人 사람 인 之 갈 지 象 코끼리 상 也 잇기 야
勿 말 물 以 써 이 童 아이 동 子 아들 자 而 말이을 이 少 적을 소 恕 용서할 서
之 갈 지 也 잇기 야

{ 실천방향 }

김윤섭　사내아이는 공명정대公明正大와 호연지기浩然之氣를 키워
야 한다. 자식의 먼 장래를 내다보는 부모라면 어릴 때부
터 거짓이 없도록 단속하여 널리 신망을 얻는 사람이 되도록 하여야
한다. 현실의 삶에 찌들지 않은 기성세대가 어디 얼마나 되겠는가?

그래도 부모 세대는 배워온 바의 규범을 자식들에게 바로 일러줄 줄 알아야 한다. 그것이 부모 된 사람의 도리요, 사명이요, 보람이다. "왜 사냐면?" 하고 자문자답自問自答해 보라. 세파世波 속에서 경험한 것을 무슨 지혜智慧라 착각하고 자식들에게 일러주는 우愚는 범하지 말아야 한다.

조인상 형평에 맞는 공정함을 유지하기란 쉽지 않다. 우선 사회적 약자에 대한 배려가 있어야 하고, 서로 다름에 대한 깊은 이해가 필요하다. 편견을 갖지 않도록 다양한 경험을 주고, 결과보다는 성과중심의 격려와 지지를 하여야 한다.

황효숙 정직한 사람과 간사한 사람은 본성적으로 차이가 있기 때문에 그 행동과 사람됨 역시 크게 다르다. 정직한 사람은 온전해지려고 노력하고 기꺼이 진리를 받아들이고 실행하며, 순수하고 성실하고 언행에 신용이 있어서 다른 사람과 교제할 때 마음에 거리낌이 없고, 이해득실을 따지지 않으며 감정과 의리를 중시하고, 마음을 활짝 열고 진실한 말을 하며, 언행이 솔직하고 직접적으로 순수하고 개방적이며 천진난만하고 활발하지만 간사한 사람은 그렇지 못하다. 이러한 기본 마음가짐은 어릴 때부터 구별할 줄 알게끔 철저히 가르쳐야 하며 부모가 본이 되어야 함은 말할 것도 없다.

"자기가 배울 수 있는
벗을 사귀도록 가르친다."

{본문}

厭避長者, 甘處下流, 最是日入於庸賤陋惡.
염 피 장 자 감 처 하 류 최 시 일 입 어 용 천 누 악

幼與傔人遊者, 雖至壯大, 言語容貌, 終未超脫
유 여 겸 인 유 자 수 지 장 대 언 어 용 모 종 미 초 탈

俚俗之氣.
이 속 지 기

故敎子弟, 必使之從遊醇謹雅飭之人, 方不竟抵
고 교 자 제 필 사 지 종 유 순 근 아 칙 지 인 방 불 경 저

于不肖無狀.
우 불 초 무 상

詩云, 「出自幽谷, 遷于喬木.」
시 운 출 자 유 곡 천 우 교 목

{해석}

어른을 싫어하여 피하고 낮은 계층과 즐겨 어울리는 아이는 날

로 용렬하고, 천하고, 비루하고, 나쁜 데로 들어가게 된다.

어려서 하인들과 놀던 사람은 비록 장년이 되더라도 끝내 말이나 몸가짐이 속된 기풍에서 벗어나지 못한다.

그러므로 자제를 가르침에는 반드시 그들로 하여금 순수하고 근실하고, 바르고, 아담한 사람들을 따라 놀게 하여야만, 마침내 불초하고 무상한[착하지 못한] 지경에 이르지 않을 것이다.

《시경》에 이르기를, 「깊은 골짜기로부터 날아와서 높은 나뭇가지에 옮겨 앉는다.」[이 노래는 새가 짝을 찾아 울고 다니는 것을 인간이 벗을 구하는 데 비긴 노래다.]라고 하였다. (김종권 역, 1993, pp.282-283)

{ 한자 뜻풀이 }

厭 싫어할 염 避 피할 피 長 길 장 者 놈 자

甘 달 감 處 곳 처 下 아래 하 流 흐를 류

最 가장 최 是 이 시 日 날 일 入 들 입 於 어조사 어 庸 떳떳할 용 賤 천할 천

陋 더러울 누 惡 악할 악

幼 어릴 유 與 더불어 여 傔 시중들 겸 人 사람 인 遊 놀 유 者 놈 자

雖 비록 수 至 이를 지 壯 장할 장 大 큰 대

言 말씀 언 語 말씀 어 容 얼굴 용 貌 모양 모

終 마칠 종 未 아닐 미 超 뛰어남을 초 脫 벗을 탈 俚 속될 이 俗 풍속 속

之 갈 지 氣 기운 기

故 연고 고 敎 가르칠 교 子 아들 자 弟 아우 제

必 반드시 필 使 하여금 사 之 갈 지 從 좇을 종 遊 놀 유 醇 전국술 순

謹 삼갈근 雅 맑을아 飭 신칙할칙 之 갈지 人 사람인

方 모방 不 아닐불 竟 마침내경 抵 막을저 于 어조사우 不 아닐불

肖 닮을초 無 없을무 狀 형상상

詩 시시 云 이를운

出 날출 自 스스로자 幽 그윽할유 谷 골곡

遷 옮길천 于 어조사우 喬 높을교 木 나무목

{ 실천방향 }

김윤섭　이 글에서 언급된 "어른을 싫어하여 피하고 낮은 계층과 즐겨 어울리는 아이"를 풀어 보면, "아이가 왜 어른을 싫어하고 피하기까지 하는가?" 하는 것과 "낮은 계층과 즐겨 어울리는…" 이라고 한 부분이다. 오늘의 현실에서도 비슷한 경우가 많다. 아이들이 어른을 싫어하거나 피하지 않도록 하는 노력이 필요하다. 즉 부모 자신의 생각으로 범주와 기준을 정하고 잘잘못을 따지는 경우는 없어야겠다. 그리고 낮은 계층과 어울린다는 사고와 표현도 마땅치가 않다. 부모의 이중성과 불공평성 등이 아이에게 비쳐선 안될 일이다. 내 아이에게 어떤 부모 모습일지 가끔 돌아볼 일이다.

조인상　친구의 영향력은 대단하다. 그 사람을 알고 싶으면 어울리는 사람들을 보라고 한다. 서로의 시간을 주고받으며 영향을 주고받기 때문이다. 선善한 것들만 닮아가기를 바라는 부모의 마음이 아니었을까 싶다.

황효숙　자기보다 나은 지위에서 더 풍요로운 삶을 누리는 사람들과 의도적으로 어울리려고 하라는 것이다. 그건 허영이 아니라 그들이 그런 삶을 누릴 수 있게 해준 장점을 배우기 위한 것이다. 물론 사람을 가려서 사귀라는 말은 아니다. 여러 사람들과 어울리되 되도록이면 자기보다 전혀 나을 것 없는 사람과 사귀기보단 배울 것이 더 많은 사람들을 곁에 두라는 뜻이다.

지옥진　인터넷 발달로 5년 전만 해도 자녀들의 컴퓨터게임 때문에 부모님들이 게임 중독 상담을 많이 했다. 그런데 지금은 통신의 발전으로 인해 휴대폰으로 인터넷, sns, you -tube, 네이버, 페이스북, 구글, 수많은 어플에 의하여 순수하지 못하고 성적 돈벌이, 불법 게임 매매가 성행하고, 청소년들을 유혹하는 팡팡게임장, 컴퓨터 PC방, 성인 게임방, 청소년을 돈벌이로 이용하는 모텔, 불법 노래방 등 미풍양속에 어긋나는 일들이 너무나 많아지고 있는 것이 지금의 현실이다. 그럼에도 불구하고 부모는 우리 아이들에게 관심과 사랑을 주어야 한다.

"반듯한 선생을 만나도록 이끌어줘야 한다."

{본문}

童子隨科擧諸生, 課習文字, 容貌不端, 言語無
동자수과거제생 과습문자 용모부단 언어무

節, 輕浮淺薄, 仍成痼習, 以其聞見, 不出於俗臼
절 경부천박 잉성고습 이기문견 불출어속구

故也.
고 야

雖不得已, 使子弟業科課, 須托謹厚莊嚴之士,
동불득이 사자제업과과 수탁근후장엄지사

使之從事. 則童子自然檢攝.
사지종사 즉동자자연검섭

張生僎年方十三四. 余嘗與之習科擧詩, 夏月危
장생선연방십삼사 여상여지습과거시 하월위

坐, 背肩平直, 展帖楷寫, 簡言笑, 無惰容.
좌 배견평직 전첩해사 간언소 무타용

余未嘗不肅然敬之. 不惟童孺之準則, 長者亦可
여 미 상 불 숙 연 경 지 불 유 동 유 지 준 칙   장 자 역 가

爲法.
위 법

科儒俗生, 太無行義, 余最恥之.
과 유 속 생 태 무 행 의   여 최 치 지

{해석}

　어린이가 과거공부하는 여러 유생들을 따라서 글공부를 하여
용모가 단정하지 못하고, 말에 예절이 없으며, 행동이 경솔하고
천박하여져서 그대로 고질적인 버릇을 이루는 것은, 그 듣고 보는
것이 다 속된 범위에서 벗어나지 못하였기 때문이다.

　마지못하여 자제로 하여금 과거공부를 하게 한다면, 모름지기
근면하고 온후하고 씩씩하고 엄격한 선비에게 의지하여 공부하게
하여야 한다. 그러면 그 아이는 저절로 바른 몸가짐을 찾아 가지
게 될 것이다.

　장준(:조선 정조 때 사람)의 나이 13, 4살 때였다. 나는 일찍이
그와 함께 과거시험공부를 하였는데, 그는 한여름에도 꿇어앉아
등과 어깨를 똑바로 펴고 책을 펴놓고 글씨를 쓰고, 말과 웃음이
적고 게으른 기색이 없었다.

　나는 아닌 게 아니라, 숙연히 그를 공경하였다. 그는 실로 어린
이 행동의 표준이 될 뿐만 아니라, 어른도 가히 본받을 만하였다.

　과거공부하는 속된 유생들은 올바른 행실이 너무 없으므로, 나
는 이 점을 가장 부끄러워한다. (김종권 역, 1993, pp.283-284)

{ 한자 뜻풀이 }

童 아이동 子 아들자 隨 따를수 科 과목과 擧 들거 諸 모두제 生 살생

課 공부할과 習 익힐습 文 글월문 字 글자자

容 얼굴용 貌 모양모 不 아닐부 端 끝단

言 말씀언 語 말씀어 無 없을무 節 마디절

輕 가벼울경 浮 뜰부 淺 얕을천 薄 엷을박

仍 인할잉 成 이룰성 痼 고질고 習 익힐습

以 써이 其 그기 聞 들을문 見 볼견

不 아닐불 出 날출 於 어조사어 俗 풍속속 臼 절구구 故 옛고 也 어조사야

雖 비록수 不 아닐불 得 얻을득 已 이미이

使 하여금사 子 아들자 弟 아우제 業 업업 科 과목과 課 공부할과

須 모름지기수 托 맡길탁 謹 삼갈근 厚 두터울후 莊 씩씩할장 嚴 엄할엄

之 갈지 士 선비사

使 하여금사 之 갈지 從 좇을종 事 일사

則 곧즉 童 아이동 子 아들자 自 스스로자 然 그럴연 檢 검사할검 攝 다스릴섭

張 베풀장 生 날생 僎 갖출선 年 해년 方 모방 十 열십 三 석삼 四 넉사

余 나여 嘗 맛볼상 與 더불어여 之 갈지 習 익힐습 科 과목과 擧 들거

詩 시시

夏 여름하 月 달월 危 위태할위 坐 앉을좌

背 등배 肩 어깨견 平 평평할평 直 곧을직

展 펼전 帖 문서첩 楷 본보기해 寫 베낄사

簡 대쪽간 言 말씀언 笑 웃음소

無 없을무 惰 게으를타 容 얼굴용

余 나여 未 아닐미 嘗 맛볼상 不 아닐불 肅 엄숙할숙 然 그럴연 敬 공경경

之 갈 지

不 아닐 불　惟 생각할 유　童 아이 동　孺 젖먹이 유　之 갈 지　準 준할 준　則 법칙 칙

長 길 장　者 놈 자　亦 또 역　可 옳을 가　爲 할 위　法 법 법

科 과목 과　儒 선비 유　俗 풍속 속　生 날 생

太 클 태　無 없을 무　行 다닐 행　義 옳을 의

余 나 여　最 가장 최　恥 부끄러울 치　之 갈 지

{ 실천방향 }

김윤섭　실용 중시 교육을 강조했던 이덕무의 교육관에서 보았을 때 과거공부한다고 겉멋이 들어 언행言行이 경박輕薄하고 태도가 바르지 않은 일을 경계하고 있다. 예나 지금이나 공부 이전에 겸손의 심성을 닦는 일부터 잘 실천해나가야 한다는 말씀이다. 과거 공부를 하는 사람이나 그 부모, 그리고 가르치고 지도하는 사람들 모두 값싼 우월의식만 가득한 것은 아닌지 스스로 살펴볼 일이다. 더욱이 '한 세도勢道' 한다고 경거망동輕擧妄動하는 세간 풍경을 잘 보고 자녀교육의 자료로 삼아야 할 것이다.

조인상　좋은 스승을 만나는 것은 운명에 많은 영향을 준다. 따뜻한 스승, 수용적인 스승, 열정이 있는 스승, 나를 이해하고 이끌어주는 스승. 많은 사람들이 스승의 고마움을 기억하지만 상처받은 것을 기억하기도 한다. 선생은 사람을 대對한다. 사람의 영혼을 귀하게 여길 수 있어야 한다. 성찰하면서 본이 되는 모습을 지니고 진실로 대해야 할 것이다.

황효숙 반듯한 스승을 만나는 것. 참으로 중요한 일이 아닐 수 없다. 어린아이가 태어나면서 첫 번째 만나는 스승은 부모이고, 두 번째로 만나는 스승은 유치원이나 학교에서 만나는 교사일 것이다. 아이는 무엇이든지 보는 대로 말하고, 모방하고, 행동하는 경향이 있다. 부모와 교사는 스스로 반듯한 스승이 되도록 노력하고 자신을 되돌아보아 부지런히 정진하고 흐트러짐이 없이 안으로는 참되고, 밖으로는 따뜻하게 정직하고 솔직하게 바른 몸가짐으로 모범을 보여야 할 것이다.

지옥진 책을 읽거나 공부를 할 때 허리를 펴고 등과 목을 단정하게 해야 한다고 생각한다. 어릴 때부터 자세를 바르게 하지 않으면 노년에 표시가 난다. 사진을 보면 허리와 목이 굽어져 있고 바르지 않은 자세가 보인다. 허리와 목과 머리를 곧게 펴고 일을 해야 자세가 바르게 잡히기 때문이다. 어릴 때부터 아이들에게 자세를 바르게 하는 습관을 가지도록 해야 한다.

2

가르쳐 익힘

〔教習교습〕

"교육정의敎育正義를 구현하라."

{본문}

敎童子, 必先導以心術之公, 學業之正. 及其長
교동자 필선도이심술지공 학업지정 급기장

大, 追遊師友, 必取端雅, 屛絶匪類, 不背經訓,
대 추유사우 필취단아 병절비류 불배경훈

始洒免爲雜流.
시내면위잡유

雖貧賤, 而抱關庸保, 農醫商匠爲業, 不失爲修
수빈천 이포관용보 농의상장위업 부실위수

敕之士. 至若自幼及壯, 其所聞見, 無非不正之事
칙지사 지약자유급장 기소문견 무비부정지사

與浮浪之人, 則其或見正事見正人, 反乃以爲駭
여부랑지인 즉기혹견정사견정인 반내이위해

異也.
이야

雖自以爲文藝絶人, 風流動盪, 識者見之, 迺是
수 자 이 위 문 예 절 인 풍 류 동 탕 식 자 견 지 내 시
雜類爾.
잡 류 이

爲善甚難, 爲惡反易. 故訓戒童子, 使之明示好
위 선 심 난 위 악 반 역 고 훈 계 동 자 사 지 명 시 호
惡, 無或漸染也.
악 무 혹 점 염 야

{ 해석 }

어린이를 가르칠 때는 반드시 먼저 마음가짐을 공명하게 하고
학업을 정대하게 하도록 인도할 것이다. 그리고 장성하면 스승과
벗을 따라 공부하되, 반드시 단정하고 우아한 이를 취하고 악한
무리와의 교제를 끊어 버리고, 경전의 가르침을 배반하지 않아야
비로소 잡된 무리가 되는 것을 면할 것이다.

비록 가난하고 천하여 문지기가 되고 고용살이를 하고, 농사·
의원·장사·공장을 직업으로 삼더라도, 몸을 닦고 스스로 삼가
는 선비가 됨을 잃지 말아야 할 것이다. 더구나 어릴 때부터 장성
해질 때까지 그 듣고 보는 것이 부정한 일과 부랑한 사람이 아닌
것이 없을 것 같으면, 그가 혹시 바른 일을 보고 바른 사람을 보
아도 도리어 해괴하고 이상한 일로 생각할 것이다.

비록 스스로 학문과 예술이 남보다 뛰어나고 풍류가 남달리 멋
지다고 하더라도, 식자들은 그를 보고 곧 잡된 무리라고 할 따름
이리라.

사람이 착하게 되기는 몹시 어렵고, 악하게 되기는 도리어 쉽

다. 그러므로 어린이들을 가르치고 경계하는 데는 그들에게 좋은 것과 나쁜 것을 분명히 제시하여, 혹시라도 나쁜 데 물드는 일이 없도록 해야 한다.(김종권 역, 1993, pp.284-285)

{ 한자 뜻풀이 }

教 가르칠 교　童 아이 동　子 아들 자

必 반드시 필　先 먼저 선　導 인도할 도　以 써 이　心 마음 심　術 재주 술

之 갈 지　公 공평할 공

學 배울 학　業 업 업　之 갈 지　正 바를 정

及 미칠 급　其 그 기　長 길 장　大 큰 대

追 쫓을 추　遊 놀 유　師 스승 사　友 벗 우

必 반드시 필　取 가질 취　端 끝 단　雅 맑을 아

屛 병풍 병　絶 끊을 절　匪 비적 비　類 무리 류

不 아닐 불　背 등 배　經 지날 경　訓 가르칠 훈

始 비로소 시　廼 이에 내　免 면할 면　爲 할 위　雜 섞일 잡　流 흐를 류

雖 비록 수　貧 가난할 빈　賤 천할 천

而 말이을 이　抱 안을 포　關 관계할 관　庸 쓸 용　保 지킬 보

農 농사 농　醫 의원 의　商 장사 상　匠 장인 장　爲 할 위　業 업 업

不 아닐 부　失 잃을 실　爲 할 위　修 닦을 수　敕 칙서 칙　之 갈 지　士 선비 사

至 이를 지　若 같을 약　自 스스로 자　幼 어릴 유　及 미칠 급　壯 장할 장

其 그 기　所 바 소　聞 들을 문　見 볼 견

無 없을 무　非 아닐 비　不 아닐 부　正 바를 정　之 갈 지　事 일 사　與 더불어 여

浮 뜰 부　浪 물결 랑　之 갈 지　人 사람 인

則 곧 즉　其 그 기　或 혹 혹　見 볼 견　正 바를 정　事 일 사　見 볼 견　正 바를 정

人 사람 인

反 돌이킬 반　乃 이에 내　以 써 이　爲 할 위　駭 놀랄 해　異 다를 이　也 어조사 야

雖 비록 수　自 스스로 자　以 써 이　爲 할 위　文 글월 문　藝 재주 예　絕 끊을 절

人 사람 인

風 바람 풍　流 흐를 류　動 움직일 동　盪 씻을 탕

識 알 식　者 놈 자　見 볼 견　之 갈 지

迺 이에 내　是 이 시　雜 섞일 잡　類 무리 류　爾 너 이

爲 할 위　善 착할 선　甚 심할 심　難 어려울 난

爲 할 위　惡 악할 악　反 돌이킬 반　易 바꿀 역

故 옛 고　訓 가르칠 훈　戒 경계할 계　童 아이 동　子 아들 자

使 하여금 사　之 갈 지　明 밝을 명　示 보일 시　好 좋을 호　惡 악할 악

無 없을 무　或 혹 혹　漸 점점 점　染 물들 염　也 어조사 야

{ 실천방향 }

김윤섭　오늘의 혼란한 사회 모습을 생각하면 정신이 번쩍 드는 말씀이다. 교육자의 양심과 정성이 전제되어야 정도교육正道教育이 이뤄질 수 있다. 교육자의 대오각성大悟覺醒이 절실하다. 무릇 아이들을 가르침에 있어서는 아이들이 마음가짐을 밝게 가지고 학업에 임하여 배움을 지켜나갈 수 있게 이끌어야 한다. 선악善惡을 가릴 줄 알게 해줘야 하며 지혜로운 길을 가도록 가르쳐야 한다. 그런데 교육하는 사람들의 의식이 '좋은 게 좋다' 는 식이라면, 이 땅의 교육에 희망이 있겠는가? 눈 덮인 광야廣野에 서서 우리들의 민낯을 만져봐야 할 때인 것 같다.

조인상　콜버그Kohlberg의 도덕성 발달이론에서는 3가지의 수준 6가지 단계에 따라서 도덕성이 발달한다고 한다. 이론에 따르면 영유아는 1, 2단계에 속하는데, 1단계에서는 신체적인 벌을 피하기 위해서 행동하고, 2단계에서는 욕구 충족하기 위한 수단으로 도덕성을 규정한다고 한다. 도덕적 규칙이나 선악의 개념을 알지만 행동의 쾌락적 결과나 도덕적 규칙을 강요하는 사람의 힘이나 권력에 따라 해석한다는 것이다. 보편적인 도덕원리인 정의, 인간 권리의 호혜성互惠性, 동등성, 인간존재의 존엄성에 대한 존중 등에 대한 의식은 성장하면서 점차로 발달되어진다. 도덕성은 부모와 교사의 편견과 가치관에 의해서 많은 영향을 받으므로 성장하는 동안 올바른 모습을 보이고, 바른길로 안내해야 할 것이다.

황효숙　사람이 당당하게 살 수 있는 데는 여러 가지 이유가 있을 것이지만, 그 으뜸이 "정직"이라고 생각된다. 정직하지 못하고 비굴하고 비겁한 자라면 아무리 부자로 산다고 하더라도 남의 눈치나 살피는 당당하지 못하고 제 할 말을 못하는 사람이 되고 말 것이다. 이 시대의 정치부패나 사학비리, 대부분의 사건이나 사고도 정직하지 못함에서 비롯된다. 공문서를 위조하고, 부실공사를 하고, 공금을 횡령하는 것 등은 모두 바르지 못한 마음이 자리잡고 있기 때문이다. 어릴 때부터 하지 말아야 할 것은 절대로 금기시 되어야 하며, 철저하게 자기 마음을 절제하고 다스릴 줄 알고 끊어낼 수 있는 용기를 가지도록 교육해야 한다. 사리사욕에 영혼을 팔아넘기지 말 것.

"아이들의 교육에는
인내와 관용이 필요하다."

{본문}

生馬之駒, 不能調習, 不可以爲良驥, 穉松苗,
생 마 지 구   불 능 조 습   불 가 이 위 양 기   치 송 묘

不能培壅, 不可以成美村.
불 능 배 옹   불 가 이 성 미 촌

故有子而不能敎, 猶棄之也.
고 유 자 이 부 능 교   유 기 지 야

{해석}

　갓 난 망아지는 착실하고 엄격하게 길들여 좋은 기술을 익히게
하지 않으면 좋은 천리마를 만들지 못하고, 어린 소나무 모종은
잘 북돋아 기르지 않으면 훌륭한 재목을 만들지 못한다.

　그러므로 아들이 있으면서 잘 가르치지 않으면, 이는 오히려
버리는 것과 같다. (김종권 역, 1993, p.285)

生 날생 馬 말마 之 갈지 駒 망아지구

不 아닐불 能 능할능 調 고를조 習 익힐습

不 아닐불 可 옳을가 以 써이 爲 할위 良 어질양 驥 천리마기

稚 어릴치 松 소나무송 苗 모묘

不 아닐불 能 능할능 培 북을돋울배 壅 막을옹

不 아닐불 可 옳을가 以 써이 成 이룰성 美 아름다울미 村 마을촌

故 옛고 有 있을유 子 아들자 而 말이을이 不 아닐불 能 능할능

教 가르칠교

猶 오히려유 棄 버릴기 之 갈지 也 어조사야

{ 실천방향 }

김윤섭 아이들의 교육에는 엄한 강제로 일관해선 안 된다. 아니, 나무라거나 야단치는 일을 하지 않는다면 아이의 자연성自然性은 훨씬 더 잘 유지, 성장되어 가리라 본다. 어른들의 인내와 관용이 필요하다.

조인상 영유아기는 적기適期에 관한 것, 뇌 발달, 습관형성, 인성의 틀이 만들어지는 시기 등 여러 이유로 중요하다. 영유아 교육의 중요성에 대한 말씀으로 어떻게 가르치느냐는 것인데, 부모가 중요하게 생각하는 기준에 대하여 일관성 있게 가르치는 게 필요하다. 부모의 상황에 따라서 훈육이나 칭찬을 다르게 하면 안 된다. 일관성 없게 키우면 부모의 기분이 아이의 가치관으로 작용하고

행동하는 기준점이 된다. 눈치 보는 아이로 키우지 않으려면 일관성
있게 키워야 한다.

황효숙　당근과 채찍을 적절히 잘 사용하란 말씀으로 해석된다.
아이의 기질을 잘 파악하여 아이의 성질에 맞게 훈육할 것
이며, 안 되는 것은 엄하게 가르치고, 창의성이 살아나도록 아이가 가
려는 길을 잘 인도해주는 것이 바람직하다. 꾸중보다는 칭찬을 하여
격려하며 스스로 자기 주도적 생활을 할 수 있도록 보살피자.

지옥진　어릴 때 잘 교육하고, 훈육하고, 가르쳐야 한다. 아이들을
키우다 보면 기질적인 싹이 보인다. 행동하는 모습에서
다양한 유형으로 볼 수 있는데, 몸을 많이 움직이는 아이는 신체형,
말을 많이 하고 언어적으로 발달된 아이는 언어형, 몸을 많이 움직이
지 않고 말도 하지 않으며 생각을 많이 하는 아이는 탐구형, 사람들과
의 관계를 잘하고 놀이에 관심이 있으며, 친구들과의 관계가 좋은 아
이는 이상형, 도덕적 행동과 규칙을 잘 지키는 착실한 아이는 규범형
으로 볼 수 있다. 아이의 특성과 기질에 맞게 재능을 키우는 것이 중
요하다.

"정서함양교육, 중요하다."

{ 본문 }

圖書編社學規條曰,
도 서 편 사 학 규 조 왈

「古之敎者, 敎以人倫, 後世記誦詞章之習起, 而
고 지 교 자 교 이 인 륜 후 세 기 송 사 장 지 습 기 이

先生之敎亡. 今敎童子, 惟以孝悌忠信禮義廉恥
선 생 지 교 망 금 교 동 자 유 이 효 제 충 신 예 의 염 치

爲務, 其栽培涵養之方, 則宜誘之歌詩, 以發志
위 무 기 재 배 함 양 지 방 즉 의 유 지 가 시 이 발 지

意, 導之習禮, 以肅威儀, 諷之讀書, 以開知覺.」
의 도 지 습 예 이 숙 위 의 풍 지 독 서 이 개 지 각

今案此三條, 亦各有義, 謹列于左.
금 안 차 삼 조 역 각 유 의 근 열 우 좌

{ 해석 }

　《도서편圖書編(책 이름)》 사학규조社學規條에 말하기를, 「옛날에

가르친다는 것은 사람이 행할 올바른 도리, 곧 인륜을 가르쳐주는 것이었으나, 후세에 와서 시가와 문장을 기억하고 외우는 습관이 일어나자, 선생의 가르침이 망쳐졌다. 지금 어린이들을 가르치는 데 오직 효도와 공경, 충성과 신의, 예절과 의리, 청렴과 수치를 알고 실행하게 하는 데 힘쓸 것이고, 그것을 북돋아 기르는 방법은 마땅히 시와 노래로써 유도하여 그 의지를 발달시키고, 이로써 인도하여 예절을 익혀 위의를 엄숙하게 하도록 하고, 이로써 풍자하여 책을 읽어서 지각을 계발하도록 할 것이다.」라고 하였다.

이제 이 세 가지 조목을 상고하건대, 또한 각각 뜻이 있으므로 삼가 다음에 나누어 적는다.(김종권 역, 1993, p.285)

{ 한자 뜻풀이 }

圖 그림도 書 글서 編 엮을편 社 모일사 學 배울학 規 법규 條 가지조
曰 가로왈

古 옛고 之 갈지 敎 가르칠교 者 놈자

敎 가르칠교 以 써이 人 사람인 倫 인륜륜

後 뒤후 世 인간세 記 기록할기 誦 외울송 詞 말사 章 글장 之 갈지

習 익힐습 起 일어날기

而 말이을이 先 먼저선 生 날생 之 갈지 敎 가르칠교 亡 망할망

今 이제금 敎 가르칠교 童 아이동 子 아들자

惟 생각할유 以 써이 孝 효도효 悌 공손할제 忠 충성충 信 믿을신

禮 예도예 義 옳을의 廉 청렴할염 恥 부끄러울치 爲 할위 務 힘쓸무

其 그기 栽 심을재 培 북을돋울배 涵 젖을함 養 기를양 之 갈지 方 모방

則 곧즉 宜 마땅의 誘 꾈유 之 갈지 歌 노래가 詩 시시

以 써이 發 필발 志 뜻지 意 뜻의

導 인도할도 之 갈지 習 익힐습 禮 예도예

以 써이 肅 엄숙할숙 威 위엄위 儀 거동의

諷 풍자할풍 之 갈지 讀 읽을독 書 글서

以 써이 開 열개 知 알지 覺 깨달을각

今 이제금 案 책상안 此 이차 三 석삼 條 가지조

亦 또역 各 각각각 有 있을유 義 옳을의

謹 삼갈근 列 벌일열 于 어조사우 左 왼좌

{ 실천방향 }

김윤섭 　이 글이 함축하고 있는 바는 바른 마음 수양과 도의 실천이 가르치는 사람의 본령本領일 터인데, 이를 원만히 수행하여 나가는 데는 시가詩歌 학습 또한 중요한 의미를 가지는 것이므로 비중을 낮추어 취급하지 말고 기존의 교육이 숭상해 오던 '효도와 공경, 충성과 신의, 예절과 의리, 청렴과 수치를 알게 하여 더 높은 인성도야人性陶冶에 이를 수 있도록 이끌어가는 인륜人倫교육'에 연계하여 감으로써 보다 큰 교육 효과를 가져올 수 있다는 의미로 보인다. 오늘의 학교교육에 있어서 입시 관련 교과가 아니면 소홀히 다루는 여러 현상을 비판적으로 살펴보게 한다. 편식증偏食症에서 헤어나지 못하는 우리의 교육, 여기서 창의를 얻어낼 수 있을까? 가끔씩 외쳐만 보는 '전인교육全人敎育'은 교과서 속의 말로만 존재하거나 교육행사장의 연설문에서나 들어보는 용어일 뿐, 현실은 기득권 유지를

위한 교과 권력 현상이 지배하고 있다. 제 자식이 편협한 인간으로 커 가도 좋다고 방임하는 부모는 없을 것이다. 자녀의 개성과 적성을 살펴서 그에 맞는 공부를 하도록 밀어줘야 한다.

황효숙 "바른 마음가짐"을 가지려면, 부끄러움을 알면 될 것 같다. 수치, 혹은 부끄러움이라는 것은 얼마나 견디기 힘든 마음인가? 옳지 않은 것을 행할 때, 부도덕한 마음을 품을 때 부끄러워할 줄 아는 것. 옳고 그름을 구별할 줄 아는 마음을 어린아이가 알도록 하여야 한다(내성적인 성격을 말하는 것이 아니다). 겉으로 보이는 학교생활과 학업성적에만 치우치는 우리나라 교육의 단점을 어떻게 하면 바로잡을 수 있을까? 교육자들은 고민을 해야 한다. 자기 행동을 스스로 제어하여 바른길로 가게끔 하는 인간의 내적 심리 기제. 부끄러움을 알면 외부의 강한 제재를 받지 않아도 항상 자기 마음가짐과 몸가짐을 반듯하게 잡을 수 있을 것이다.

지옥진 오늘의 교육은 경쟁과 서열화하는 입시 위주의 시험과 결과 중심적 성적을 중요시하다 보니 사람이 행할 올바른 도리와 인륜을 망각하고 인성교육을 등한시하여 예절과 신의와 효도와 의리를 모르는 사람들을 어렵지 않게 볼 수 있다. 학습으로 예절을 익히고 책을 읽어 지혜를 찾는 것이 중요하다고 할 수 있다. 입시지옥에서 아이들이 벗어나야 인성적으로 자신을 돌아보고 찾을 수 있다. 자신을 찾고 돌아보면 새로운 세계에 관심을 갖게 되고 창의력도 발휘할 수 있다.

"바른 학습태도를 길러야 한다."

{ 본문 }

凡歌詩, 須要整容定氣, 淸朗其聲音, 均審其節
범 가 시 수 요 정 용 정 기   청 랑 기 성 음   균 심 기 절

調, 毋躁而急, 毋蕩而囂, 毋餒而懾.
조 무 조 이 급   무 탕 이 효   무 뇌 이 섭

久則精神宣暢, 心氣和平矣. 每學, 量童生多少,
구 즉 정 신 선 창   심 기 화 평 의   매 학   량 동 생 다 소

分爲三班, 每日輪一班歌詩, 其餘皆就席, 斂容
분 위 삼 반   매 일 륜 일 반 가 시   기 여 개 취 석   염 용

肅聽.
숙 청

{ 해석 }

　시를 노래하는 데는 모름지기 몸가짐을 바르게 하고 기운을 안
정시켜야만 맑고 명랑하여 소리와 음이 고르니, 그 음절과 가락을

살펴 조급하게 하지 말고, 크고 시끄럽게 하지 말고, 굶주렸거나 두려운 것처럼 하지 말라.

오래 연습하면 정신이 상쾌해지고 심기가 화평하게 될 것이다. 그리고 공부할 때마다 학생들의 많고 적은 것을 헤아려서, 이를 세 반으로 나누어 날마다 한 반씩 돌아가며 시를 노래하게 하고, 그 나머지는 다 자리에 앉아서 몸가짐을 단정히 하고 정숙히 듣게 할 것이다.(김종권 역, 1993, pp.285-286)

{ 한자 뜻풀이 }

凡 무릇 범 歌 노래 가 詩 시 시

須 모름지기 수 要 요긴할 요 整 가지런할 정 容 얼굴 용 定 정할 정 氣 기운 기

淸 맑을 청 朗 밝을 랑 其 그 기 聲 소리 성 音 소리 음

均 고를 균 審 살필 심 其 그 기 節 마디 절 調 고를 조

毋 말 무 躁 조급할 조 而 말이을 이 急 급할 급

毋 말 무 蕩 방탕할 탕 而 말이을 이 囂 들렐 효

毋 말 무 餒 주릴 뇌 而 말이을 이 懾 두려워할 섭

久 오랠 구 則 곧 즉 精 정할 정 神 귀신 신 宣 베풀 선 暢 화창할 창

心 마음 심 氣 기운 기 和 화할 화 平 평평할 평 矣 어조사 의

每 매양 매 學 배울 학

量 헤아릴 량 童 아이 동 生 날 생 多 많을 다 少 적을 소

分 나눌 분 爲 할 위 三 석 삼 班 나눌 반

每 매양 매 日 날 일 輪 바퀴 륜 一 한 일 班 나눌 반 歌 노래 가 詩 시 시

其 그 기 餘 남을 여 皆 다 개 就 나아갈 취 席 자리 석

斂 거둘 렴 容 얼굴 용 肅 엄숙할 숙 聽 들을 청

김윤섭   효과적, 효율적인 학습법과 반듯한 학습태도를 일러주고 있다. 옛 시절과 현대의 교육은 환경과 여건이 많이 다르지만 학습 효율을 높이는 것이 학습자와 학부모, 교사 모두의 관심사다. 이 문제에 대해서 많은 사람들이 그 답을 제시해 왔었으나 잘 실천되지 않고 있다. '자기주도적 학습 능력'의 신장이 그 답이 될 터인데, 학교도 학습자도 그냥 수동적인 암기 위주의 지식 습득에 안주하고 있다. 루소J.J. Rousseau(1712~1778)는 아동의 자연적인 성장을 위해서는 교육 활동의 주체는 아동 자신이라는 점을 간과하지 말아야 아동 개인의 본성이 제대로 개발될 수 있다고 주장했다. 평생에 걸친 종합적인 학습능력을 키워 나가는 일에 인식의 전환이 필요하다.

조인상   수업방법의 가장 큰 핵심은 '동기유발'이다. 아이들의 마음을 열어주기란 참 어렵다. 다양한 교수 매체를 활용하기도 하고 다양한 교수법을 사용하기도 한다. 쎙떽쥐베리Antoine(-Marie-Roger) de Saint-Exupéry의 어린왕자에서도 이런 말이 나온다. 세상에서 제일 어려운 일은 바람 같은 사람의 마음을 잡는 일이라고 한다. 스스로 학습하고 싶은 마음을 일으키기 위해 발달에 적합한 눈높이학습을 하여야 한다.

황효숙   어린아이를 학습을 잘할 수 있는 능력이 주어지게 만드는 일은 교수자의 특별한 과제이다. "어떻게 가르치느냐?"를 아는 것은 교육의 위대한 기술이라고 어느 스위스의 문학가는 말했다. 아이에게 적합한 학습법을 알아내고 , 거기에 맞게 교육하는 것이 부모와 교사가 풀어야 할 가장 큰 숙제이다. 그러려면 아이가 잘하는 것부터 알아내야 한다. 아이가 무엇을 잘하는지, 무엇을 어려워하는지, 어느 부분이 뛰어난 재능을 보이는지, 혹은 부족한지를 알고 올바른 학습법을 제시하자. 그리고 재미가 있어야 자기주도적 학습이 이루어진다. 억지로 주입식으로 교육하는 것은 교육의 한계가 있으며 금방 잊어버리기 쉽다.

"바른 마음가짐 공부는
부모가 먼저 실천해야 한다."

{본문}

凡習禮, 須要澄心肅慮, 審其儀節, 度其容止,
범 습 례 수 요 등 심 숙 려 심 기 의 절   도 기 용 지

毋忽而惰, 毋沮而詐, 毋徑而野, 從容而不失之
무 홀 이 타   무 저 이 사   무 경 이 야   종 용 이 불 실 지

迂緩, 修謹而不失之拘局.
우 완 수 근 이 불 실 지 구 국

久則禮貌習熟, 德性堅定矣. 亦如前分爲三班,
구 즉 예 모 습 숙   덕 성 견 정 의   역 여 전 분 위 삼 반

日輪一班習禮, 餘皆就席, 斂容肅覩.
일 륜 일 반 습 예 여 개 취 석 염 용 숙 도

{해석}

예절을 익히는 데는 모름지기 마음을 맑게 하고, 생각을 엄숙
하게 하고, 그 거동을 살피고 그 몸가짐을 잘 헤아려 소홀하고 게

울리하지 말고, 막히고 거짓되게 하지 말고, 빠르고 촌스럽게 하지 말고, 조용히 하면서도 느리고 더딘 실수가 없도록 하고, 수양하고 삼가면서도 구애하고 머뭇거리는 실수가 없도록 할 것이다.

이것을 오래 닦으면 예절을 갖춘 모습이 잘 익혀지고 도덕적인 성품이 굳건하게 정하여질 것이다. 또한 앞서 시를 노래할 때와 같이 학생들을 세 반으로 나누어서 날마다 한 반씩 돌아가며 예절을 익히고, 나머지는 다 자리에 앉아서 몸가짐을 단정히 하고 정숙히 보도록 할 것이다.(김종권 역, 1993, p.286)

{ 한자 뜻풀이}

凡 무릇 범　習 익힐 습　禮 예도 례

須 모름지기 수　要 요긴할 요　澄 나뉠 등　心 마음 심　肅 엄숙할 숙　慮 생각할 려

審 살필 심　其 그 기　儀 거동 의　節 마디 절

度 법도 도　其 그 기　容 얼굴 용　止 그칠 지

毋 말 무　忽 갑자기 홀　而 말이을 이　惰 게으를 타

毋 말 무　沮 막을 저　而 말이을 이　詐 속일 사

毋 말 무　徑 지름길 경　而 말이을 이　野 들 야

從 좇을 종　容 얼굴 용　而 말이을 이　不 아닐 불　失 잃을 실　之 갈 지　迂 멀 우　緩 느릴 완

修 닦을 수　謹 삼갈 근　而 말이을 이　不 아닐 불　失 잃을 실　之 갈 지　拘 잡을 구　局 판 국

久 오랠 구　則 곧 즉　禮 예도 예　貌 모양 모　習 익힐 습　熟 익을 숙

德 큰 덕　性 성품 성　堅 굳을 견　定 정할 정　矣 어조사 의

亦 또역 如 같을여 前 앞전 分 나눌분 爲 할위 三 석삼 班 나눌반

日 날일 輪 바퀴륜 一 한일 班 나눌반 習 익힐습 禮 예도례

餘 남을여 皆 다개 就 나아갈취 席 자리석

斂 거둘렴 容 얼굴용 肅 엄숙할숙 覩 볼도

{ 실천방향 }

김윤섭 예절, 즉 예의禮儀와 절도節度는 공동체 생활에 있어서 하나의 약속이다. 남과 더불어 살아가는 사회 속에서 우리 모두의 공존을 위한 사회계약社會契約이다. 이를 잘 지켜가려면 사람다워지려는 자기 관리 노력을 해야 한다. 그래서 예절 공부에 있어서는 더욱이 먼저 마음가짐을 맑게 가져야 한다. 그런데 그 '마음 맑게 가지기'가 쉬운 일이겠는가? 금수저를 물고 태어났다고 해서, 벼슬하는 국가고시에 합격했다고 해서, 무슨 박사학위를 두 가지씩 했다고 해서, 성현의 말씀 적힌 책을 서가에 꽂아둔다 해서 되는 것일까? '마음 맑게 가지기' 공부! 부모부터 '수기修己 공부' 하기를 으뜸으로 해야 한다. 부모가 늘 '마음 바탕 닦기' 공부를 하면 자식들도 따라 온다고 했다. 그것도 일찍 실천하고 가르쳐 둠이 좋을 터이다.

황효숙 부모가 정도를 걷겠다는 마음가짐을 마음 깊은 속에 뿌리를 두고 흔들리지 않고 생활할 줄 알아야 자식도 저절로 부모의 마음을 배울 수 있다. 올바른 마음가짐은 구체적으로 바른 견해, 바른 생각, 바른 말, 바른 행위, 바른 생활, 바른 노력, 바른 관찰, 바른 집중 등을 말한다.

지옥진　바른 예절을 익힐 때에는 마음을 맑게 하고, 생각을 엄숙하게 하고, 거동을 살피고 그 몸가짐을 잘 헤아려서 예의 바르고 정숙하게 하면서 온 마음을 다해 집중하여야 한다. 어떤 아이들은 이렇게 예절을 익혀야 할 때에 마구 몸을 흔들며 장난을 치고 경솔하게 행동하는 경우가 있는데, 이런 예의 없는 행동을 하는 아이들은 인정받고 싶은 욕구는 높고, 집중력이 떨어지므로 자신감과 흥미를 갖게 해야 한다. 분명한 욕구와 목표가 있는 아이들은 문제행동을 덜한다.

"학습량에 욕심내지 말고 정독精讀하라."

{본문}

凡授書, 不在徒多, 但貴精熟.
범 수 서　불 재 도 다　단 귀 정 숙

量其資稟, 能二百字者, 只可授以一百字, 常使
량 기 자 품　능 이 백 자 자　지 가 수 이 일 백 자　상 사

精神力量有餘, 則無厭苦之患, 而有自得之美.
정 신 역 량 유 여　즉 무 염 고 지 환　이 유 자 득 지 미

諷誦之際, 務令專心一志, 口誦心惟, 字字句句,
풍 송 지 제　무 령 전 심 일 지　구 송 심 유　자 자 구 구

紬繹反復, 抑揚其音節, 寬虛其心意, 久則義理
주 역 반 복　억 양 기 음 절　관 허 기 심 의　구 즉 의 리

浹洽, 聰明日開矣.
협 흡　총 명 일 개 의

{해석}

글을 가르치는 데는 부질없이 많이만 가르칠 것이 아니라, 다

만 정독하여 잘 익히 아는 것을 귀히 여길 것이다.

그 자질과 성품을 헤아려서 능히 2백 자를 배울 수 있는 사람에게는 다만 1백 자만 가르쳐주어 항상 정신과 역량에 여유를 가지게 한다면, 공부하기 싫어하거나 괴로워하는 근심은 없어지고, 스스로 진리를 터득하는 아름다운 습관을 갖게 될 것이다.

글을 외울 때는 마음을 오로지 하고 뜻을 한 가지로 하여, 입으로는 외우고 마음으로는 생각하고, 한 글자 한 글귀의 참뜻을 찾아내어 반복하고, 그 음절을 높였다가 낮췄다 하며 그 마음을 너그럽게 가지도록 힘쓸 것이다. 이를 오래 계속하면 뜻과 이치가 마음속에 깊이 스며들고 총명이 날로 열릴 것이다.(김종권 역, 1993, pp.286-287)

{ 한자 뜻풀이 }

凡 무릇 범　授 줄 수　書 글 서
不 아닐 불　在 있을 재　徒 무리 도　多 많을 다
但 다만 단　貴 귀할 귀　精 정할 정　熟 익을 숙
量 헤아릴 량　其 그 기　資 재물 자　稟 여쭐 품
能 능할 능　二 두 이　百 일백 백　字 글자 자　者 놈 자
只 다만 지　可 옳을 가　授 줄 수　以 써 이　一 한 일　百 일백 백　字 글자 자
常 항상 상　使 하여금 사　精 정할 정　神 귀신 신　力 힘 력　量 헤아릴 량
有 있을 유　餘 남을 여
則 곧 즉　無 없을 무　厭 싫어할 염　苦 쓸 고　之 갈 지　患 근심 환
而 말이을 이　有 있을 유　自 스스로 자　得 얻을 득　之 갈 지　美 아름다울 미

諷 풍자할 풍 誦 외울 송 之 갈 지 際 즈음 제

務 힘쓸 무 슈 하여금 령 專 오로지 전 心 마음 심 一 한 일 志 뜻 지

口 입 구 誦 외울 송 心 마음 심 惟 생각할 유

字 글자 자 字 글자 자 句 글귀 구 句 글귀 구

紬 명주 주 繹 풀 역 反 돌이킬 반 復 회복할 복

抑 누를 억 揚 날릴 양 其 그 기 音 소리 음 節 마디 절

寬 너그러울 관 虛 빌 허 其 그 기 心 마음 심 意 뜻 의

久 오랠 구 則 곧 즉 義 옳을 의 理 다스릴 리 浹 두루미칠 협 洽 흡족할 흡

聰 귀밝을 총 明 밝을 명 日 날 일 開 열 개 矣 어조사 의

{ 실천방향 }

김윤섭 〈童規-教習 21〉의 취지에 연결되는 글이다. 글을 읽고 공부하는 일에 너무 욕심내지 말라는 뜻이다. 글을 읽고 공부를 한다는 자체가 지난至難한 일이거늘, 학습량에 욕심을 부린다면 그건 어리석은 일일 것이다. 행간行間을 읽는다는 말처럼 의미 파악을 해가면서 읽어 가는 정독精讀을 권하고 있다. 나아가 소리 내어 읽는 음독音讀의 의미를 더하여 권장하고 있다. 실제 소리 내어 여러 번 읽는다는 것은 더러 피곤해지는 경우가 있겠으나 그 효과는 오래간다. 아기들의 말 배우기 과정을 연상해 보라. 소리 내어 읽는 연습! 결코 무시할 수 없다. 유념해 볼 일이다.

조인상 신입교사들과 이야기를 할 때 자주하는 말이다. 속도에 욕심을 내지 말고 차근차근 배우는 방법에 집중하라고 한

다. 차분히 일을 배우고 익숙해지면 속도는 날 것이니 일을 제대로 잘 배우는 것이 중요하다고 알려준다. 새로운 것을 배울 때는 정석대로 배우는 것이 후일 잘할 수 있는 가장 좋은 방법이다. 아무리 바빠도 바늘허리 매어 할 수 없으니 말이다. 차근차근 공든 탑을 쌓듯이 나아가야 할 것이다.

황효숙 악기를 익히는 것에 비유해보면, 처음부터 빠르게 악보를 보는 사람은 쉽게 잊어버리기 쉽고 깊이를 잘 가늠할 수 없다. 천천히 음을 음미하면서 오래도록 천천히 반복연습을 충분히 우러나도록 해야만이 악기를 능숙하게 잘 다룰 수 있으며, 악보를 보지 않아도 손이 저절로 악기와 호흡한다. 손가락에 가가의 뇌가 달린 것처럼 저절로 움직이는 경지에 이르게 된다.

지옥진 아이가 공부하기 싫어한다는 어머님이 하소연을 하며 어떻게 해야 하는지 걱정을 하신다. "아이가 게임을 자주 하고 거짓말을 하며, PC방에 갔다 오고 학원도 지각하고 해서 아이를 심하게 야단치고 휴대폰을 뺏고 해도 변화가 없고 오히려 분노가 높아져서 반항을 합니다." 과거에는 어떤 아이였는지 질문을 하니까 어머님은 초등학교 때까지는 엄마의 말에 잘 따라왔는데, 사춘기가 되고 휴대폰과 게임에 몰두하고 친구들과 어울리면서 달라졌다고 했다. 나중에 부연 설명하면서 엄마가 너무 학원과 집, 학교생활만 하도록 하고 공부를 강요했던 것이 아이를 힘들게 했던 것 같다고 하였다. 지금부터라도 공부는 좋아하는 것부터 하고 10장 할 것을 2장만 해도 칭찬하고 아이를 믿어주며, 쉬는 날은 마음껏 놀 수 있도록 해주고, 엄마 자신이 내가 무엇을 하는 것이 행복한지를 찾아서 스스로의 삶을 긍정적으로 모색하는 것이 자녀와의 관계 회복에 도움이 될 것이라고 이야기하였다.

"우애 교육은 어릴 적부터 해야 한다."

{본문}

禮曰,「男子八年, 始教之讓, 此遜而不貪, 謙而
예 왈 남 자 팔 년 시 교 지 양 차 손 이 부 탐 겸 이

不吝, 禮之善物也.」
불 인 예 지 선 물 야

漢孔融幼時, 與諸兄食果, 取小者, 兄問之, 曰,
한 공 융 유 시 여 제 형 식 과 취 소 자 형 문 지 왈

『我小者, 法當取小者.』
아 소 자 법 당 취 소 자

{해석}

《예기》에 말하기를, 「남자는 여덟 살에 비로소 사양하는 도리를
가르치는데, 이는 공손하면서 탐내지 아니하고, 겸손하면서 인색

하지 않는 것이 예절의 좋은 일이기 때문이다.』라고 하였다.

한나라 공융이 어렸을 때 여러 형들과 함께 과일을 먹는데, 그는 작은 것을 가지므로 형이 그 까닭을 물으니까, 그는 대답하기를,『나는 어린 사람이니 예법으로 보더라도 작은 것을 가져야 마땅하기 때문입니다.』라고 하였다.(김종권 역, 1993, p.287)

{ 한자 뜻풀이 }

禮 예도 예 曰 가로 왈

男 사내 남 子 아들 자 八 여덟 팔 年 해 년

始 비로소 시 敎 가르칠 교 之 갈 지 讓 사양할 양

此 이 차 遜 겸손할 손 而 말이을 이 不 아닐 부 貪 탐낼 탐

謙 겸손할 겸 而 말이을 이 不 아닐 불 吝 아낄 인

禮 예도 예 之 갈 지 善 착할 선 物 물건 물 也 어조사 야

漢 한나라 한 孔 구멍 공 融 녹을 융 幼 어릴 유 時 때 시

與 더불어 여 諸 모두 제 兄 형 형 食 밥 식 果 실과 과

取 가질 취 小 작을 소 者 놈 자

兄 형 형 問 물을 문 之 갈 지 曰 가로 왈

我 나 아 小 작을 소 者 놈 자

法 법 법 當 마땅 당 取 가질 취 小 작을 소 者 놈 자

{ 실천방향 }

김윤섭 형제간의 우애를 해치게 하는 요인들이 있다. 부모가 자녀 성장 과정에서 형제를 공평하게 대하지 못하고 편애하

는 경우(재능, 위계 등의 차이), 커서도 이런 일이 고쳐지지 않고 계속되는 경우(재산 분배 등의 불공평), 커오면서 형제간에 서로 화합하지 못하고 부딪혀 온 경우, 자라오면서 그런대로 좋았던 형제 관계도 후일 가정을 이룬 뒤, 서로 시기하거나 비방하여 멀어지는 경우 등이다. 모두 다 부모의 가정교육에서 비롯되어 온 문제들로서 먼 후일 회한悔恨으로 남을 터, 이 '우애 교육'에 자녀들이 어릴 때부터 공功을 많이 들여야 한다. 좋은 습관은 어린 시절의 교육에 달려있음을 유념해야 한다.

조인상 형제를 키울 때는 서로 다른 점을 찾아 칭찬하면서 키워야 한다. 같은 점을 비교하면 서로가 열등감을 갖게 되어 형제 우애에도 좋지 않다.

황효숙 부모로서 자식의 형제간의 우애를 지키게 하려면 서로 비교하지 말아야 한다. 같은 형제들 사이라도 서로 성격과 재능과 품성이 다를 수 있다. 서로서로 존중할 수 있도록 다름을 인정해주고, 다른 게 틀린 것이 아님을 인식하도록 도와주어야 한다. 서로 소중한 존재임을 알아야 할 것이다. 그러려면 자신이 얼마나 소중하고 귀한 존재임을 알게 하고, 형제도 있어서 정말 필요하고 소중한 존재임을 깨닫게 하여 우애있게 지내도록 가르쳐야 한다. 장성하여 우애 있는 집안을 보면 형제 중 누군가가 끊임없이 배려하고 보살피고 나누기를 좋아하는 형제가 있음을 감사하게 여길 줄 알아야 한다.

지옥진 아이가 어리기 때문에 자신의 이기심과 욕심을 부린다고 생각하는데, 그렇지 않은 경우도 많다. 친구에게 양보하고 동생에게 양보하도록 어릴 때부터 가르친다면 아이가 리더십 leadership으로 성공하는 것이 아니라 팔로우쉽followership theory으로 성공할 수 있기 때문이다. 요즘 아이들은 부모님들이 너무 귀하게 키우고 다 들어주며 넘치도록 키우는 부모가 있는데, 이는 아이가 어려움 없이 성장하다 보면 좌절과 실패가 왔을 때 해결하지 못하고 포기하게 되는 원인이 되기도 한다.

부모의 자녀 교육과 관련하여 '자식을 사랑한다면 엄嚴할 것이요, 해치려면 유柔할 것이다.' '자고로 영웅은 역경을 통해 길러진다.' 등 중국의 전통적인 교육도 있다. 어리다고 다해줄 것이 아니라 스스로 할 수 있도록 부모는 기다려주기도 해야 한다.

"율곡 선생 훈육 십칠조栗谷先生訓育十七條"

{본문}

栗谷先生訓育敎小兒有十七條,
율 곡 선 생 훈 육 교 소 아 유 십 칠 조

重則一犯論罰, 輕則三犯論罰.
중 칙 일 범 론 벌　경 칙 삼 범 론 벌

曰不遵敎訓, 馳心它事.
왈 불 준 교 훈　치 심 타 사

父母所令, 不卽施行.
부 모 소 령　불 즉 시 행

不敬兄長, 發言暴勃.
불 경 형 장　발 언 폭 발

兄弟不愛, 相與忿爭.
형 제 불 애　상 여 분 쟁

飮食相爭, 不相推讓.
음 식 상 쟁　불 상 추 양

侵侮他兒, 相與忿爭.
침 모 타 아　상 여 분 쟁

不受相戒, 輒生怨怒.
불 수 상 계　첩 생 원 노

拱手不端, 放袖跛倚.
공 수 불 단　방 수 파 의

行步輕率, 跳躍踰越.
행 보 경 솔　도 약 유 월

好作戲謔, 言笑喧囂.
호 작 희 학　언 소 훤 효

好作無益不關之事.
호 작 무 익 불 관 지 사

蚤寐晚起, 怠惰不讀.
조 매 만 기　태 타 불 독

讀書之時, 相顧雜談.
독 서 지 시　상 고 잡 담

放心昏昧, 晝亦坐睡.
방 심 혼 매　주 역 좌 수

護短匿過, 言語不實.
호 단 익 과　언 어 불 실

好對閑人, 雜說廢業.
호 대 한 인　잡 설 폐 업

好作草書, 亂筆污紙.
호 작 초 서　난 필 오 지

{ 해석 }

　율곡 선생이 어린이들을 가르치는 열일곱 가지 조목이 있었는데, 무거운 것은 한 번을 범하면 벌을 주고, 가벼운 것은 세 번을 범하면 벌을 주었다. 그 조목은 다음과 같았다.

1. 교훈을 지키지 않고, 마음을 다른 일에 쏟는 것.

2. 부모가 시킨 일을, 곧 시행하지 않는 것.

3. 형과 어른을 공경하지 아니하며, 하는 말이 포악하고 사나운 것.

4. 형제끼리 사랑하지 아니하고, 서로 분해하며 다투는 것.

5. 음식을 서로 다투고, 사양하지 않는 것.

6. 다른 아이들을 침해하고 업신여기며, 서로 분해하고 다투는 것.

7. 서로 경계하는 뜻을 받아들이지 않고, 원망하고 노여움을 내는 것.

8. 두 손을 마주잡는 것이 단정하지 못하며, 옷소매를 풀어 놓고 한 쪽 다리에 의지하여 기대서는 것.

9. 걸음걸이가 경솔하여 잘 뛰어다니고 뛰어넘는 것.

10. 실없는 농지거리하기를 좋아하며, 말과 웃음이 시끄러운 것.

11. 아무런 이로움이 없고, 관계도 없는 일을 만들기 좋아하는 것.

12. 일찍 자고 늦게 일어나고, 게을러서 책을 읽지 아니하는 것.

13. 책을 읽을 때 서로 돌아보며, 잡스러운 이야기를 하는 것.

14. 정신을 차리지 않고 어둡게 행동하며, 낮에도 또한 앉아서 조는 것.

15. 나쁜 점을 두둔하고 잘못을 감추며, 말이 진실하지 않은 것.

16. 한가로운 사람을 만나기를 좋아하고, 잡된 이야기를 하며 공부를 하지 않는 것.

17. 초서 쓰기를 좋아하며, 어지러운 글씨로 종이를 더럽히는 것.(김 종권 역, 1993, pp.287-288)

{ 한자 뜻풀이 }

栗 밤 율　谷 골 곡　先 먼저 선　生 날 생　訓 가르칠 훈　育 기를 육　教 가르칠 교

小 작을소 兒 아이아 有 있을유 十 열십 七 일곱칠 條 가지조

重 무거울중 則 법칙칙 一 하나일 犯 범할범 論 논할론 罰 벌할벌

輕 가벼울경 則 법칙칙 三 셋삼 犯 범할범 論 논할론 罰 벌할벌

曰 가로왈 不 아닐불 遵 좇을준 敎 가르칠교 訓 가르칠훈

馳 달릴치 心 마음심 它 다를타 事 일사

父 아비부 母 어미모 所 바소 令 하여금령

不 아닐불 卽 곧즉 施 베풀시 行 다닐행

不 아닐불 敬 공경경 兄 형형 長 길장

發 필발 言 말씀언 暴 사나울폭 勃 노할발

兄 형형 弟 아우제 不 아닐불 愛 사랑애

相 서로상 與 더불어여 忿 성낼분 爭 다툴쟁

飮 마실음 食 밥식 相 서로상 爭 다툴쟁

不 아닐불 相 서로상 推 밀추 讓 사양할양

侵 침노할침 侮 업신여길모 他 다를타 兒 아이아

相 서로상 與 더불어여 忿 성낼분 爭 다툴쟁

不 아닐불 受 받을수 相 서로상 戒 경계할계

輒 문득첩 生 날생 怨 원망할원 怒 성낼노

拱 보옥공 手 손수 不 아닐불 端 끝단

放 놓을방 袖 소매수 跛 절름발이파 倚 의지할의

行 다닐행 步 걸음보 輕 가벼울경 率 거느릴솔

跳 뛸도 躍 뛸약 踰 넘을유 越 넘을월

好 좋을호 作 지을작 戲 희롱할희 謔 희롱할학

言 말씀언 笑 웃음소 喧 지껄일훤 囂 들렐효

好 좋을호 作 지을작 無 없을무 益 더할익 不 아닐불 關 관계할관

之 갈 지　事 일 사

蚤 벼룩 조　寐 잘 매　晚 늦을 만　起 일어날 기

怠 게으를 태　惰 게으를 타　不 아닐 불　讀 읽을 독

讀 읽을 독　書 글 서　之 갈 지　時 때 시

相 서로 상　顧 돌아볼 고　雜 섞일 잡　談 말씀 담

放 놓을 방　心 마음 심　昏 어두울 혼　昧 어두울 매

晝 낮 주　亦 또 역　坐 앉을 좌　睡 졸음 수

護 도울 호　短 짧을 단　匿 숨길 익　過 지날 과

言 말씀 언　語 말씀 어　不 아닐 불　實 열매 실

好 좋을 호　對 대할 대　閑 한가할 한　人 사람 인

雜 섞일 잡　說 말씀 설　廢 폐할 폐　業 업 업

好 좋을 호　作 지을 작　草 풀 초　書 글 서

亂 어지러울 난　筆 붓 필　汚 더러울 오　紙 종이 지

{ 실천방향 }

김윤섭　율곡栗谷(1536~1584, 중종 31~선조 17)이 소아小兒를 가르치고자 정해놓았다는 '훈육17조訓育十七條'의 벌이 체벌을 뜻하는 것은 아닌 것으로 보인다. 그 시절의 훈육에서 벌을 준다는 것이 회초리 교육이었으리라 짐작은 된다.〈童規-敎習 9〉,〈士典-御下 6〉,〈士典-御下 20〉에서 이르는 체벌과는 조금 달리 해석해야 할 것으로 보인다. 자녀교육에서 부모들이 오직 귀하고 사랑스럽다는 마음에서 자녀의 방종을 간과하거나 과보호의 경향으로 기우는 우愚를 범하지 않게 하고, 절제와 규범을 지키는 사람으로 키워나가라는 공고한 가르침으로서 최소한의 지침이라 하겠다. 당연히 오늘날의 교육에서도 지켜 나간다면 아이들의 장래가 빛날 일이며 부모들도 칭송받을 것이다.

다산茶山(1762~1836, 영조 38~현종 2)은 자식들에게 "독후엄정篤厚嚴正의 체득을 위해 정좌靜坐 공부를 통해 근기根基를 수립하라고 당부했다. 제 한 몸도 추스르지 못하면서 세상을 바로잡겠다고 날뛰는 무리들을 다산은 경멸했다. 한편 엄정한 자기 기준을 세운 뒤에는 이러쿵저러쿵하는 세상의 뜬소리에 흔들리지 말고 뚜벅뚜벅 자기 길을 갈 것을 요구했다."(정민, 2007, 386~387)

조인상 단정함에 대해 강조하는 말씀이다. 서양과 동양은 원하는 인간상이 달라 두 문화적 차이가 성품의 차이로 나타난다. 사교적인 성격을 좋아하는 서양은 다른 사람들과 잘 어울릴 수 있는 활달한 아이로 양육하려 하고, 온화하고 원만한 인간관계를 좋아하는 동양인은 과묵한 아이로 양육하려 한다. 시대의 가치관이 자녀 양육에 담기는 것이다. 공통점은 활달하든, 과묵하든 단정한 성품을 기본으로 하고 있다. 기본 규칙을 잘 지키고 어른을 공경하며, 매사에 바른 태도를 가진 단아한 아이로 성장시키기를 원하고 있다.

황효숙 부모의 통제형태에 따라 Baumrind는 부모의 양육 유형을 분류하였는데, 첫째는 권위주의적 부모이고, 두 번째는 권위적 부모이며, 셋째는 허용적 부모이다.

부모가 자녀에게 무조건 복종하도록 요구해도 아니되며, 자녀의 자율성을 전적으로 존중한답시고 지켜야 할 규칙에 대하여 설명은

하지만 준수하도록 요구하지 않는 교육방식도 아니된다. 자녀에게 권위와 애정으로 보살피고 합리적인 방법으로 한계와 규정을 설정하는 민주적인 부모가 되어야 할 것이다.

"체벌은 바람직하지 않다."

{본문}

子弟幼時, 恪遵訓誨, 不遭呵責楚扑, 上也, 或
자제유시　각준훈회　불조가책초복　상야　혹

有過失, 長者施罰, 雖至流血, 迺羞迺懼, 且感且
유과실　장자시벌　수지유혈　내수내구　차감차

悔, 每於行事, 必惕然思受責受撻之故, 小心謹
회　매어행사　필척연사수책수달지고　소심근

愼, 不可再犯, 次也.
신　불가재범　차야

最下者, 己有大過而不服, 長者責罰, 肆其狠毒.
최하자　기유대과이불복　장자책벌　사기한독

文過自聖, 逆忤長者, 挑其怒暴, 使之亂摑, 膚潰
문과자성　역오장자　도기노포　사지란괵　부궤

爛, 恩義以傷.
란　은의이상

亦有犯罪受訓, 僕僕自服, 誓不爲惡, 姑免深治,
역 유 범 죄 수 훈　복 복 자 복　서 불 위 악　고 면 심 치

後復如是, 屢犯屢罰, 終不悛改者, 亦無可爲也.
후 복 여 시　누 범 누 벌　종 불 전 개 자　역 무 가 위 야

余性愚下, 但自幼謹拙多思, 三歲至于十歲, 受
여 성 우 하　단 자 유 근 졸 다 구　삼 세 지 우 십 세　수

長者之摑只三而已, 至今歷歷思緣某事而遭此罰
장 자 지 괵 지 삼 이 이　지 금 역 역 사 연 모 사 이 조 차 벌

也.
야

世之狡童, 只坐不惜吾皮肉之痛也. 長者施撻,
세 지 교 동　지 좌 불 석 오 피 육 지 통 야　장 자 시 달

豈樂爲哉?
기 락 위 재

蓋冀其懲之也, 夫何怨乎?
개 기 기 징 지 야　부 하 원 호

{해석}

　자제가 어릴 때 가르침을 정성껏 지켜서 꾸지람과 종아리를 맞
지 않는 것이 제일이고, 혹시 잘못한 일이 있어 어른이 벌을 주면
비록 피가 흐르는 데 이르더라도 부끄러워하고 두려워하고, 또 감
동하고 뉘우쳐서 무슨 일을 할 때마다 반드시 두려워하며 꾸지람
을 듣고 종아리를 맞은 까닭을 생각하고, 조심하고 삼가여 두 번
다시 잘못을 범하지 않는 것이랴.

　가장 나쁜 것은 자신에게 큰 잘못이 있으면서도 어른의 꾸지람
과 벌에 승복하지 않고, 사납고 독살스러운 성질을 제 마음대로

드러내며, 자기 잘못을 변명하여 스스로 훌륭한 체하고, 어른에게 거역하여 그 노여움을 도발해서 그를 마구 때려 살점이 터져 은혜와 의리를 상하게 만드는 것이다.

또 죄를 범하여 법을 받게 되었을 때 귀찮은 듯 자복하고 악한 일을 하지 않겠다고 맹세하여 우선 심한 다스림을 면하고는 뒤에 다시 이와 같이 하고, 여러 번 죄를 범하고 여러 번 처벌하여도 끝내 잘못된 마음을 고치지 않는 자는 역시 어찌할 수가 없는 사람이다.

나는 성품이 아주 어리석은지라, 다만 어려서부터 옹졸하고 두려움이 많아 세 살부터 열 살까지 어른의 매를 맞은 것은 단 세 번뿐이었는데, 지금도 무슨 일로 해서 그 벌을 받았는지 역력히 생각난다.

세상의 교활한 아이는 다만 잘못을 해도 내 살의 아픔을 아까워하지 않는다. 어른이 종아리를 때리는 것이 어찌 좋아서 하는 것이랴?

이는 대개 그 잘못을 뉘우치기를 바랄 따름인데, 대체 무엇을 원망하겠는가?(김종권 역, 1993, pp.288-289)

{ 한자 뜻풀이}

子 아들 자 弟 아우 제 幼 어릴 유 時 때 시

恪 삼갈 각 遵 좇을 준 訓 가르칠 훈 誨 가르칠 회

不 아닐 불 遭 만날 조 呵 꾸짖을 가 責 꾸짖을 책 楚 초나라 초 扑 칠 복

上 윗 상 也 어조사 야

或 혹혹 有 있을유 過 지날과 失 잃을실

長 길장 者 놈자 施 베풀시 罰 벌할벌

雖 비록수 至 이를지 流 흐를유 血 피혈

迺 이에내 羞 부끄러울수 迺 이에내 懼 두려워할구

且 또차 感 느낄감 且 또차 悔 뉘우칠회

每 매양매 於 어조사어 行 다닐행 事 일사

必 반드시필 惕 두려워할척 然 그럴연 思 생각사 受 받을수 責 꾸짖을책

受 받을수 撻 때릴달 之 갈지 故 옛고

小 작을소 心 마음심 謹 삼갈근 愼 삼갈신

不 아닐불 可 옳을가 再 두재 犯 범할범

次 버금차 也 어조사야

最 가장최 下 아래하 者 놈자

己 몸기 有 있을유 大 클대 過 지날과 而 말이을이 不 아닐불 服 옷복

長 길장 者 놈자 責 꾸짖을책 罰 벌할벌

肆 방자할사 其 그기 狠 사나울한 毒 독독

文 글월문 過 지날과 自 스스로자 聖 성인성

逆 거스릴역 忤 거스를오 長 길장 者 놈자

挑 돋울도 其 그기 怒 성낼노 暴 사나울포

使 하여금사 之 갈지 亂 어지러울란 摑 칠곡

膚 살갗부 潰 무너질궤 爛 빛날란

恩 은혜은 義 옳을의 以 써이 傷 다칠상

亦 또역 有 있을유 犯 범할범 罪 허물죄 受 받을수 訓 가르칠훈

僕 종복 自 아들자 服 옷복

誓 맹세할서 不 아닐부 爲 할위 惡 악할악

姑 시어머니 고 免 면할 면 深 깊을 심 治 다스릴 치

後 뒤 후 復 회복할 복 如 같을 여 是 이 시

屢 여러 누 犯 범할 범 罰 벌할 벌

終 마칠 종 不 아닐 불 悛 고칠 전 改 고칠 개 者 놈 자

亦 또 역 無 없을 무 可 옳을 가 爲 할 위 也 어조사 야

余 나 여 性 성품 성 愚 어리석을 우 下 아래 하

但 다만 단 自 스스로 자 幼 어릴 유 謹 삼갈 근 拙 옹졸할 졸 多 많을 다
懼 두려워할 구

三 석 삼 歲 해 세 至 이를 지 于 어조사 우 十 열 십 歲 해 세

受 받을 수 長 길 장 者 놈 자 之 갈 지 摑 칠 괵 只 다만 지 三 석 삼

而 말이을 이 已 이미 이

至 이를 지 今 이제 금 歷 지날 역 思 생각 사 緣 인연 연 某 아무 모

事 일 사 而 말이을 이 遭 만날 조 此 이 차 罰 벌할 벌 也 어조사 야

世 인간 세 之 갈 지 狡 교활할 교 童 아이 동

只 다만 지 坐 앉을 좌 不 아닐 불 惜 아낄 석 膚 나 오 皮 가죽 피 肉 고기 육

之 갈 지 痛 아플 통 也 잇기 야

長 길 장 者 놈 자 施 베풀 시 撻 때릴 달

豈 어찌 기 樂 즐길 락 爲 할 위 哉 어조사 재

蓋 덮을 개 冀 바랄 기 其 그 기 懲 징계할 징 之 갈 지 也 어조사 야

夫 지아비 부 何 어찌 하 怨 원망할 원 乎 어조사 호

{ 실천방향 }

김윤섭 체벌이 교육상 필요하다는 말씀이다. 이 부분은 교육의
장에서 참으로 논란이 많은 사안이다. 그래도 굳이 방향

을 정해두자고 한다면 아무래도 "체벌이 교육상 필요는 하지만, 하지 않는다."가 옳은 방향이다. '꽃으로도 아이를 때리지 말라.'는 어느 책 제목처럼 체벌은 삼갈 일이다. 아이들 교육에서 나무라고 야단칠 일이 많다. 그러나 역시 부모는 평정을 유지하면서 대화와 설득으로 가야 한다. 그것이 아이의 성정을 원만하게 키워나가는데 더 나은 방향이라 본다. 아이들은 부모가 하는 모든 것을 따라 하고 닮아간다고 하지 않았는가? 그래서 부모는 그런 믿음을 가지고 사랑과 정성으로 고생을 감내하는 것이다.

조인상 훈육에 대한 의견들이 분분하다. 훈육과 체벌은 조금 다른데, 학교에서의 체벌은 2010년 11월부터 전면 금지가 되었다. 학교에서의 체벌금지는 학생의 인권을 존중해야 한다는 취지에서 시작하였다. 때려서 말을 듣는 것이 부모 자식 간에도 많은 상처를 주지만 맞은 아이의 기억이 대물림이 된다고 한다. 아동학대에는 신체적·정서적·성적 학대와 방임, 과보호 등을 말하는데, 미국 범죄자의 90퍼센트가 아동학대를 경험했다고 한다. 나이가 들어 어른이 되는 것이 아니라 자식을 키우면서 부모가 어른이 되어간다. 아이의 눈높이에 맞게 잘 설명해주는 것과, 아이의 눈높이를 이해하려는 양육자의 태도가 중요하다.

황효숙 예전에 체벌은 통제 수단 가운데 가장 단기 효과가 있는 것으로 꼽혔다. 아이가 가진 특성과 소질이 다른데, 하나의 방향으로만 가르치려다 보니 결국 통제가 필요하게 되었고, 이로 인해 폭력적이고 비인간적인 체벌이 교육현장 곳곳에서 만연했다. 하지만 이러한 시대는 지났고 아이의 인권을 지켜주어야 할 때이다. 비효율적인 체벌 대신에 어떤 방법이 있을까? 최근 한 TV프로그램에서 "내 아이가 달라졌어요."를 시청한 적이 있다. 그곳에서는 체벌 대신 아이가 스스로 뉘우치게 하는 "생각 의자"가 있었다. 좀 시간이 소요되는지는 모르나 스스로 생각하게 되고 울음을 그치고 떼를 부리지 않고 차분하게 된 아이를 기다려주어, 그때부터 옳고 그름을 따라 훈육하는 방법이었다. 아이는 공감하기는 어려우나 이해를 하려는 노력은 보여졌다. 그렇게 차분해지고 생각하고, 느끼고, 고쳐나가는 것이 좋을 듯하며, 체벌보다는 설득을 통해 이해시키는 것이 바람직하다. 물론 참아내기가 어렵다 할지라도!

지옥진 우리 사회가 아동의 인권보호로 체벌이 없어지고 체벌을 할 경우에 삼 년 이하의 징역과 오백만 원 이하의 형벌을 받을 수 있다고 한다. 내가 초, 중, 고 시절에는 집에서 잘못하면 회초리를 맞거나 벌을 받았다. 학교생활도 문제 행동을 해서가 아니라 공부를 못해도 회초리를 맞거나 손바닥을 맞는 것이 다반사고, 교사들은 출석부와 가르침을 빙자한 회초리를 늘 들고 다니셨다. 너무 때려서 반항이 올라오고, 화가 나서 학교 가기가 싫고 학교생활하기가 힘들었던 적도 있었다. 그런데 지금은 학교 선생님들이 학생들 가르치기가 힘들다고 한다. 혼을 내면 부모님들이 학교에 쫓아와서 항의를 하고, 존중받지 못하는 교권에 자괴감이 들기도 하며, 아이들은 더 말을 안 듣고 교사의 인격은 무시당한다고 호소하기도 한다.

이제는 우리의 훈육 방법을 바꾸어야 하겠다. 어린이가 스스로 자신을 돌아보고 반성을 할 수 있도록 충분히 들어주고 긍정적으로 생각할 수 있도록 도와주어야 한다. 잘못을 저질렀을 때 처벌을 하는 대신 이야기를 함으로써 지혜를 전하고 스스로 반성할 기회를 주는 것이다.

"진정한 자부심을 가지도록 가르쳐야 한다."

{ 본문 }

童子輕俊, 雖有才慧, 長者不可過獎, 養成驕氣.
동 자 경 준　수 유 재 혜　장 자 불 가 과 장　양 성 교 기

{ 해석 }

　어린이가 민첩하고 뛰어나서 비록 재주와 지혜가 있더라도, 어른은 지나치게 칭찬하여 교만한 기운을 길러 주어서는 안 된다.(김종권 역, 1993, pp.289-290)

{ 한자 뜻풀이 }

　童 아이 동　子 아들 자　輕 가벼울 경　俊 준걸 준
　雖 비록 수　有 있을 유　才 재주 재　慧 슬기로울 혜

長 길 장　者 놈 자　不 아닐 불　可 옳을 가　過 지날 과　獎 장려할 장
養 기를 양　成 이룰 성　驕 교만할 교　氣 기운 기

{ 실천방향 }

김윤섭　진정한 자부심은 겸양謙讓과 배려配慮의 마음으로 사람들
　　　　과의 마음의 벽을 허물고 베푸는 즐거움을 실천하는 삶의
길을 가르쳐야 한다.

조인상　자식 자랑하면 팔불출이라고 한다. 팔불출은 어리석은 사
　　　　람을 가리키는 말로서 '좀 모자란', '덜 떨어진', '약간 덜
된' 것을 의미한다.

　자신이 잘났다고 뽐내는 이, 마누라 자랑하는 이, 자식 자랑, 조상
과 부모를 자랑하는 이, 저보다 잘난 형제 자랑, 어느 학교의 누구 후
배라고 자랑하는 일, 자기가 태어난 고장이 어디라고 우쭐해하는 이
라고 한다. 눈총 맞기 쉬운 행동을 하는 사람을 일컫는 말로 겸손함을
중요하게 여기는 뜻으로 생각된다.

황효숙　덕재승德才勝 : 재주보다 덕이 먼저란 뜻이다.
　　　　아무리 재능이 뛰어나도 덕이 없으면 그 재능은 세상에서
건설적으로 쓰이지 못한다.

　제2의 신사임당이라고 부르고 싶은 전혜성 박사는 미국에서 고학
생 부부로 6남매를 낳아 훌륭하게 키우고 틈틈이 공부하여 학위를 2
개나 받았다. 미국 교육부에서 '동양계 미국인 가정교육 연구대상'

이 되었던 그녀의 자녀 교육 비법은 '부모가 먼저 나서서 남을 배려하고 봉사한다면, 아이는 애쓰지 않아도 바르고 훌륭하게 자란다.'는 것이다. 가슴 깊이 와닿는 말이다. 바른 어머니의 위치가 자녀의 인격과 삶을 결정짓는 소중한 자리이며 나아가 살기 좋은 세상을 만드는 밑그림임을 새삼 깨닫게 해준다.

　*덕재승德才勝 : '덕이 재주를 이긴다.'는 뜻이다. 장수 중에서 덕장德將이 최고 장수이다. 덕스러운 성품을 가진 사람은, 재주가 뛰어난 사람을 제압할 수 있다. 싸우지 않고 이기는 것이 법이지요. 강희제는 무위지치無爲之治를 강조했다. 다스리지 않고 다스리는 것, 최소한의 통치로서 국태민안과 안거낙업安居樂業을 이룬다는 통치술이다. 그는 '힘으로 하는 자는 홀로 영웅이 되고, 위엄으로 하는 자는 한 나라를 지킬 수 있지만, 덕으로 지키는 자는 천하를 세울 수 있다.'고 했다.

지옥진　학교폭력으로 상담을 받으러 어떤 온 아동의 행동을 보니 지나치게 예의가 없고 대기실 쇼파에 누워서 휴대폰을 하고 있다. 상담사가 '머리에 모자를 두 개 쓰고 있어서 후드티 모자를 벗고 챙이 있는 모자도 벗었으면 좋겠다.'고 하였다. 학생은 들은 척도 하지 않고 상담사들 쳐다보며 눈을 치켜뜨고는 다시 무시하는 행동을 하였다. 엄마와 상담에서 아동이 할머니와 살다가 엄마와 살게 되었는데, 엄마는 안쓰러운 마음에 칭찬해주고 친구들을 데리고 와서 같이 자게도 해주고, 그러면서 친구들 사이에서 그 아동은 짱이 되었다고 말하셨다. 아동이 지나치게 자신감이 충만하여 학교에서도

문제행동을 하게 되면서 엄마는 잘못된 사랑을 준 것을 후회하였다.

아이의 습관과 규칙은 어릴 때 가르쳐야 한다. 작은 묘목일 때 가지를 쳐주지 않고 마음대로 자라게 내버려두면 큰 나무가 되었을 때 가지를 치려고 하면 훨씬 더 힘이 들기 때문이다. 아이들이 문제행동을 할 때 부모가 감당하기 힘들면 빨리 상담을 받는 것이 더 효과가 있고 어릴수록 빨리 달라지기 때문입니다.

"바른 스승관을 고민해보자."

{본문}

師長嚴整則愚下童子必厭苦, 告其父兄曰,
사 장 엄 정 즉 우 하 동 자 필 염 고   고 기 부 형 왈

『不善敎也.』迺叛而往從軟俗之人, 父兄須當察
불 선 교 야   내 반 이 왕 종 연 속 지 인   부 형 수 당 찰

其姦詐, 切責之可也.
기 간 사   절 책 지 가 야

爲師長者, 若有厭苦之童子, 是終不成好人, 疏
위 사 장 자   약 유 염 고 지 동 자   시 종 불 성 호 인   소

而逐之可也.
이 축 지 가 야

{해석}

　스승이 엄격하면 어리석은 어린이는 반드시 싫어하고 괴로워하
여, 그 부형에게 고하되 『잘 가르쳐 주지 않는다.』고 말하고, 배반

하여 유순하고 속된 사람을 따라갈 것이니, 부형은 마땅히 그 간
사함을 살펴 엄하게 책망함이 옳다.

스승이 된 사람은, 만약 공부하기를 싫어하고 괴로워하는 어린
이가 있으면, 그는 끝내 좋은 사람이 되지 못할 것이니, 멀리하고
쫓아버리는 것이 옳다. (김종권 역, 1993, p.290)

{ 한자 뜻풀이 }

師 스승 사 長 길 장 嚴 엄할 엄 整 가지런할 정 則 곧 즉 愚 어리석을 우

下 아래 하 童 아이 동 子 아들 자 必 반드시 필 厭 싫어할 염 苦 쓸 고

告 고할 고 其 그 기 父 아버지 부 兄 형 형 曰 가로 왈

不 아닐 불 善 착할 선 敎 가르칠 교 也 어조사 야

迺 이에 내 叛 배반할 반 而 말이을 이 往 갈 왕 從 좇을 종 軟 연할 연

俗 풍속 속 之 갈 지 人 사람 인

父 아버지 부 兄 형 형 須 모름지기 수 當 마땅 당 察 살필 찰 其 그 기

姦 간음할 간 詐 속일 사

切 끊을 절 責 꾸짖을 책 之 갈 지 可 옳을 가 也 어조사 야

爲 할 위 師 스승 사 長 길 장 者 놈 자

若 같을 약 有 있을 유 厭 싫어할 염 苦 쓸 고 之 갈 지 童 아이 동 子 아들 자

是 이 시 終 마칠 종 不 아닐 불 成 이룰 성 好 좋을 호 人 사람 인

疏 소통할 소 而 말이을 이 逐 쫓을 축 之 갈 지 可 옳을 가 也 어조사 야

{ 실천방향 }

김윤섭 이덕무의 아동관을 볼 수 있는 글이다. 첫 번째 말씀은, 선
생님을 부모에게 거짓으로 일러서 선생님과 부모님 관계

를 흐트려놓는 경우인데, 어른들이 각별 상의하여 아이의 마음가짐이 바르게 조성되어 가도록 지혜를 모아야 한다. 두 번째는, 그 시대의 엄한 스승의 모습처럼 오늘날의 선생님들은 아동을 이런 식으로 대해서는 안 된다는 의미로 재해석해야 한다는 점이다. 오늘날에도 그 옛날 엄한 스승의 모습처럼 하는 경우도 간혹 있을 것이다. 좋은 방식이 아니다. 특히 오늘날의 교육에서는 예의 학교 현장에서 문제 아동이라 하여 밀어내고 하던 때와는 인식이 달라져야 한다. 아동의 마음에 상처가 되는 일이 없도록 세심한 배려를 필요로 한다. 아동을 야단치거나 나무라지 말고 포용하고 이끌어 나갈 일이다. 엄히 책망한다면 그 결과는 선생님과 아동, 선생님과 학부모 사이의 갈등이 생겨 교육 본연의 모습이 일그러지는 경우가 생기게 된다. 아동의 학습 참여를 위해 선생님들이 마음을 다해 다가가야 한다. 선생님들이 문제 아동이라 하여 떼어내어 냉정히 대한다면, 그 아동은 어디에 가서 서있을 것인가? 생각해 볼 문제다. 물론 선생님들의 고충이 크게 느껴지는 현안임엔 틀림없으나 학교나 선생님들이 협력하여 정도교육 正道教育을 지향해 가야 한다. 거기에 교직 본연의 사명이 있는 것이 아닌가?

조인상 좋은 스승이란 어떤 모습일까? 아이들이 가진 무한한 가능성을 열어주고 지지해주는 것이 참스승이다. 초 · 중 · 고의 담임교사 기피현상이 날로 심해진다고 한다. 교권 침해, 업무과중으로 학생들에게 무시당하고 학부모의 민원까지 담당해야 하니 기피한다는 것이다. 일부는 담임수당을 올려야 한다는 얘기도 하고, 가

산점 제도를 운영하기도 있지만 근본적인 문제가 해결되어야지 돈으로 해결되기는 어렵지 않을까 싶다. 학생인권만 있고 교권은 없다는 교사의 얘기가 안타깝다. 학생과 교사가 서로를 존중하는 교육현장의 문화구축은 요원한 일인 것인가?

황효숙 칭찬의 과잉시대, 공교육에 대한 부모의 간섭이 심해진 시대에 우리의 선생님들은 엄해지기가 힘들다. 선생 노릇하기가 힘이 드는 시대이다. CCTV나 스마트폰에 녹화된 행동이 잘못된 교사를 마치 모든 교사의 모습이라고 생각하는 경박함은 교사의 입지를 축소시키고 있다. 하지만 내가 아는 대부분의 선생님들은 자신의 역할 수행을 잘하고 계신 분들이 대부분이다. 부모와 교사 간의 신뢰의 문제라고 본다. 교사가 아무리 엄하다고 한들 부모가 깊이 교사를 신뢰하면 별문제가 없다. 부모는 교사를, 교사는 학생과 학부모를 귀하게 여기고 믿어주어야 한다.

지옥진 선생님에게 혼이 나면 어린이는 그 선생님을 싫다고 한다. 그런데 부모는 그 자녀의 이야기를 믿고 선생님을 욕하고 나쁘다고 하면, 그 자녀는 선생님을 존중하지 않으며 공부를 하려고 하지 않는다. 이런 경우 그 아이를 잘 타일러서 선생님을 존중하고 좋아하게 만들면 자신이 좋아하는 선생님께 인정받고 싶어서 공부를 하는 아이도 있다.

나는 중학교 때 국어선생님이 너무 멋있고 좋으신 분이셔서 시험 때면 밤을 새워 공부를 해서 국어 시험 성적을 잘 받았던 기억이 난다. 부모가 선생님을 무시하고 나쁘게 말하면 어린이가 학교 가기를 싫어하고 공부하기 싫게 만드는 것이 될 수도 있다.

"적성에 맞는 교육이라야 한다."

{ 본문 }

子弟自幼時, 姿質粹美, 察其心志, 不願習流俗
자제자유시　자질수미　찰기심지　불원습류속

科擧之學, 須勿拂其性而任其所好, 擇賢師友而
과거지학　수물불기성이임기소호　택현사우이

托之, 成就其學業.
탁지　성취기학업

較彼科擧榮利, 輕重大小, 何如也?
교피과거영이　경중대소　하여야

{ 해석 }

　자제가 어릴 때부터 자질이 순수하고 아름다우면, 그 마음과
뜻을 살펴보아 세상의 일반 통속대로 과거 보기 위한 학업을 익히
기를 원하지 않거든, 모름지기 그 본성을 어기지 말고 그가 좋아
하는 대로 맡겨, 어진 스승과 벗을 가려 부탁하여 그 학업을 성취

하게 할 것이다.

이것이 저 과거의 영리와 비교하면 그 경중과 대소가 어떠한
가?(김종권 역, 1993, p.290)

{ 한자 뜻풀이 }

子 아들 자　弟 아우 제　自 스스로 자　幼 어릴 유　時 때 시

姿 모양 자　質 바탕 질　粹 순수할 수　美 아름다울 미

察 살필 찰　其 그 기　心 마음 심　志 뜻 지

不 아닐 불　願 원할 원　習 익힐 습　流 흐를 류　俗 풍속 속　科 과목 과　擧 들 거

之 갈 지　學 배울 학

須 모름지기 수　勿 말 물　拂 떨칠 불　其 그 기　性 성품 성　而 말이을 이　任 맡길 임

其 그 기　所 바 소　好 좋을 호

擇 가릴 택　賢 어질 현　師 스승 사　友 벗 우　而 말이을 이　托 맡길 탁　之 갈 지

成 이룰 성　就 나아갈 취　其 그 기　學 배울 학　業 업 업

較 견줄 교　彼 저 피　科 과목 과　擧 들 거　榮 영화 영　利 이로울 이

輕 가벼울 경　重 무거울 중　大 큰 대　小 작을 소

何 옳을 하　如 같을 여　也 잇기 야

{ 실천방향 }

김윤섭　부모가 자신들의 욕심을 채우려고 자식들에게 과거공부
　　　　를 시키는 것은 바람직한 교육이 될 수 없다는 점, 적성에
맞는 공부를 해야 성공할 수 있다는 점을 일러주고 있다. 교육의 핵심
核心이다. 더 이상 무슨 언설이 필요하랴? 논어論語에도 "知之者 不如
好之者, 好之者 不如樂之者. ─ 아는 사람은 좋아하는 사람만 못하고,

좋아하는 사람은 즐기는 사람만 못하다." 라고 이르고 있다. 자기완성 엘리트가 되도록 키워야 한다. 성적 위주, 줄 세우기 교육 현실, 한 번쯤은 돌아볼 줄 알아야 한다.

조인상 유아교육학과에서 선생을 하며 여러 교과목을 학생이 아닌 교사로서 만나게 되었을 때 의문이 생겼다. 자아개념 탐색에 대한 시간이 짧다는 생각이 들었다. 몬테소리, 발도르프, 레지오 에밀리아, 프로젝트, 활동 중심, 생태유아교육 여러 가지 프로그램들이 진행되고 있고, 최근 바뀐 누리과정은 유아놀이 중심 프로그램을 운영하겠다고 한다. 몇해 전 유관학회에서는 한국유아교육의 정체성 찾기에 대한 것을 주제로 진행된 적도 있었다. 영유아와 생활하고 지금은 대학에서 영유아를 양육하는 예비 선생을 기르는 일을 하면서 느끼는 것은 자아탐색에 대한 충분한 기회를 제공하는 것이 필요하다는 생각이다. 대학에 진학해서도 진로탐색에 대한 깊은 고민을 하는 청춘이 많다. 자아정체성과 자아탐색의 시간을 충분히 가졌더라면 좀 나아졌을텐데 무엇인가 되기를 원하는 것이 인생이라는 에릭슨 Erikson의 얘기에 공감하지만, 삶이란 선택해서 집중해야 하는 시간도 필요하니까 너무 많은 시간을 탐색에 쏟지 않기를 바랄 뿐이다.

황효숙 아이들은 모두 타고난 기질과 성격이 다르고 그로 인해 적성도 다르다. 모두 일괄적인 학문만을 하는 것은 옳지 않다. 타고난 적성에 따라 자신의 삶을 설계하도록 해야 한다. 세상이 만든 획일적인 잣대에 따라 서열적인 출세주의와 성공주의로 줄 세우고 차별하도록 내버려두지 말자. 적성에 맞는 일을 하면 왠지 이상하게 마음이 이끌리고 관심이 가면서 꼭 해보고 싶어진다. 그러면 자존감도 높아지고 만족감도 커지는 반면 자신감도 갖게 된다.

지옥진 어떤 부모는 아이가 그림 그리기를 좋아하며 노래 부르기를 좋아하는데, 매일매일 싫어하는 공부를 시키고 안하면 화를 내고 혼을 내며 부모가 목표로 하는 성과를 따라오도록 강요하였다. 어린이는 스트레스를 많이 받아서 친구가 장난을 과하게 하면 화를 내며 욕을 하고, 하물며 더 참지 못하여 친구를 때리는 경우가 있었다. 부모는 친구를 때린 아이에게 화가 나서 또 혼을 내고, 아이는 화가 쌓여서 더 분노하고 얼굴에 웃음기가 없이 살아간다.

본성을 바꾸려고 하면 위험하다. 그 아이의 재능과 좋아하는 학업을 중점적으로 하도록 하는 것이 바람직한 방법이다. 좋아하는 것을 더 열심히 하게 하면, 어린이는 즐겁고 재미있고 행복하여 부모 말을 잘 듣게 되는 경우가 있다.

"참된 인간교육을 구현해 나가자."

{본문}

長者喜與兒輩, 狎昵諧謔者, 兒童無所畏忌, 日
장 자 희 여 아 배　압 닐 해 학 자　아 동 무 소 외 기　일

趨愚騃.
추 우 애

故如此之人, 雖有文有才, 不可以爲師長.
고 여 차 지 인　수 유 문 유 재　불 가 이 위 사 장

{해석}

　어른이 아이들과 부담 없이 어울려서 익살부리기를 좋아하면, 아이들은 두려워하고 꺼리는 점이 없어 날로 어리석게 되어 버릴 것이다.

　그러므로 이와 같은 사람은 비록 학문이 있고 재주가 있다고 하더라도 스승으로 삼아서는 안 된다.(김종권 역, 1993, p.290)

長 길 장 者 놈 자 喜 기쁠 희 與 더불 여 兒 아이 아 輩 무리 배

狎 익숙할 압 昵 친할 닐 諧 화할 해 謔 희롱할 학 者 놈 자

兒 아이 아 童 아이 동 無 없을 무 所 바 소 畏 두려워할 외 忌 꺼릴 기

日 날 일 趍 달아날 추 愚 어리석을 우 騃 어리석을 애

故 연고 고 如 같을 여 此 이 차 之 갈 지 人 사람 인

雖 비록 수 有 있을 유 文 글월 문 有 있을 유 才 재주 재

不 아닐 불 可 옳을 가 以 써 이 爲 할 위 師 스승 사 長 길 장

{ 실천방향 }

김윤섭 과장된 사랑과 관심은 해롭다. 가정교육이든, 학교교육이든 '참된 인간교육'을 위해서는 진솔한 마음이 전해져야 한다.

조인상 소통이 중요한 세상이다. 소통은 경청과 공감에서 출발한다. 아이의 말을 잘 들어주는 것, 함께 호응하는 것이 소통과 신뢰 형성의 시작이다. 신뢰로부터 출발하는 인간관계는 서로의 존중이다. 서로를 존중하는 것은 깊은 이해와 애정에서 비롯되어 서로를 아껴주고 위로하는 마음이다. 편하다고 함부로 막 대하는 것은, 쌍방 의사소통이 아님을 아주 어린 영유아도 알 수 있다. 품격 있는 어른으로 아이를 만나는 것이 필요하다. 아이의 행동을 어디까지 허용하는가의 기준은 어디까지 아이가 이해하는가가 척도가 되어야 할 것이다.

황효숙 선생은 아이들과 잘 소통해야 하고 아이들의 마음을 들여다볼 줄 알아야 한다. 교사는 아이의 장단점을 파악하고, 이를 일깨워 주어야 하며 아이와 교류를 할 수 있어야 한다. 교사가 아무리 아이와 친하게 지낸다 하더라도 자기 위치를 분명히 하고, 품위 있는 태도와 격을 잃지 말아야 하며, 아이와의 거리를 잘 유지하고 너무 지나치지 않게 감정과 이성을 잘 조절하여야 하며, 공평하고 편애하지 않는 마음을 가져야 한다.

"민주적, 수용적 교육이 '바른 교육'이다."

{ 본문 }

背誦所業經或史, 而細謄暗覩, 欺心孰甚焉?
배 송 소 업 경 혹 사   이 세 등 암 도   기 심 숙 심 언

不良之漸, 不可以不塞, 雖撻之流血, 不足惜矣.
불 량 지 점   불 가 이 불 색   수 달 지 유 혈   부 족 석 의

{ 해석 }

　돌아앉아서 공부한 경서나 혹은 사기를 외울 때 가는 글씨로 베껴 가지고 몰래 보는 것은 속이는 마음이 얼마나 심한 것인가?

　이런 좋지 않은 행실이 자라나는 것을 막지 않아서는 안 되니, 비록 종아리를 때려 피가 흐르더라도 아까워할 것이 못된다. (김종권 역, 1993, p.291)

{ 한자 뜻풀이 }

背 등배 誦 외울송 所 바소 業 업업 經 지날경 或 혹혹 史 하여금사

而 말이을이 細 가늘세 謄 베낄등 暗 어두울암 覩 볼도

欺 속일기 心 마음심 孰 누구숙 甚 심할심 焉 어찌언

不 아닐불 良 어질량 之 갈지 漸 점점점

不 아닐불 可 옳을가 以 써이 不 아닐불 塞 막힐색

雖 비록수 撻 때릴달 之 갈지 流 흐를유 血 피혈

不 아닐부 足 발족 惜 아낄석 矣 어조사의

{ 실천방향 }

김윤섭　이덕무의 아동교육관은 상당 부분 '엄한 교육'에 두고 있다. 하루아침에 원하는 바를 이루기 힘든 일이 교육 과업이다. '바람직한 인간상'을 형성해 나가려면 시간을 두고 민주적, 수용적으로 접근해 나가는 교육이 필요하다.

조인상　시험 볼 때 부정행위에 대한 애기들이 끊임없이 나온다. 사진을 조작해서 대신 치루는 것, 통신매체를 통한 것, 필기구에 적어서 훔쳐보는 것 등 다양한 방법들이 시도된다. 다른 사람은 다 속일 수 있어도, 나 자신은 속일 수 없는 것처럼 몇 점에 내 양심을 팔지 말아야 할 것이다. 필요해서 시험 보는 것이고 좋은 점수를 얻기 위해 노력한 시간들은 고스란히 내 것으로 나를 세우는데 사용될 것이니깐.

황효숙　무엇을 배울 때나 익힐 때는 당당한 마음가짐과 자세로 올바른 학습태도와 공부습관이 중요하다. 부단한 올바른 노력이 필요하며, 뚜렷한 목적의식과 매일 꾸준히 공부하며, 가끔 공부의 한계에 부딪치더라도 평소에 공부에 대한 열정과 바른 습관을 길들인 경우라면 그 순간의 한계를 극복할 수 있다. 따라서 공부에 대한 자신감은 훈련의 경과이기도 하며, 자신감은 자신에 대한 믿음에서 비롯되며, 올바른 공부습관과 학습태도의 경과이다. "나는 잘할 수 있다."라는 다짐으로 올바른 학습태도를 익혀야 한다.

지옥진　어린이가 도덕과 양심에 어긋나는 행동, 처음에 작은 것을 훔칠 때, 공부를 안하고 성적을 올리려고 컨닝을 할 때, 우리가 양심적으로 죄책감과 수치심을 느끼는 일을 저질렀다면 처음부터 바로잡아서 더 이상 하지 않도록 해야 한다.

우리 속담에 '바늘 도둑이 소도둑 된다.'고 한다. 결국은 계속 잘못을 하면 나중에는 죗값을 받게 되는 것이다. 그것보다 더 무서운 것은 본능과 초자아 사이에 갈등이 일어나게 된다. 어린이의 마음속에 죄책감과 수치심 갈등, 미안함이 무의식에 쌓이게 되면 이상한 모양으로 의식을 덮게 되고, 그 부정적인 정서에서 벗어나려고 안간힘을 쓰면 쓸수록 더 강박, 편집, 정신증과 같은 증상으로 악화될 수 있기 때문에 처음에 바로잡아야 한다.

"후대後代를 위한 바른 교육관을 생각해 보자."

{본문}

如有浮浪狡黠之童子, 誘吾子弟以博奕之戲, 鄙
여 유 부 랑 교 힐 지 동 자　유 오 자 제 이 박 혁 지 희　비

媒之事, 先治吾子弟, 又告童子之父兄, 使之扑
설 지 사　선 치 오 자 제　우 고 동 자 지 부 형　사 지 복

之, 他日或又來之, 必絕而逐之.
지　타 일 혹 우 내 지　필 절 이 축 지

{해석}

　　만약 부랑하고 교활한 아이가 우리 자제를 꾀어 장기 바둑 놀
이니 더러운 짓을 하는 일이 있으면, 먼저 우리 자제를 다스리고,
또 그 아이의 부형에게 알려 그를 종아리 치게 하고, 다른 날 혹
시 또 놀러 오면 반드시 거절하고 쫓아버릴 것이다.(김종권 역,
1993, p.291)

如 같을여 有 있을유 浮 뜰부 浪 물결랑 狡 교활할교 黠 약은힐 之 갈지
童 아이동 子 아들자

誘 꾈유 吾 나오 子 아들자 弟 아우제 以 써이 博 넓을박 奕 클혁 之 갈지
戱 희롱할희

鄙 더러울비 媟 깔볼설 之 갈지 事 일사

先 먼저선 治 다스릴치 吾 나오 子 아들자 弟 아우제

又 또우 告 고할고 童 아이동 子 아들자 之 갈지 父 아버지부 兄 형형

使 하여금사 之 갈지 扑 칠복 之 갈지

他 다를타 日 날일 或 혹혹 又 또우 來 올내 之 갈지

必 반드시필 絶 끊을절 而 말이을이 逐 쫓을축 之 갈지

{ 실천방향 }

김윤섭 여기서도 이덕무의 '엄한 교육관' 이 잘 드러나 있다. 내 아이, 남의 집 아이 구별하지 말고 어린아이들이 어울려 지내는 과정에서 어른들의 눈에 벗어나는 일이 있으면 정성을 기울여 타이를 일이다. 잘 지내 오던 아이들 관계를 단절시키는 것이 능사는 아닐 것이므로, 부모들 간에 서로 의논하여 공동의 노력을 기울여 나가면 좋으리라. 우리나라 사람들은 조금 양보하면 서로 좋은 해법을 찾아낼 수 있는 일도 작은 자존심을 내세워 아이들 문제에도 경쟁하려 한다. 그래선 안 된다. 남을 나보다 못하다고 여기는 것도 잘못이지만 협력하지 않는 것은 더 딱한 일이다. 성찰해 봐야 할 문제다. 실례로, 강북에 살다가 강남으로 이사해 온 엄마가 여고생 딸에게

"이제 걔네들하곤 같이 어울리면 안 된다."고 했다. 이에 그 딸아이가 엄마를 보고 "엄마! 그 친구들 다 저보다 월등해요. 배울 게 많은 아이들이에요."라고 했다. 내가 혹 이런 부모가 아닌지 돌이켜볼 일이다.

조인상   가치의 기준이 물질로 많이 기울어서 정의에 대하여 성찰해보는 시간이 필요하다. 변해가는 사회 속에서 적응하는 것도 필요하고, 나의 소중한 가치관을 지켜나가는 힘도 필요한 시대이다. 더불어 살아가는 가치에 대해 의견을 나누고, 각자의 선한 영향력을 나눌 시간도 가져야 한다.

황효숙   품행이 바르고 모든 일에 노력하는 친구를 사귀면 서로에게 긍정적인 영향을 미치며 나날이 발전해 나갈 수 있지만, 반면에 놀기 좋아하는 친구들과 사귀면 우리 아이의 미래도 점점 어두워질 수밖에 없다. 진정한 친구는 좋은 옥토와도 같아서 우정이라는 씨앗을 뿌리면 수확의 기쁨을 가져다준다. 이러한 친구는 많을 필요는 없다. 적극적인 사람과 가까이하면 우리 아이도 열정과 활력이 샘솟고, 긍정적인 사람과 함께 있으면 우리 아이도 즐거워진다. 우리가 평소 가까이 지내는 친구의 모습이 내 모습 속에서도 그대로 담겨진다는 것을 잊지 말아야 한다.

지옥진   중학생들을 교육할 때 아이들이 어디서 모여서 함께 나쁜 짓을 도모하는지 이야기를 해주었다. 집을 나와서 갈 곳이 없어 밤에 놀이터에 가면, 음주와 흡연을 하며 돈을 갈취하는 형들이 있다고 하였다. 아이들은 부모님이 안 계신 빈집에 모여서 술 마시고 담배 피우는 등 하지 말아야 할 행동을 하고, 또 친구들과 연합하여 상가를 털고 뽑기 기계를 터는 등 범죄에 노출된다는 이야기를 들었다. 우리 아이와 친구들이 잘못된 행위는 친구의 부모에게도 알려서 서로 협력하여 바로잡도록 해야 한다. 집이 좋고 편안하고 행복하면 나가라고 해도 나가지 않는다. 가정은 재미가 있어야 하고 즐거워야 한다.

"편견 없는 교육이 인간 교육의 정도이다."

{ 본문 }

常看世俗子弟, 不欺其父母者幾希. 迺反究之,
상 간 세 속 자 제　　불 기 기 부 모 자 기 희　　내 반 구 지

則皆由於童時, 其父母溺愛不敎, 以至見欺.
즉 개 유 어 동 시　　기 부 모 닉 애 불 교　　이 지 견 기

不惟其子之不孝, 盖亦父母之不慈.
부 유 기 자 지 불 효　　개 역 부 모 지 불 자

禮曰,「喪父長子, 不娶.」
예 왈　　상 부 장 자　　부 취

又曰,「寡婦之子, 非有見焉, 勿與爲友.」皆惡
우 왈　　과 부 지 자　　비 유 견 언　　물 여 위 우　　개 악

其無父而不能敎, 女不娶而男不友.
기 무 부 이 불 능 교　　여 부 취 이 남 부 우

雖然, 無父男女, 豈盡非人? 盖以禮防言之也.
수 연　　무 부 남 녀　　개 진 비 인　　개 이 례 방 언 지 야

若有父而不能教子女，與死等耳，豈不可哀也
약 유 부 이 불 능 교 자 녀　　여 사 등 이　　개 불 가 애 야

哉?
재

{해석}

항상 세상의 일반 자제를 보면, 그 부모를 속이지 않는 사람이 아주 드물다. 곧 그 까닭을 살펴보면, 다 어릴 때 그 부모가 사랑하는데 빠져 잘 가르치지 않았기 때문에 속임을 당하게 되는 것이다.

이는 그 아들이 효도하지 않을 뿐만 아니라, 대개는 부모가 인자하지 않은 때문이다.

《예기》에 말하기를, 「아버지가 없는 맏아들에게는 딸을 시집보내지 않는다.」라 하고,

또 말하기를, 「과부의 자식은 훌륭한 점이 보이지 않으면 함께 벗하지 말라.」라고 하였는데, 이는 다 그 아버지가 없어 잘 가르치지 못한 것을 싫어하여, 그러한 딸에게는 장가를 들지 말고, 그러한 아들에게는 벗하지 말라고 한 것이다.

비록 그러하나 아버지 없는 남녀라고 하여 어찌 다 사람답지 않으랴? 이는 대개 예로써 방비하려는 말이다.

만약 아버지가 있으면서도 아들딸을 잘 가르치지 못하였으면 죽은 것과 같을 따름이니, 어찌 가히 슬프지 않겠는가?(김종권 역, 1993, pp.291-292)

{ 한자 뜻풀이 }

常 항상 상 看 볼 간 世 인간 세 俗 풍속 속 子 아들 자 弟 아우 제

不 아닐 불 欺 속일 기 其 그 기 父 아버지 부 母 어머니 모 者 놈 자 幾 몇 기

希 바랄 희

迺 이에 내 反 돌이킬 반 究 연구할 구 之 갈 지

則 곧 즉 皆 다 개 由 말미암을 유 於 어조사 어 童 아이 동 時 때 시

其 그 기 父 아버지 부 母 어머니 모 溺 빠질 닉 愛 사랑 애 不 아닐 불

敎 가르칠 교

以 써 이 至 이를 지 見 볼 견 欺 속일 기

不 아닐 부 惟 생각할 유 其 그 기 子 아들 자 之 갈 지 不 아닐 불 孝 효도 효

盖 덮을 개 亦 또 역 父 아비 부 母 어미 모 之 갈 지 不 아닐 불 慈 사랑 자

禮 예도 예 曰 가로 왈

喪 잃을 상 父 아비 부 長 길 장 子 아들 자

不 아닐 부 娶 장가들 취

又 또 우 曰 가로 왈

寡 적을 과 婦 며느리 부 之 갈 지 子 아들 자

非 아닐 비 有 있을 유 見 볼 견 焉 어찌 언

勿 말 물 與 더불어 여 爲 할 위 友 벗 우

皆 다 개 惡 악할 악 其 그 기 無 없을 무 父 아비 부 而 말이을 이 不 아닐 불

能 능할 능 敎 가르칠 교

女 여자 여 不 아닐 부 娶 장가들 취 而 말이을 이 男 사내 남 不 아닐 부

友 벗 우

雖 비록 수 然 그럴 연

無 없을 무 父 아비 부 男 사내 남 女 여자 녀

豈 어찌개 盡 다할진 非 아닐비 人 사람인

盖 덮을개 以 써이 禮 예도례 防 막을방 言 말씀언 之 갈지 也 어조사야

若 같을약 有 있을유 父 아비부 而 말이을이 不 아닐불 能 능할능

敎 가르칠교 子 아들자 女 여자녀

與 더불어여 死 죽을사 等 무리등 耳 귀이

豈 어찌개 不 아닐불 可 옳을가 哀 슬플애 也 잇기야 哉 어조사재

{ 실천방향 }

김윤섭 이덕무의 부모관을 볼 수 있는 글이다. 부모가 자식 교육에 편애偏愛나 익애溺愛에 빠지지 말라는 것이다. 치우친 사랑이 형제자매간의 돈독한 우애를 형성해 나가는 과정에 대단히 나쁜 일이며 한 자식에 대한 지나친 사랑도 위험하다. 흔히들 "내가 너를 어찌 키웠는데…" 하면서 속상해 하고 실망하고 후회한다. 회초리 교육이 그냥 필요하다고 했겠는가? 장래에 자식들에게 정녕 필요한 것이 어떤 것인지, 어떻게 가르치는 것이 더 현명한 것인지를 먼저 생각해야 한다는 말이다. 자율自律적인 사람으로 키운다고 수수방관袖手傍觀해서도 안될 것이며, 엄히 키운다고 통제統制적이어서도 아니 될 것이다. 사랑스런 나머지 과보호過保護로 키워서는 더욱 안 될 것이다. 부모의 진정한 사랑에는 '절제'가 필요하다고 보는 관점이 요체인 것 같다.

조인상 나이가 들어 어른이 되는 것이 아니라 자녀가 나를 어른으로 만든다는 생각이다. 아이를 키우면서 겪는 많은 일 앞

에서 어디까지 개입을 해야 하는 것인가에 대한 고민을 늘 한다. 너무 지나치지 않았는지? 너무 냉정한 것은 아닌지? 세상에 내 뜻대로 되는 것이 없다는 사실을 알게 하려고 신이 자식을 주었다는 말에 공감한다. 좋은 부모가 되기는 늘 어렵다. 자녀가 성장할수록 더욱 어려워진다. 인생을 잘 살아내는 모습을 보여줘야 하는데, 부모가 처음인 우리 모두 쉽지 않은 일이다. 그래서 성찰의 시간이 필요한 것이다.

황효숙 엄한 부모한테 눌려서 자신의 의지나 의견을 표현하는데 미숙한 아이들로 자라는 것도 안타까운 일이요, 너무 자유방임형의 부모 밑에서 자신이 최고인 양 자라나는 아이들도 문제다. 엄한 부모와 유한 부모 사이를 지키면서 자녀들을 키워야 하는데, 참으로 말처럼 쉽지 않다. 그래서 부모 노릇이 참으로 어려우며 지혜로운 부모로 거듭나기 위해 부단한 노력을 해야 할 것이다.

지옥진 나는 가정법원에서 이혼조정 가사상담을 하였다. 합의이혼 부부들 중에 아빠가 아이를 키우겠다는 분도 있지만, 엄마가 키우고 아빠가 양육비를 주는 경우가 더 많다. 우리나라의 이혼률은 50%에 달하고 있다. 편모 가정도 있고, 편부 가정도 있다. 이런 가정을 한 부모 가정이라고 한다. 엄마 혼자서 아이를 잘 키우거나 아빠 혼자서 아이를 잘 키울 수도 있으며, 한 부모 가정에서 자라도 바르게 성장하고 성공하는 경우도 있다.

한편으로 부부가 함께 아이를 키우면서도 자식 교육을 잘하지 못하고, 인성이 비뚤어지고 예의가 없으며 행실이 잘못되는 경우도 있다.

**"인간의 심성을 닦아 나가는 것이
교육의 본질이다."**

{본문}

狡黠之子弟, 不可使習文詞. 傅其智詐, 則必作
교 힐 지 자 제　　불 가 사 습 문 사　부 기 지 사　　즉 필 작

賊.
적

橫逸之子弟, 不可使學武技. 養其暴猛, 則必殺
횡 일 지 자 제　　불 가 사 학 무 기　양 기 폭 맹　　즉 필 살

人.
인

{해석}

　교활한 자제는 글을 가르쳐서는 안 된다. 그 간사함이 넓혀지
면 반드시 도둑이 될 것이다.

　제멋대로 행동하는 자제는 무예를 가르쳐서는 안 된다. 그 사나
움을 기르면 반드시 사람을 죽이게 될 것이다.(김종권, 1993, p.292)

{ 한자 뜻풀이 }

狡 교활할교 點 약을힐 之 갈지 子 아들자 弟 아우제

不 아닐불 可 옳을가 使 하여금사 習 익힐습 文 글월문 詞 말사

傅 스승부 其 그기 智 슬기지 詐 속일사

則 곧즉 必 반드시필 作 지을작 賊 도둑적

橫 가로횡 逸 편안할일 之 갈지 子 아들자 弟 아우제

不 아닐불 可 옳을가 使 하여금사 學 배울학 武 호반무 技 재주기

養 기를양 其 그기 暴 사나울폭 猛 사나울맹

則 곧즉 必 반드시필 殺 죽일살 人 사람인

{ 실천방향 }

김윤섭 교육이 왜 필요한가? 현재보다 좀 더 나은 미래를 지향하기 위해서다. 편애偏愛는 자녀교육에서 대단히 조심해야 할 일이다. 인간은 누구나 태어날 때 착한 씨앗을 가지고 나온다. 그리고 무엇보다 '무한한 가능성을 가진 존재'다. 나아가 어린 자녀를 가르치는 일은 우리 모두의 큰 보람 아닌가? 격려와 칭찬, 공정한 대접과 인정으로 사랑을 배워가도록 해야 할 것이다.

조인상 넘치면 모자란 것만 못하다. 자녀의 장점을 키워 강점을 만들어야 하는 것이 정답인데, 그전에 정직함을 알려주어야 한다는 말씀이다. 뿌린대로 거둔다는 삶의 이치를 깨닫게 하여 몸으로 상황을 경험하게 해주어야 한다. 세상을 살아가는데 요행을 바라지 말고 자신을 다스리면서 정진할 수 있도록 도와야 한다.

황효숙 　사람됨이 먼저라는 말씀인 것 같다. 바른 품성을 먼저 가지게 하고 나중에 학문을 익히고 기술을 배우게 하여야 한다. 사람이 마음에 올바른 품성이 자리잡고 있지 않으면 아무리 출중한 배움이 있더라도, 그것은 결국 사람과 사회를 해치는 일에 쓰일 수 있기 때문이다. 어릴 적부터 남을 나보다 낮게 여기고 칭찬하며, 겸손하며 예의와 기본생활을 익히고 질서를 배우고, 어른을 공경하는 마음가짐을 갖게 하고, 나보다 힘든 사람을 배려하고 양보하여 봉사하는 마음을 가지게 하는 것이 매우 중요하다.

"양서良書를 찾아 읽어야 한다."

{ 본문 }

韓山子曰,
한 산 자 왈

『士大夫家子弟, 不宜使讀世說. 未得其雋永, 先
사 대 부 가 자 제　불 의 사 독 세 설　미 득 기 준 영　선

習其簡傲.』
습 기 간 오

善哉斯言, 世說猶如此, 而況鄙俚淫媟不經之書哉?
선 재 사 언　세 설 유 여 차　이 황 비 리 음 설 불 경 지 서 재

精神方旺, 而先入者雜亂, 則畢竟作何等人?
정 신 방 왕　이 선 입 자 잡 난　즉 필 경 작 하 등 인

{ 해석 }

　　한산자가 말하기를,『사대부 집 자제에게 소설(:책 이름. 남송 사
람 음의경이 지음)을 읽게 하는 것은 옳지 않다. 이는 미처 그중에

서 훌륭한 점을 얻어 가지지 못하고, 먼저 그 대범하고 교만한 것을 익히게 되기 때문이다.』라고 하였다.

이것은 참으로 좋은 말이다. 소설도 오히려 이와 같은데, 하물며 더럽고 음란하고 떳떳하지 못한 책이야 말해 무엇하랴?

정신이 바야흐로 왕성한 때에 먼저 난잡한 것이 머릿속에 들어간다면 마침내 어떤 사람이 되겠는가? (김종권, 1993, p.292)

{ 한자 뜻풀이 }

韓 한국 한 山 뫼 산 子 아들 자 曰 가로 왈

士 선비 사 大 클 대 夫 지아비 부 家 집 가 子 아들 자 弟 아우 제

不 아닐 불 宜 마땅 의 使 하여금 사 讀 읽을 독 世 인간 세 說 말씀 설

未 아닐 미 得 얻을 득 其 그 기 雋 살찐 고기 준 永 길 영

先 먼저 선 習 익힐 습 其 그 기 簡 대쪽 간 傲 거만할 오

善 착할 선 哉 어조사 재 斯 이 사 言 말씀 언

世 인간 세 說 말씀 설 猶 오히려 유 如 같을 여 此 이 차

而 말이을 이 況 상황 황 鄙 더러울 비 俚 속될 리 淫 음란할 음 媟 깔볼 설

不 아닐 불 經 지날 경 之 갈 지 書 글 서 哉 어조사 재

精 정할 정 神 귀신 신 方 모 방 旺 왕성할 왕

而 말이을 이 先 먼저 선 入 들 입 者 놈 자 雜 섞일 잡 亂 어지러울 난

則 곧 즉 畢 마칠 필 竟 마침내 경 作 지을 작 何 어찌 하 等 무리 등 人 사람 인

{ 실천방향 }

 김윤섭 이른바 양서良書, 고전과 역사서를 가까이하도록 해야 한다. 품성을 도야하고 사회적 삶의 기초역량 배양과 변화

하는 미래를 대비하는 지혜를 넓혀감에 도움이 되는 필독서를 찾아 목표 분량을 정하여 읽도록 하고, 독후감을 기록, 정리해 두는 습관을 기르도록 하고 가족들에게 발표도 해보도록 지도해 나가면 좋을 것이다. 집안에 한 공간을 활용해서 서재를 꾸며보는 것도 의미 있지 않을까?

조인상 어떤 책을 접하는가는 매우 중요하다. 최근에는 책보다는 게임을 먼저 접하는 경우가 많으니, 게임 콘텐츠 개발에 가치 부여를 하여야 한다. 아이들이 자주하는 게임의 스토리에서 참된 가치를 경험할 수 있도록 해야 하는데, 재미와 가치를 다 담아내기는 쉽지 않을 것이다. 도덕성이나 가치관이 발달하고 있는 아이들의 경우 좋은 콘텐츠 선별이 어려우니 양육하는 부모는 다양한 미디어 매체의 위험한 환경에서 자녀를 보호해야 한다.

황효숙 어린아이는 스폰지와 같아서 무엇이든이 보는 대로 흡수한다. 부모는 안전한 교육적 환경을 제공하고, 화목한 가정을 위해 칭찬하며, 폭넓은 배움의 기회를 제공하여야 함은 물론이고, 올바른 가치관을 심어주어야 한다. 어릴 때 올바른 가치관이 확립되기 전에 음란한 책이나 인터넷을 통한 영상 등을 보는 것은 호기심을 자극하여 나쁜 길로 빠지게 되는 수가 많다.

지옥진 정신이 바르고 세상 유혹에 흔들리지 않을 윤리적인 교육을 먼저하여 음탕하고 교만한 짓을 하지 않게 해야 한다.

나중에 후손들에게 잘못이 알려지면 부끄러운 일이다.

"학습의 기초를 튼튼히 다져야 한다."

{본문}

訓蒙字會,
훈 몽 자 회

小子之學也, 必詳知方言訓釋事物之名, 因此而
소 자 지 학 야　필 상 지 방 언 훈 석 사 물 지 명　인 차 이

可進於爾雅, 急就章, 小學紺珠等書.
가 진 어 이 아　급 취 장　소 학 감 주 등 서

又須課習字書, 韻書, 精習偏旁, 子母, 音義,
우 수 과 습 자 서　운 서　　정 습 편 방　　자 모　　음 의

盡通乎正韻, 字典, 正譌, 說文等書, 其於羣經諸
진 통 호 정 운　자 전　정 와　설 문 등 서　기 어 군 경 제

史, 沛然無所滯矣.
사　패 연 무 소 체 의

拘儒俗生, 不講此義, 必大言不慚曰,『我能作
구 유 속 생　부 강 차 의　　필 대 언 불 참 왈　　아 능 작

文，又通經學.』使穎悟小子，終身鹵莽不識一字，
문　우통경학　　사영오소자　종신노망부식일자

何其陋也？
하기누야

雖然，拘於古而不通俗，亦非通儒也.
수연　구어고이불통속　역비통유야

{해석}

　《훈몽자회(:조선 중종 때 최세진이 지은 한자 학습서)》는 어린아이
들이 배울 책이다. 이것으로 반드시 방언으로 사물의 이름을 풀이
한 것을 자세히 알고, 이를 바탕으로 하여 《이아(:책이름. 모두 19
편)》·《급취장(: 책 이름. 한나라 사유가 지음)》·《소학》·《감주(:책 이
름. 송나라 이승비가 지음)》등의 책을 공부할 것이다.

　또 꼭 자서·운서를 공부하여 익히고 글자의 변방 자모의 음과
뜻을 자세히 익히고, 《정운》·《자전》과 《정와》·《설문》 등의 책을
다 정통하면, 여러 경서와 제사에 환하여 막히는 것이 없게 된다.

　편협한 유생이나 속된 선비는 이런 뜻을 강론하지 않고 반드시
부끄러워할 줄도 모르고 큰 소리로 말하기를, 『나는 글도 잘 짓
고, 또 경학에도 통한다.』라고 하여, 영리한 아이들로 하여금 죽을
때까지 경솔하고 주의가 부족하여 한 글자도 옳게 알지 못하게 만
드니, 어찌 그렇게 비루한가?

　비록 그러하나 옛날 것에 매여서 시속에 통하지 않는 사람도
역시 능통한 유학자는 아니다.(김종권, 1993, pp.292-293)

{ 한자 뜻풀이}

訓 가르칠 훈 蒙 어두울 몽 字 글자 자 會 모일 회

小 작을 소 子 아들 자 之 갈 지 學 배울 학 也 어조사 야

必 반드시 필 詳 자세할 상 知 알 지 方 모 방 言 말씀 언 訓 가르칠 훈

釋 풀 석 事 일 사 物 물건 물 之 갈 지 名 이름 명

因 인할 인 此 이 차 而 말이을 이 可 옳을 가 進 나아갈 진 於 어조사 어

爾 너 이 雅 맑을 아

急 급할 급 就 나아갈 취 章 글 장

小 작을 소 學 배울 학 紺 감색 감 珠 구슬 주 等 무리 등 書 글 서

又 또 우 須 모름지기 수 課 공부할 과 習 익힐 습 字 글자 자 書 글 서

韻 운 운 書 글 서

精 가릴 정 習 익힐 습 偏 치우칠 편 旁 곁 방

子 아들 자 母 어미 모

音 소리 음 義 옳을 의

盡 다할 진 通 통할 통 乎 어조사 호 正 바를 정 韻 운 운

字 글자 자 典 법 전

正 바를 정 譌 잘못될 와

說 말씀 설 文 글월 문 等 무리 등 書 글 서

其 그 기 於 어조사 어 羣 무리 군 經 지날 경 諸 모두 제 史 사기 사

沛 비 쏟아질 패 然 그럴 연 無 없을 무 所 바 소 滯 막힐 체 矣 어조사 의

拘 잡을 구 儒 선비 유 俗 풍속 속 生 날 생

不 아닐 부 講 외울 강 此 이 차 義 옳을 의

必 반드시 필 大 클 대 言 말씀 언 不 아닐 불 慚 부끄러워할 참 曰 가로 왈

我 나 아 能 능할 능 作 지을 작 文 글월 문

又 또우 通 통할통 經 지날경 學 배울학

使 하여금사 穎 이삭영 悟 깨달을오 小 작을소 子 아들자

終 마칠종 身 몸신 鹵 소금노 莽 풀망 不 아닐부 識 알식 一 한일

字 글자자

何 어찌하 其 그기 陋 더러울누 也 어조사야

雖 비록수 然 그럴연

拘 잡을구 於 어조사어 古 옛고 而 말이을이 不 아닐불 通 통할통

俗 풍속속

亦 또역 非 아닐비 通 통할통 儒 선비유 也 어조사야

{ 실천방향 }

김윤섭   아동교육의 교과목으로 훈몽자회를 내세우고 배움의 기초를 다져 단계적인 학습발전이 이뤄지도록 강조하고 있다. 기초를 튼튼히 한다는 것이 왜 중요한 일인지는 우리의 체험에서 충분히 인식하는 문제로서 기초 학습의 부실은 후속 학습을 효과적, 지속적으로 진행시켜 나가는데 지장을 주기 때문이다. 과도한 욕심을 내지 말고 꾸준히 해나가는 학습이 좋은 공부 아닐까? 〈여기서 잠깐 '훈몽자회訓蒙字會'를 살펴보면, "조선시대 중종 22년(1527)에 문신 최세진崔世珍에 의하여 편찬된 아동용 한자 학습서다. 상중하 3권에 나누어 한자 3,360자를 33부류(class)로 나눠 훈민정음으로 음과 훈을 단 것이다. 이 한자 학습서가 그 뒤 수 세기 동안 널리 사용되어 초간에서 조선 광문회 간본(1913)에 이르기까지 여러 차례 중간을 거듭한 것은 이 책의 높은 실용성 때문이었으며, 그리하여 연산군 이후

임시 중단 상태에 빠졌던 훈민정음의 사용을 부활하는데 큰 공헌을 하여 온 것으로서 훈민정음이 우리 글자를 제정해 준 귀중한 문헌이라면, 훈몽자회는 그 시대의 우리 언어를 전해주는 귀중한 보고가 되어온 것이다."(김희진, 1988, p.1)라는 설명이 있다.)

황효숙 우리나라는 교육정책의 부실과 잦은 입시 변동, 주입식 교육으로 인해 기초학력 미비현상이 일어나고 있다. 그중 가장 두드러지는 것은 글쓰기 능력이라고 볼 수 있다. 취업을 비롯한 사회구조에서 비롯한 이공계 기피, 인문 사회학 수강 기피, 고시학원 등의 문제는 이런 현상을 더더욱 악화시키고 있다. 인문학을 중요시하고 책을 많이 읽고 입시 위주가 아닌 창의성 개발과 개개인의 자율을 존중하는 교육이 시급하다.

지옥진 사이버로 공부하다가 시험을 볼 때 모르는 것이 있어서 구글에 검색을 하니, 문제와 답이 똑같이 나와서 깜짝 놀랐다. 너무나 놀라운 일이 벌어지고 있는 세상이다. 2025년~30년에는 본격적으로 AI(인공지능)의 세상이 된다고 하니, 가히 짐작이 안 간다. 자동차가 스스로 운전해서 집까지 가고, 드론으로 배달을 하고, 로봇이 음식을 하고, 집안일을 하고, 휴대폰으로 모든 집 조명을 켜고 끄는 것을 조작할 수 있다. 편한 세상이 되지만 우리가 하는 일자리를 로봇이 대체하게 된다면 사람의 일자리가 없어지게 되고 실업자가 늘어날 수 밖에 없다.

"바른 독서법을 훈련할 필요가 있다."

{본문}

童子方受讀, 而心大躁擾, 厭聽師長訓義, 以手
동 자 방 수 독　이 심 대 조 우　염 청 사 장 훈 의　이 수

持葉, 常欲翻揭, 甚至未及說到第末行之義, 而
지 엽　상 욕 번 게　심 지 미 급 설 도 제 말 행 지 의　이

徑揭葉也, 不能融解, 亦無問難, 受纔已而忙忙
경 게 엽 야　불 능 융 해　역 무 문 난　수 재 기 이 망 망

覆冊.
복 책

長者亦或幷聲導讀, 童子則讀甚忙迫, 而其聲常
장 자 역 혹 병 성 도 독　동 자 즉 독 심 망 박　이 기 성 상

在長者之前.
재 장 자 지 전

是犯反敎之嫌, 不惟不能領會訓旨, 心不安定,
시 범 반 교 지 염　불 유 불 능 령 회 훈 지　심 불 안 정

不成令器, 凡此數者, 可不深警.
불 성 령 기　범 차 수 자　가 불 심 경

{해석}

어린이는 가르침을 받아 책을 읽을 때 마음이 몹시 조급하고 산란하여 스승의 가르치는 뜻을 듣기 싫어하고, 늘 손가락으로 책장을 넘기려고만 하며, 심지어는 설명이 끝줄의 뜻에 이르기도 전에 빨리 책장을 넘겨서 그 뜻을 이해하지 못하기도 하고, 또한 어려운 점을 묻는 일도 없이 가르치자마자 바삐 책을 덮어놓기도 한다.

또 어른이 혹 소리를 내어 같이 읽어 인도할 때, 어린이는 다급하게 빨리 읽어서 그 소리가 항상 어른보다 앞서기도 한다.

이는 가르치는 도리에 어긋나는 잘못을 범하는 것일 뿐만 아니라, 능히 가르치는 뜻을 잘 이해하지 못하여 마음이 안정되지 못해서 훌륭한 인재가 못될 것이니, 이러한 몇 가지는 가히 깊이 경계하여야 한다.(김종권 역, 1993, pp.293-294)

{한자 뜻풀이}

童 아이 동　子 아들 자　方 모 방　受 받을 수　讀 읽을 독

而 말이을 이　心 마음 심　大 큰 대　躁 조급할 조　擾 움직일 우

厭 싫어할 염　聽 들을 청　師 스승 사　長 길 장　訓 가르칠 훈　義 옳을 의

以 써 이　手 손 수　指 손가락 지　葉 잎 엽

常 항상 상　欲 하고자할 욕　翻 날 번　揭 높이들 게

甚 심할 심　至 이를 지　未 아닐 미　及 미칠 급　說 말씀 설　倒 넘어질 도

第 차례 제　末 끝 말　行 갈 행　之 갈 지　義 옳을 의

而 말이을 이　徑 길 경　揭 높이들 게　葉 잎 엽　也 어조사 야

不 아닐 불　能 능할 능　融 화할 융　解 풀 해

亦 또 역　無 없을 무　問 물을 문　難 어려울 난

受 받을 수　纔 겨우 재　己 자기 기　而 말이을 이　忙 바쁠 망　覆 뒤집힐 복

冊 책 책

長 길 장　者 놈 자　亦 또 역　或 미혹할 혹　幷 어우를 병　聲 소리 성　導 인도할 도

讀 읽을 독

童 아이 동　子 아들 자　則 곧 즉　讀 읽을 독　甚 심할 심　忙 바쁠 망　迫 닥칠 박

而 말이을 이　其 그 기　聲 소리 성　常 항상 상　在 있을 재　長 길 장　者 놈 자

之 갈 지　前 앞 전

是 옳을 시　犯 범할 범　反 되돌릴 반　敎 가르칠 교　之 갈 지　嫌 싫어할 염

不 아닐 불　惟 생각할 유　不 아닐 불　能 능할 능　領 하여금 령　會 모일 회

訓 가르칠 훈　旨 뜻 지

心 마음 심　不 아닐 불　安 편안할 안　定 정할 정

不 아닐 불　成 이룰 성　令 하여금 령　器 그릇 기

凡 무릇 범　此 이 차　數 셈 수　者 놈 자

可 옳을 가　不 아닐 불　深 깊을 심　警 경계할 경

{ 실천방향 }

김윤섭　책 읽기를 좋아하는 아이들도 있지만 그렇지 못한 아이들
도 많다. 결코 나무라거나 강제할 일이 아니다. 책 읽기에
흥미를 가질 수 있도록 훈련 프로그램을 찾아 지도해 줄 일이다. 충분
히 개선될 수 있다.

조인상　아이들의 흥미와 발달을 고려하여 책을 선택하여야 한다. 발달에 적합하지 않으면 흥미를 잃어 집중하지 못하게 된다. 또 책을 고를 때는 아이가 공감할 수 있는 주변의 이야기를 주제로 한 책이나 그림의 다양한 느낌이 담긴 그림책, 상상력이 발달하는 시기에는 상상을 극대화해주는 내용이 좋다. 사물이나 자연에 관심이 많아지면 도감을 구입해서 궁금한 것들은 아이와 찾아보기를 하는 것도 좋은 책 읽기 방법이다.

황효숙　아이가 책은 읽는데 내용을 이해 못하면 부모는 답답하다. 많이 읽는 것이 정답은 아니며, 정독하는 습관이 생기면 내용 이해가 빨라져 자연스레 다독하게 된다. 이것이 학습에도 영향을 준다. 정독, 어떻게 연습하면 될까? 우선 소리 내어 읽고, 밑줄 치고 메모하면 어려운 내용도 머리에 쏙쏙 들어간다. 또 의미를 가지고 읽다 보면 깊이 읽게 되고, 한 권을 여러 번 읽으면 정독이 된다. 서두르지 말고 급한 성격을 누르고 마음을 가다듬고 꼼꼼이 읽는 습관을 가르치면 된다.

지옥진　어린이는 조급한 성향과 몸을 바삐 움직이는 버릇이 있어서 혼자서 책을 보면 급히 넘기고 바로 덮어버리기도 한다. 그런 경우 엄마가 옆에서 그림책을 같이 보며 천천히 읽어주면 차분히 앉아서 책을 보는 습관을 배울 수 있다.

"정독精讀하는 습관을 길들이자."

{ 본문 }

讀書聲濯者滑者, 俱不領會文義, 須當溫詳圓明.
독 서 성 탁 자 활 자   구 불 령 회 문 의   수 당 온 상 원 명

{ 해석 }

책을 읽는 소리가 막히거나 너무 빠른 사람은 모두 그 글의 뜻
을 잘 이해하지 못하는 것이니, 마땅히 온화하고 상세하고 원만하
고 분명하게 읽을 것이다.(김종권 역, 1993, p.294)

{ 한자 뜻풀이 }

讀 읽을 독 書 쓸 서 聲 소리 성 濯 씻을 탁 者 놈 자 滑 미끄러울 활 者 놈 자

俱 함께 구 不 아닐 불 領 거느릴 령 會 모일 회 文 글월 문 義 옳을 의

須 모름지기 수　當 당할 당　溫 따뜻할 온　詳 자세할 상　圓 둥글 원　明 밝을 명

{ 실천방향 }

김윤섭　책을 읽을 때 정독精讀할 것을 권하는 말씀이다. 몰입沒入의 경지에서 안광철지배眼光徹紙背의 기세로 찬찬히 읽어나가는 태도가 공부의 으뜸이다.

조인상　정독을 하는 것은 바른 책 읽기라고 할 수 있다. 정독을 위해 책 읽기에 적합한 환경을 제공하는 것도 중요하다. 편안한 마음 상태, 조용하고 아늑한 분위기, 따뜻한 채광 등 물리적 생리적인 환경에서 읽기에 집중할 수 있도록 하는 것이 먼저 필요하다.

황효숙　정독은 다독과 맞서는 말로, 뜻을 주의 깊게 차근차근 새기며 읽는 방법을 말한다. 정독과 다독의 장점을 모두 취할 수 있으면 좋다. 그렇지만 책의 내용을 단번에 이해하려면 오랜 숙련 과정이 필요하다. 숙련 과정 없이 단순히 권수를 채우거나 줄거리를 기억하려고 책을 읽는다면 바른 독서가 아니다.

지옥진　책을 읽는 방법은 여러 가지가 있는데 다독, 속독, 정독이 있다. 자신에게 맞는 방법을 찾아서 읽는 것이 좋다. 어떤 학자가 말하기를, 책을 소리 내서 읽어 귀로 듣고, 손으로 쓰면서 공부하면 이해가 빨라지고 학습이 잘 된다고 하였다. 나는 공부할 때 눈

으로 보며, 소리 내어 읽고, 귀로 듣고, 연습장에 글씨를 쓰면서 공부하여 암기하는데 좋았던 기억이 있다.

"일찍 일어나는 습관을 길들이자."

{본문}

白鹿洞規,
백 록 동 규

夙興夜寐箴, 簡而要, 日日誦念, 時時體驗.
숙 흥 야 매 잠   간 이 요   일 일 송 념   시 시 체 험

{해석}

백록동 규범〔:송나라 주자가 백록동 서원에서 정한 학습 규범〕에 아침에 일찍 일어나고 밤에는 늦게 자며, 부지런히 공부하라는 잠언은 간결하고도 요령이 있으니, 날마다 외우고 생각하고 때때로 체험할 것이다.(김종권, 1993, p.294)

白 흰 백 鹿 곳집 록 洞 골 동 規 법 규

夙 일찍 숙 興 일 흥 夜 밤 야 寐 잠잘 매 箴 바늘 잠

簡 대쪽 간 而 말이을 이 要 구할 요

日 해 일 誦 욀 송 念 생각할 념

時 때 시 體 몸 체 驗 증험할 험

{ 실천방향 }

김윤섭 "Early bird catches the worm(−일찍 일어나는 새가 벌레를 잡는다 −)"는 서양 격언이 기억난다. 예외도 있지만 대체로 보면 부지런한 사람들은 일찍 일어난다. 교회에 열심히 다니는 사람, 도서관 자리 잡으러 일찍 학교 가는 학생들, 심지어 놀러 잘 다니는 사람들도 가만히 보면 모두 부지런한 사람들이 잘한다. 사회의 일상사 제반 활동들이 그렇게 돌아가고 있지 않은가? 어느 기업인이 "일을 하기 위하여 새벽이 오기를 기다린다."고 한 말이 늘 생각난다. 그런 사람들은 대체로 잠을 많이 자지 않는 공통점이 있다.

조인상 시간과 공부는 들인 시간만큼의 효과가 있어야 하나, 공부하는 방법이 잘못되면 시간은 많이 소요되었으나 성적으로 나타나지 않아 힘들어하는 학생들을 보기도 한다. 닐 플레밍Neill Fleming은 운동감각형, 읽기 · 쓰기형, 청각형, 시각형으로 학습유형을 구분한다. 시간을 어떻게 활용하는가도 중요하지만 자기에게 맞는 공부 방법을 찾는 것도 필요하다.

황효숙　　한때 "새벽형 인간"이란 말이 유행하고 성공하는 사람들의 대부분은 이런 생활을 하는 사람들이라 지칭했다. '새벽 한 시간은 낮 세 시간과 비슷하다.' 라는 명언이 있다. 그만큼 새벽이라는 시간이 가지는 효용성은 대단하며, 대부분의 성공한 사람들의 생활습관을 살펴보면 대부분 새벽형 인간이다.

　누구보다 빠르게 하루를 시작하고, 자신을 관리하기 때문이다.

지옥진　　좋은 학습방법으로 아침에 맑은 정신에 공부하고 저녁에 자기 전에 공부하면 머릿속에 더 잘 기억된다고 하는 이야기도 있다. 나에게 잘 맞는 방법은 집중할 수 있는 환경과 오래할 수 있는 시간이 주어지면 성과가 있었다. 집에 있으면 치워야 할 일이 우선 보이고 책상 앞에 앉기가 힘든데, 독서실을 가거나 하루 종일 할 수 있는 시간이 주어지면 도서관에 가서 공부할 때 집중하기에 좋고 많이 할 수 있다.

"책 읽기는 모든 공부의 첫걸음이다."

{본문}

讀書偸籌, 最是童子不良之習. 及到長成, 必多
독 서 투 주　　최 시 동 자 불 량 지 습　　급 도 장 성　　필 다

鹵莽無文.
노 망 무 문

亦復狡獪不誠, 假托有病不讀, 亦惡習也.
역 부 교 회 불 성　　가 탁 유 병 불 독　　역 악 습 야

{해석}

책을 읽을 때 제대로 안 읽고 상대를 속이는 것은 어린이의 가
장 좋지 않은 버릇이다. 이렇게 장성하면 반드시 경솔하고 거칠고
착실하지 못하고 무식한 사람이 되는 예가 많다.

또한 교활하고 성실하지 않아서 병이 있다고 핑계대며 책을 읽

지 않는 것도 역시 나쁜 버릇이다.(김종권 역, 1993, p.294)

{ 한자 뜻풀이 }

讀 읽을 독 書 쓸 서 偸 훔칠 투 籌 살 주

最 가장 최 是 옳을 시 童 아이 동 子 아들 자 不 아닐 불 良 어질 량 之 갈 지

習 익힐 습

及 미칠 급 到 이를 도 長 길 장 成 이룰 성

必 반드시 필 多 많을 다 鹵 소금 노 莽 우거질 망 無 없을 무 文 글월 문

亦 또 역 復 다시 부 狡 교활할 교 獪 교활할 회 不 아닐 불 誠 정성 성

假 거짓 가 托 밀 탁 有 있을 유 病 병 병 不 아닐 불 讀 읽을 독

亦 또 역 惡 악할 악 習 익힐 습 也 어조사 야

{ 실천방향 }

김윤섭 앞에서도 언급하였듯이 책 읽기는 정독精讀이 좋다. 그리고 읽은 후에는 '독서록讀書錄'을 만들어 관리하면, 그것은 곧 우리들 삶의 보이지 않는 자산이 된다. 대기업 임원을 지낸 동창생과 후배 한 사람은 전자공학을 공부한 사람들인데, 각각 사서四書와 서양철학西洋哲學 책을 어지간히 읽었는지 모임 같은 데에 가면 인문학을 했다는 사람들도 그들의 얘길 조용히 듣는다. 가히 녹서의 위력威力이랄까? 알고 보니 그들의 책 읽기는 어릴 때부터 해왔다던가?

조인상 책 읽기가 중요하다는 것은 모두 안다. 그럼 어떻게 책 읽기가 재미있도록 하여야 할까? 책 읽는 시간이 좋은 경험

으로 기억되어야 한다. 평생 글을 보고 살아야 하는데, 글을 읽는 것이 싫으면 인생이 고단할 것이다. 9세까지는 청각 기억력이 우수하다고 한다. 9세까지는 아이가 글을 알아 혼자 읽을 수 있더라도 부모가 읽어주는 시간을 많이 가져야 한다. 책을 보면 사랑하는 부모님과 함께한 시간을 추억할 수 있는 경험을 주어야 한다.

황효숙 요새 기업 인사담당자들이 신입사원을 면접 볼 때 성실함과 책임감이 1위로 뽑혔다고 한다. 그만큼 매사에 성실함은 중요한 덕목이다. 성실함은 이미 그 자체로서 최고의 경쟁력을 갖는다. 꾸준함과 지속성이 바탕인 성실함은 노력하면 누구나 다 가질 수 있을 것 같지만, 노력해도 정말 안 되는 것이 성실함이다. 뭐든 꾸준히 끝까지 하는 이들은 클래스 자체가 다르다고 본다. 그들은 뚝심으로 버틸 줄 아는 인물이다.

지옥진 인터넷 시대이지만 책을 많이 읽으면 상식이 풍부해지고 지식이 쌓이며, 아는 것이 저장되어 나중에 기억 저장에서 꺼내 쓸 수 있다고 한다.

"학습의 기초는 독서력이다."

{ 본문 }

讀書而闕課, 則前功盡棄.
독 서 이 궐 과   즉 전 공 진 기

嘗見好遊戲不勤劬, 而能成通儒者, 未之有也.
상 견 호 유 희 불 근 구   이 능 성 통 유 자   미 지 유 야

{ 해석 }

책을 읽을 때 빼놓는 과정이 있으면 먼저 공부한 공은 다 버리는 셈이 된다.

일찍이 보건대, 놀기를 좋아하여 부지런히 공부에 힘쓰지 않고서 능히 훌륭한 선비가 된 사람은 없었다.(김종권 역, 1993, pp.294-295)

讀 읽을 독 書 쓸 서 而 말이을 이 闕 대궐 궐 課 공부할 과

則 곧 즉 前 앞 전 功 공 공 盡 다될 진 棄 버릴 기

嘗 맛볼 상 見 볼 견 好 좋을 호 遊 놀 유 戲 희롱할 희 不 아닐 불

勤 부지런할 근 劬 수고로울 구

而 말이을 이 能 능할 능 成 이룰 성 通 통할 통 儒 선비 유 者 놈 자

未 아닐 미 之 갈 지 有 있을 유 也 어조사 야

{ 실천방향 }

김윤섭 자녀의 독서력을 키우려면, 부모가 책을 가까이하는 모범을 보여야 한다. 작심하고 실천해 볼 일이다. 그렇게 애쓴 가정의 얘기들을 소개해 둔 책부터 참고해 볼 일이다. '내 인생을 바꾼 한 권의 책'이라는 책도 있지 않은가. 책 한 권, 두 권 읽고 인생이 바뀐다고? 무슨 거짓말을 그리 하느냐고? 뭔가 이뤄낸 사람들이 읽었다는 책, 제목들만이라도 훑어보는 것이 어떨까?

조인상 책 읽기에는 요행이 없고 차근히 읽어가는 방법만이 있다. 국어시험에서 가장 난이도가 높은 것은 문장을 섞어 놓고 순서대로 나열하는 문제이다. 다독과 정독한 사람만 풀어낼 수 있다. 한 권씩 읽다 보면 책의 흐름을 알아가게 되기 때문이다. 문제를 많이 풀어보아도 알 수가 없다. 정독하면 책 안에 면면히 끌고 가는 작가의 생각을 따라 글의 방향성을 알게 된다.

황효숙　부지런한 사람이 성공한다는 것은 동서고금의 진리다. 오래 전 한국에서 일었던 "아침형 인간"에 대한 바람과 운동을 기억하자. 아침 일찍 일어나 아침 시간을 활용하는 사람들이 성공할 확률이 더 크다 하여 유행했던 개념이다. 과연 부지런함이 무엇일까? 아침 일찍 일어나 하루 종일 바쁘게 돌아다니는 사람은 부지런한 사람일까? 반드시 그런 것은 아니다. 바쁘다고 다 부지런한 것도 아니다. 부질 없이, 성과는 없이, 또 헛된 일을 위해 바쁠 수도 있으니까. 그러므로 부지런히 일하는 대상이 무언지도 중요하다. 부지런함이란 무언가 가치있는 목표를 위하여 집중하여 노력하는 것이며, 그것을 위해서는 절제가 필요하다.

"적정 학습량으로 반복학습하자."

{본문}

課讀遍數, 排定時刻, 不可逾越, 使之參差.
과 독 편 수　배 정 시 각　불 가 유 월　사 지 참 차

余幼時, 未嘗一日闕課, 朝受四五十行, 讀五十
여 유 시　미 상 일 일 궐 과　조 수 사 오 십 행　독 오 십

遍, 自朝至暮, 分排五度, 一度十遍.
편　자 조 지 모　분 배 오 도　일 도 십 편

非疾病, 未嘗違舛, 功程恢恢而增長精神, 所讀
비 질 병　미 상 위 천　공 정 회 회 이 증 장 정 신　소 독

之書, 至今猶記大旨.
지 서　지 금 유 기 대 지

余氣甚孱薄, 故行遍之數甚少, 若使才氣壯旺
여 기 심 병 박　고 행 편 지 수 심 소　약 사 재 기 장 왕

子, 隨力爲程, 其進不可以極.
자　수 역 위 정　기 진 불 가 이 극

嘗看諸童子課學, 漫無準式, 朝日旣下牕, 受讀
상 간 제 동 자 과 학　만 무 준 식　조 일 기 하 창　수 독

太忽忽, 因以食食, 自托飽滿, 遊戲無度, 日旣仄,
태 홀 홀　인 이 식 식　자 탁 포 만　유 희 무 도　일 기 측

始强讀若干遍, 夜又困于睡, 不讀誦, 明日必窘
시 강 독 약 우 편　야 우 곤 우 수　불 독 송　명 일 필 군

遁受責.
둔 수 책

日日如是, 漸就滅裂. 亦有自恃記性, 百行之文,
일 일 여 시　점 취 멸 렬　역 유 자 시 기 성　백 행 지 문

數遍而誦, 他日不能領會, 亦可惡也.
수 편 이 송　타 일 불 능 령 회　역 가 악 야

{해석}

　책을 읽을 회수는 시간을 배정해서 실시하여야지, 건너 뛰어
들쭉날쭉하게 해서는 안 된다.

　나는 어릴 때 하루도 공부를 빼놓은 일이 없이 아침에 4,50
줄을 배워가지고 50번을 읽었는데, 아침부터 저녁까지 다섯 차
례에 분배하여 한 차례에 열 번씩 읽었다.

　병으로 몸이 몹시 아프지 않으면 어기지 아니하여 공부한 과정
이 크게 넓혀지고 정신을 증진시켰으므로, 읽은 책은 지금도 그
대강의 뜻을 기억한다.

　나는 기운이 몹시 잔약하였던 까닭으로 배우고 읽는 진도가 매
우 적었지만, 만약 재주가 장하고 기운이 완성한 사람으로 하여금
능력에 따라 그 과정을 익혀 나가게 한다면, 그 방전이 가히 끝이
없을 것이다.

일찍이 여러 어린이들이 공부하는 것을 보니, 산만하여 표준되는 법식이 없고, 아침 해가 벌써 창에 비쳐서야 아주 다급하게 배우고 읽으며, 식사를 하고 나서는 배가 부르다는 핑계로 정도가 없이 놀고 장난하고, 해가 이미 기울어지면 비로소 억지로 몇 번 읽고, 밤이 되면 또 졸음에 못이겨 읽고 외우지 않다가, 다음 날에는 반드시 꾸지람 받는 것을 군색하게 회피하려고 한다.

나날이 이와 같이 하여 학업이 점점 망쳐져 버린다. 또한 스스로 자기의 기억력을 믿어 백 줄의 글을 몇 번 읽고서 외우는 사람이 있지만, 뒤에 가서는 그 내용을 능히 이해하지 못하니, 이 역시 나쁘다고 할 것이다.(김종권 역, 1993, p.295)

{ 한자 뜻풀이}

課 매길 과　讀 읽을 독　遍 엮을 편　數 셀 수

排 밀칠 배　定 정할 정　時 때 시　刻 새길 각

不 아닐 불　可 옳을 가　逾 넘을 유　越 넘을 월

使 하여금 사　之 갈 지　參 참여할 참　差 차이 차

余 나 여　幼 어릴 유　時 때 시

未 아닐 미　嘗 맛볼 상　一 한 일　日 해 일　闕 대궐 궐　課 매길 과

朝 아침 조　受 받을 수　四 넉 사　五 다섯 오　十 열 십　行 갈 행

讀 읽을 독　五 다섯 오　十 열 십　遍 두루 편

自 스스로 자　朝 아침 조　至 이를 지　暮 저물 모

分 나눌 분　排 밀칠 배　五 다섯 오　度 법도 도

一 한 일　度 법도 도　十 열 십　遍 두루 편

非 아닐비 疾 병질 病 병병

未 아닐미 嘗 맛볼상 違 어길위 舛 어그러질천

功 공공 程 단위정 恢 넓을회 而 말이을이 增 불을증 長 길장

精 정할정 神 귀신신

所 바소 讀 읽을독 之 갈지 書 글서

至 이를지 今 이제금 猶 오히려유 記 기록할기 大 큰대 旨 뜻지

余 나여 氣 기운기 甚 심할심 屛 병풍병 薄 엷을박

故 옛고 行 갈행 遍 두루편 之 갈지 數 셀수 甚 심할심 少 적을소

若 같을약 使 하여금사 才 재주재 氣 기운기 壯 씩씩할장 旺 성할왕

者 놈자

隨 따를수 力 힘력 爲 할위 程 한도정

其 그기 進 나아갈진 不 아닐불 可 옳을가 以 써이 極 다할극

嘗 상줄상 看 볼간 諸 모든제 童 아이동 子 아들자 課 매길과 學 배울학

漫 흩어질만 無 없을무 準 준할준 式 법식

朝 아침조 日 해일 旣 이미기 下 아래하 朡 창창

受 받을수 讀 읽을독 太 클태 忽 소홀히할홀

因 인할인 以 써이 食 밥식

自 스스로자 托 맡길탁 飽 물릴포 滿 찰만

遊 놀유 戱 희롱할희 無 없을무 度 법도도

日 해일 旣 이미기 仄 기울측

始 비로소시 强 강할강 讀 읽을독 若 같을약 于 어조사우 遍 두루편

夜 밤야 又 또우 困 괴로울곤 于 어조사우 睡 졸음수

不 아닐불 讀 읽을독 誦 욀송

明 밝을명 日 해일 必 반드시필 窘 막힐군 遁 숨을둔 受 받을수

責 꾸짖을 책

日 해 일 如 같을 여 是 옳을 시

漸 점점 점 就 나아갈 취 滅 멸할 멸 裂 찢을 렬

亦 또 역 有 있을 유 自 스스로 자 恃 믿을 시 記 기록할 기 性 성품 성

百 흰 백 行 갈 행 之 갈 지 文 글월 문

數 셀 수 遍 두루 편 而 말이을 이 誦 욀 송

他 다를 타 日 해 일 不 아닐 불 能 능할 능 領 거느릴 령 會 모일 회

亦 또 역 可 옳을 가 惡 악할 악 也 어조사 야

{ 실천방향 }

김윤섭 이 글에서는 이덕무 자신의 독서 생활 기준을 일러주고 있다. '평범平凡 속의 비범非凡'이라고 해야 할까? 독서를 일상화한다는 것은 학습자에게 있어서 당연한 일과라고 볼 수 있겠으나, 이를 꾸준히 규칙적으로 실천한다는 것이 그리 쉬운 일은 아니라는 점을 생각하면, 그것은 평범함을 뛰어 넘은 비범함의 모습이라 칭송할 만하다. '대부분의 평범한 사람들'의 경우 규칙적인 독서인으로 자리매김하려면 그냥 시간 계획만 짜놓는다고 될까? 어떻게 해야 할 것인가? 매사가 그러하겠지만 특히 독서 습관이 그러하다. 학습에 있어서는 좋은 습관을 일찍 익히도록 지도해야 한다. 무엇보다도 독서 주체의 흥미를 촉진시킬 수 있어야 한다. 그런 책을 찾아 즐거운 마음으로 접근하도록 지도해 나가는 것이 급선무다. 그런 다음, 점차적으로 효용과 교훈 지향의 독서에 가까이 가도록 지도하는 방향이 바람직하다. 이렇게 어느 정도 독서 습관이 형성된 연후에는 주 1~2

회 정도 독서 감상 표현의 기회를 마련하여 나간다면, 아동의 흥미와 적성을 일찍 찾아낼 수 있을 것이며 창의성 개발의 단계로 발전해 나가게 될 것이다.

조인상 학생들의 어휘력이 날로 낮아지고 있다. 수학도 한글에 대한 이해력이 없으면 문제를 풀지 못하는 시대에서 은어만 남발하니 안타깝다. 주로 말을 줄여 사용하는 은어는 세대 간의 의사소통도 방해한다. 독서를 하고 소감을 글로 쓰기도 하지만, 말로 나누거나 그림이나 동작 등 다양한 형태로 표현하게 하는 것이 필요하다. 어릴 때 언어적 유창성에 대한 교육을 병행한다면 자신의 생각을 잘 표현할 수 있다. 책을 읽고 표현한다는 것은 내용을 숙지해야만 가능한 일이고 표현하기 위해 뇌를 한 번 더 사용해야 한다. 알고 있는 것과 아는 것을 표현하는 것은 다른 영역이다. 메타인지학습법은 자신이 알고 있는지를 알고, 아는 것에 대해 설명할 수 있어야 한다. 몇 번을 보는 것이 중요한 것이 아니고, 알고 있고 그것에 대하여 설명할 수 있어야 학습했다고 할 것이다.

황효숙 독서의 생활화에 있어서는 시간이 문제가 아니라 의욕과 실천이 문제다. 이는 독서에 시간이 필요하지 않다는 것이 아니라, 독서 의욕을 가지게 되면 독서를 실천할 시간을 발견할 수 있다. 독서가 생활화된 사람은 항상 읽을거리를 들고 다니면서 틈날 때마다 읽게 된다. 만약 독서 의욕이 없는 경우라면 약간은 의무적으로 독서를 함으로써 습관화할 수 있도록 해야 한다. 운동도 처음에는 피곤하고 하기 싫지만 하다 보면 의욕이 생기고 습관화되는 것처럼, 독서도 처음의 고비를 넘어서는 것이 중요하기 때문이다. 예를 들어, 아침에 집을 나서기 전이나 밤에 자기 전, 등하교 시간과 같이 매일 일정한 시간을 정해 규칙적으로 독서한다면 점점 독서에 익숙해질 수 있다.

지옥진 어린이마다 배우고 읽으며 알아가는 능력이 다르지만 어려서부터 얼마나 많은 경험을 하고 좋은 환경에서 많이 배우고 익히느냐에 따라 아이가 자라면서 능력의 차이가 더 많이 나게 된다.

"바른 학습태도가
형성될 수 있도록 가르친다."

{본문}

對長者受敎, 拱手正坐, 敬聽詳問.
대 장 자 수 교 공 수 정 좌 경 청 상 문

讀書之聲, 溫而無懦, 淸而無促, 勿複也, 勿聒
독 서 지 성 온 이 무 나 청 이 무 촉 물 복 야 물 괄

也, 勿吶也, 勿倒讀, 勿落字讀, 勿越行讀, 勿亂
야 물 눌 야 물 도 독 물 낙 자 독 물 월 행 독 물 난

搖身, 勿頻回頭, 勿欠伸, 勿噫咳, 勿聽講而旁聽
요 신 물 빈 회 두 물 흠 신 물 희 해 물 청 강 이 방 청

他言, 勿視字而偸視他事.
타 언 물 시 자 이 투 시 타 사

凡對書, 讀誦講問, 而不摩扇弄帶, 刮席撫襪,
범 대 서 독 송 강 문 이 불 마 선 농 대 괄 석 무 말

爬癢剔甲, 搖搖浮浮, 麤問厭聽, 者未之見也.
파 양 체 갑 요 요 부 부 추 문 염 청 자 미 지 견 야

어른에게서 가르침을 받을 때는 두 손을 모으고 바로 앉아서 삼가 듣고 자세히 물어야 한다.

책을 읽는 소리는 부드러우면서 나약하지 않게 하고, 맑으면서 빠르지 않게 하고, 거듭하지 말고, 중단시키지 말고, 요란하게 읽지 말고, 떠듬거리지 말고, 거꾸로 읽지 말고, 잘못 읽지 말고, 글자를 빠뜨리고 읽지 말고, 줄을 건너뛰어 읽지 말고, 어지러이 몸을 흔들지 말고, 자주 머리를 돌리지 말고, 하품과 기지개를 하지 말고, 한숨 쉬거나 기침을 하지 말고, 강의를 들으면서 다른 사람의 말을 곁듣지 말고, 글자를 보면서 다른 것을 몰래 보지 말 것이다.

무릇 책을 대하여 읽고, 외우고, 강하고, 물으면서, 부채를 만지고 띠를 만지작거리고, 자리를 긁고, 버선을 매만지고, 가려운 데를 긁고, 손톱 때를 긁어내고, 하는 일이 없이 마음이 들떠 거칠게 묻고 듣기를 싫어하는 사람을 아직 보지 못하였다.(김종권, 1993, p.296)

{ 한자 뜻풀이 }

對 대답할 대 長 길 장 者 놈 자 受 받을 수 教 가르칠 교
拱 팔짱낄 공 手 손 수 正 바를 정 坐 앉을 좌
敬 공경할 경 聽 들을 청 詳 상서로울 상 問 물을 문
讀 읽을 독 書 쓸 서 之 갈 지 聲 소리 성
溫 따뜻할 온 而 말이을 이 無 없을 무 懦 겁쟁이 나

淸 맑을 청 而 말이을 이 無 없을 무 促 재촉할 촉

勿 말 물 複 겹옷 복 也 어조사 야

勿 말 물 聒 떠들썩할 괄 也 어조사 야

勿 말 물 吶 말더듬을 눌 也 어조사 야

勿 말 물 倒 넘어질 도 讀 읽을 독

勿 말 물 落 떨어질 낙 字 글자 자 讀 읽을 독

勿 말 물 越 넘을 월 行 갈 행 讀 읽을 독

勿 말 물 亂 어지러울 난 搖 흔들 요 身 몸 신

勿 말 물 頻 자주 빈 回 돌아올 회 頭 머리 두

勿 말 물 欠 하품 흠 伸 펼 신

勿 말 물 噫 한숨쉴 희 咳 기침 해

勿 말 물 聽 들을 청 講 외울 강 而 말이을 이 旁 꽃다울 방 聽 들을 청

他 다를 타 言 말씀 언

勿 말 물 視 볼 시 字 글자 자 而 말이을 이 偸 훔칠 투 視 볼 시 他 다를 타

事 일 사

凡 무릇 범 對 대답할 대 書 쓸 서

讀 읽을 독 誦 욀 송 講 익힐 강 問 물을 문

而 말이을 이 不 아닐 불 摩 문지를 마 扇 부채 선 弄 희롱할 농 帶 띠 대

刮 긁을 괄 席 자리 석 撫 어루만질 무 襪 버선 말

爬 긁을 파 癢 가려울 양 剔 깎을 체 甲 갑옷 갑

搖 흔들 요 浮 뜰 부

麤 거칠 추 問 물을 문 厭 싫어할 염 聽 들을 청

者 놈 자 未 아닐 미 之 갈 지 見 볼 견 也 어조사 야

김윤섭 이 글은 이를테면 '반듯한 수업태도'를 강조해 놓은 말씀이다. 학교라는 공동체에서 먼저 배워야 할 가장 중요한 일은 양보와 상호 협력이다. 끼리끼리 뭉쳐 다니면서 외톨이 안 되기에 급급하면서 커 간다. 그러다 보니 예사로 다른 아이의 친구를 빼앗아 가고 남을 생각하는 마음이 자랄 틈이 없다. 시야가 좁고 성정이 가파르고 화합의 여유가 없다. 우리 교육의 실상이다. 이래 가지고 나라의 장래가 순탄하겠는가? 걱정이다. 부모와 선생님, 가정과 학교가 잘못해 왔고 잘못하고 있는 것이다. 원망스럽지만 내 아이, 내가 정신 차려 키워나가야 한다. 어릴 때부터 바른 배움으로 자라나야 아이의 미래가 밝다. 정직한 마음으로 양보와 상호 협력하는 정신을 가르치는 일에 부모와 선생님이 정성을 기울여야 한다.

조인상 바른 자세에 바른 생각이 깃든다. 옳은 말이다. 강의실에 가면 앞줄에 앉은 사람과 맨 뒷줄에 앉은 사람은 태도가 다르다. 강의 내용에 대한 집중력도 달라서 몇 시간의 강의가 끝난 후 머리와 가슴에 남은 수업내용도 달라진다. 우리 뇌는 아주 똑똑해서 침대에서 책을 읽을 때와, 책상에서 책을 읽을 때 기억하는 양과 기억이 지속되는 시간이 달라진다고 한다. 곧은 자세로 수업에 임할 때 오래 많이 기억하게 되는 것이다.

황효숙 아이가 반듯한 수업태도를 가지게 하려면, 우선 교사부터 건강한 수업을 해야 한다. 좋은 수업의 조건에는 어떤 것들이 있을까? 교사는 우선 밝고 긍정적인 성격을 지녀야 하며, 학생과의 좋은 유대관계를 가져야 한다. 지식도 중요하거니와 잠재적 교육과정이 더 중요함을 알아야 한다. 예를 들어, 교사들의 품위와 언행 등이다. 건강한 수업에는 기본을 잘 지키는 절제가 있으며, 어려움보다 신선하고 쉽고 재미있게 다가가는 교사가 바람직하며 핵심 목표다운 수업이 되도록 해야 한다. 즐거운 수업이 되게 하기 위해서는 학생들을 움직여 보도록 하자. 이렇게 잘 실천될 때 건강한 수업이 되고, 건강한 수업이 반듯한 수업태도를 가진 아이를 만들 수 있다.

지옥진 학습의 자세는 얼마나 집중하느냐에 따라서 이해력이 높다. 공부하기가 싫으면 집중도 안 되고 산만하여 냉장고를 열어 물을 먹고, 화장실을 가고, TV를 보고 학습지 한 장을 푸는데 한 시간이 더 걸리는 아이도 있다. 이런 아이는 억지로 학습을 하도록 하게 되면 공부에 흥미를 잃고, 자존감도 떨어지고 정서적으로도 우울하고 무기력해지기 때문에 좋아하는 것, 하고 싶은 것, 재미있는 것을 찾도록 하는 것이 더 효과적이다.

"이른바 '군자교육君子敎育'의 요체는
신독愼獨에 있다."

{본문}

　段容思, 年十四, 見陳緱山明倫堂上銘,「群居
　　단용사　　연십사　　견진구산명윤당상명　　군거

愼口, 獨坐防心.」慨然有學聖之志, 動作不苟.
신구　　독좌방심　　개연유학성지지　　동작불구

　薛思庵, 生而姿容秀美, 五歲卽喜讀書, 居止不
　　설사암　　생이자용수미　　오세즉희독서　　거지부

同流俗.
동유속

　故君子之成就德性者, 自幼必卓然殊異乎, 常童
　　고군자지성취덕성자　　자유필탁연수이호　　상동

凡子, 羞與之濡染, 見善而思效焉.
범자　　수여지유염　　견선이사효언

{해석}

　단용사(:명나라 사람. 단결. 자는 가구, 호는 용사)는 나이 열네 살

때, 진구산(:원나라 사람. 진천상. 자는 길보, 호는 후산)이 명륜당 위에
써 놓은, 「여러 사람과 함께 있을 때는 말을 삼가고, 혼자 앉아 있
을 때는 마음을 보호하라.」는 글을 보고, 개연히 성인을 배우고자
하는 뜻을 지니고 동작을 구차히 하지 않았다.

설사암(명나라 사람. 설경지)은 나면서부터 얼굴 모양이 뛰어나게
아름다웠는데, 다섯 살 때 책 읽기를 좋아하고, 행동거지가 속된
무리들과 같지 않았다.

그러므로 군자의 덕성을 성취하는 사람은 어려서부터 반드시 범
상한 아이들과 뛰어나게 달라서 그들과 어울려 물들까 부끄러워하
고, 착한 일을 보면 본받으려고 생각한다.(김종권, 1993, pp.296-
297)

{ 한자 뜻풀이 }

段 층계 단 容 얼굴 용 思 생각 사

年 해 연 十 열 십 四 넉 사

見 볼 견 陳 늘어놓을 진 緘 칼자루 감을 구 山 뫼 산 明 밝을 명 倫 인륜 윤

堂 집 당 上 위 상 銘 새길 명

群 무리 군 居 있을 거 愼 삼갈 신 口 입 구

獨 홀로 독 坐 앉을 좌 防 둑 방 心 마음 심

慨 슬퍼할 개 然 그럴 연 有 있을 유 學 배울 학 聖 성인 성 之 갈 지 志 뜻 지

動 움직일 동 作 지을 작 不 아닐 불 苟 구차할 구

薛 성씨 설 思 생각 사 庵 암자 암

生 날 생 而 말이을 이 姿 모양 자 容 얼굴 용 秀 빼어날 수 美 아름다울 미

五 다섯오 歲 해세 卽 곧즉 喜 기쁠희 讀 읽을독 書 쓸서

居 살거 止 그칠지 不 아닐부 同 한가지동 流 흐를유 俗 풍속속

故 옛고 君 임금군 子 아들자 之 갈지 成 이룰성 就 나아갈취 德 덕덕

性 성품성 者 놈자

自 스스로자 幼 어릴유 必 반드시필 卓 높을탁 然 그럴연 殊 다를수

異 다를이 乎 어조사호

常 항상상 童 아이동 凡 무릇범 子 아들자

羞 부끄러울수 與 더불여 之 갈지 濡 적실유 染 물들염

見 볼견 善 착할선 而 말이을이 思 생각사 效 본받을효 焉 어찌언

{ 실천방향 }

김윤섭 말을 삼가하고 가려서 하고 남의 말을 경청하는 것과 '신독慎獨'—혼자 있을 때도 신중하고 경건한 마음을 갖도록— 을 가르치는 것이 예나 지금이나 변함없는 '군자교육君子敎育'의 요체이다. 고루하다 여기지 말고 유아교육에서부터 해본다면, 그 보람은 자녀와 부모에게 그대로 돌아오지 않을까?

조인상 떡잎부터 다르다. 씨앗설이 있는데, 태어날 때부터 무슨 꽃이 될 것인지 가지고 태어난다는 이론이다. 운 좋게 옥토에 떨어지면 편안하게 잘 성장하고 처마 밑이나 아스팔트에 떨어져도 잠재력으로 힘들지만 싹을 틔운다고 한다. 가끔 아스팔트에 싹을 틔운 식물을 보고 감탄한다. 어려움을 이겨내 기어이 자라났다고. 사람도 씨앗처럼 자기의 역량을 가지고 태어난다고 하는데, 좋은 부

모와 교사가 디딤돌이 되어주어 잘 성장할 수 있도록 도와야 한다.

황효숙 구별된 삶을 일컫는다고 생각되는데, 기독교에서는 이를 "거룩한 삶"을 지칭한다. 이 세상에 살면서 구별된 삶을 살아야 한다는 뜻이다. 적당함과 미지근함을 가져서는 아니되며 명확한 이해를 가지고 살아야 한다. 절제하며 금기하고 연약함에 대해 떳떳하지 아니하며, 마음을 굳건히 하고 실수를 정당화하여서는 안된다. 오로지 마음을 굳건히 하고 경거망동하지 말아야 하며 세상과 구별된 삶을 살아야 할 것이다.

지옥진 학습을 잘하려고 생각하는 아이들은 스스로 공부하려고 하고 시간과 학습량을 정해놓고 자신에게 맞는 공부 방법을 찾아서 하려고 한다. 인정을 받으면 더 열심히 하고 착한 일을 하여 타의 모범을 보이려고 노력하는 아이들은 학습에 긍정적인 자극을 받아서 학습이 좋은 아이들이다. 학습을 잘하고 우수하다고 하여 모두 인격적, 도덕적, 윤리적으로 훌륭하다고 할 수는 없다. 성인이 되어 능력을 과신하고 욕심을 부리면서 법을 이용하는 경우도 있기 때문이다.

"공부 잘하는 습관과 요령을 가르치자."

{본문}

有錢必買之, 買紙必作冊, 作冊必書格言, 以備
유 전 필 매 지　　매 지 필 작 책　　작 책 필 서 격 언　　이 비

亡失.
망 실

{해석}

　돈이 있으면 반드시 종이를 사고, 종이를 사면 반드시 책을 만들고, 책을 만들면 반드시 격언에 써서 잃어버리지 않도록 조심하라.(김종권, 1993, p.297)

{한자 뜻풀이}

　有 있을 유　錢 돈 전　必 반드시 필　買 살 매　之 갈 지

買 살매　紙 종이지　必 반드시필　作 지을작　冊 책책

作 지을작　冊 책책　必 반드시필　書 쓸서　格 격식격　言 말씀언

以 써이　備 갖출비　亡 망할망　失 잃을실

{ 실천방향 }

김윤섭　학습한 내용을 잘 정리하는 공부 습관을 기르도록 가르쳐
둘 일이다.

조인상　학생들의 학습효과를 높이기 위해 개발한 노트 필기법으
로, 코넬식 노트 필기법Cornell Method이 있다. 미국 노트
정리 방식이라고도 하는데, 필요한 정보와 아이디어를 구조적으로
작성하는 것이 특징이다. 제목 영역, 필기 영역, 단서 영역, 요약 영역
으로 구분하여 정리한다. 체계적으로 잘 정리된 노트를 활용하여 "기
록-축약-암송-숙고-복습"을 주기적으로 학습하면 효과가 높아진
다고 한다.

황효숙　인문학의 존재 이유에 대해서 생각해 본다. 인문학이란
사람과 문화에 대한 모든 것에 대한 탐구하는 학문으로,
인간 본연의 존재가치와 인생의 기간 동안 반복되는 모든 활동을 연
구하는 학문이다.

　또 인문학은 자기 정신을 유지하게 하고 본질적인 가치를 잊지 않
게 하며, 인간에 대한 성찰과 반성, 정신의 자기 본질, 시선을 자기 안
으로 돌리게 하여 자신과 우리 사회를 돌아보게 함으로써 행복한 삶

이 어떤 것인지 생각하게 만들 수 있어서 최고의 가치를 지니는 학문이다.

"글씨를 반듯하게 쓰도록 가르친다."

{ 본문 }

凡習字, 必精整方楷, 不可浮率, 雜以草書, 始
범 습 자　필 정 정 방 해　불 가 부 율　잡 이 초 서　시

勤終怠.
근 종 태

{ 해석 }

무릇 글씨를 쓸 때는 반드시 정자로 방정하게 쓸 것이지, 부박
하고 잡되게 초서로 쓰거나, 처음에는 부지런히 하다가 끝에 가서
게을리하여서는 안 된다.(김종권 역, 1993, p.274)

{ 한자 뜻풀이 }

凡 무릇범　習 익힐습　字 글자자

必 반드시필　精 정할정　整 가지런할정　方 모방　楷 본보기해

不 아닐불　可 옳을가　浮 뜰부　率 비율율

雜 섞일잡　以 써이　草 풀초　書 쓸서

始 비로소시　勤 부지런할근　終 마칠종　怠 게으를태

{ 실천방향 }

김윤섭　글씨는 정자체로 정성을 기울여 쓰면서 익혀야 한다. 글씨만 알아보면 되지, 굳이 예쁘게 쓴다고 시간을 들여야 하는가 하고 대충 여기는 사람들이 많은데 결코 그렇지 않다. 사회적 삶 속에서 글씨를 직접 써야 하는 경우가 많다. 써놓은 글씨는 자신도 보지만 남들이 본다. 남의 글씨를 가지고 왈가왈부 면전에서 흉을 보진 않겠지만 속으로는 글씨와 사람을 동일시하는 경우가 많다. 당연히 잘 쓰고 볼 일이다. 선대의 어른들은 좋은 인정을 받는데 글씨만한 것도 없다고 일러주신다. 새겨볼 일이다. 기왕이면 잘 배워서 반듯하게 쓰고 더욱이 예쁘게 쓴다면 그 아니 좋겠는가? 필체, 결코 무시할 일이 아니다.

조인상　요즘 아이들은 글씨를 쓸 기회가 별로 없어서 잘 쓰지 못하고 쓰는 것을 좋아하지도 않는다. 컴퓨터 자판이 더 익숙해진 대학생들에게 과제를 자필로 쓰라고 하면 인상을 찡그린다. 복사하여 붙여넣기를 많이 하니 자필 과제로 제출하라고 하는데, 악필이 많아 가독력이 떨어진다. 언행도 그 사람을 나타내지만 글씨체에도 모습이 담겨있다. 반듯하고 수려한 힘찬 필체는 기상이 서려 그

를 돋보이게 한다. 글씨를 배울 때 연필을 바르게 잡는 것부터 시작하여 곧게 쓸 수 있도록 안내하여야 한다.

황효숙   디지털 세대인 요즘 어린이들에게 글씨 쓰기란 반가운 일이 아니다. 키보드를 치면 1분에 100자 이상을 쓰고, 휴대폰을 이용하면 손에 힘들이지 않고 문자를 입력할 수 있다. 연필을 잡고 글씨를 써본 경험이 자연히 부족해 예쁜 글씨를 쓰기란 쉽지 않다. 바르고 예쁜 글씨를 써야 하는 이유가 있을까? 새로운 사람을 만나면 가장 먼저 사람의 인상을 보게 된다. 첫인상에 따라 호감이나 신뢰도 역시 달라진다. 글씨 역시 한 사람의 첫인상과 같다. 대학 논술시험, 글짓기 대회, 주요 국가고시 등에서 손 글씨는 심사관에게 괜찮은 첫인상을 심어줄 수 있다.

지옥진   글씨를 쓰거나 그림을 그리는 일은 소근육 발달에 도움이 되고, 손을 움직이는 것은 뇌를 발달시키게 되므로 어려서는 스스로 손과 발을 사용하도록 하여야 한다. 부모가 다 해주는 것은 아이가 할 수 있는 기회를 박탈하는 것과 같다. 손과 발을 쓰지 않으면 아이는 의존적이 되고 할 수 있는 것이 없게 된다. 스스로 하는 습관은 어려서부터 가르쳐야 한다. 작은 것을 슈퍼에 가서 사오도록 하고, 계산에 대한 방법도 차근차근 알려주고, 집안일도 쓰레기 버리는 일, 분리수거 하는 것, 청소하는 것도 아이가 할 수 있는 역할을 책임감 있게 하도록 가르쳐야 한다. 엄마가 밥상을 차리면 숟가락을 놓고 물 잔에 물을 따르거나, 식사를 하고 나면 아빠와 함께 설거지나 반찬 정리를 해서 냉장고에 넣는 것 등 작은 것부터 하도록 하는 것이 자주적, 주도적으로 행동하고 사회성을 기르며 살아가는 방법을 가르치는 것이다.

"인성의 토양을
'사람다움'에 두고 가르친다."

{본문}

博奕家兒, 全不識文字, 擧業家兒, 全不識義理,
박 혁 가 아   전 불 식 문 자   거 업 가 아   전 불 식 의 리

天下之可悲者, 惟斯而已雖然.
천 하 지 가 비 자   유 사 이 이 수 연

博奕之家, 陋矣不足誅, 至若擧業之家, 將以致
박 혁 지 가   루 의 불 족 주   지 약 거 업 지 가   장 이 치

身也, 縱曰,「黽勉爲之.」何不少思行義之可貴,
신 야   종 왈   민 면 위 지   하 불 소 사 행 의 지 가 귀

不負聖賢之經訓也?
불 부 성 현 지 경 훈 야

{해석}

　장기 바둑을 두는 집 아이는 전혀 글을 알지 못하고, 과거시험
공부를 하는 집 아이는 전혀 의리를 알지 못하니, 세상에 슬퍼할

것은 오직 이런 것일 따름이다.

비록 그러하나 장기 바둑을 두는 집은 비루하니 꾸짖을 것도 못되거니와, 과거 시험공부를 하는 집은 장차 출세하려는 것인데, 그들은 비록 「과거를 위해 부지런히 힘써 공부한다.」라고 말하지만, 어찌하여 행실과 의리의 고귀함과 성현의 가르침을 저버리지 않아야 한다는 것을 조금도 생각하지 아니하는가?(김종권, 1993, p.297)

{ 한자 뜻풀이 }

博 넓을 박　奕 클 혁　家 집 가　兒 아이 아

全 온전할 전　不 아닐 불　識 알 식　文 글월 문　字 글자 자

擧 들 거　業 업 업　家 집 가　兒 아이 아

全 온전할 전　不 아닐 불　識 알 식　義 옳을 의　理 다스릴 리

天 하늘 천　下 아래 하　之 갈 지　可 옳을 가　悲 슬플 비　者 놈 자

惟 생각할 유　斯 이 사　而 말이을 이　已 이미 이　雖 비록 수　然 그러할 연

博 넓을 박　奕 클 혁　之 갈 지　家 집 가

陋 더러울 루　矣 어조사 의　不 아닐 불　足 발 족　誅 벨 주

至 이를 지　若 같을 약　擧 들 거　業 업 업　之 갈 지　家 집 가

將 장차 장　以 써 이　致 이를 치　身 몸 신　也 어조사 야

縱 세로 종　曰 가로 왈

黽 힘쓸 민　勉 힘쓸 면　爲 할 위　之 갈 지

何 어찌 하　不 아닐 불　少 적을 소　思 생각 사　行 다닐 행　義 옳을 의　之 갈 지

可 옳을 가　貴 귀할 귀

不 아닐 불　負 질 부　聖 성인 성　賢 어질 현　之 갈 지　經 글 경　訓 가르칠 훈

也 어조사 야

{ 실천방향 }

김윤섭 외화내빈外華內貧이라 해야 하나? 겉모양만 번드레한 인간상들이 많은 세상이다. 자녀교육의 주체는 부모다. 부모님들이 먼저 실천하면서 자녀들에게 '정의로운 세상'을 일러줄 수 있어야 한다. 기왕이면 자녀들이 따뜻하고 경우 바른 인간으로 성장한다면, 그것이 곧 '가문의 영광'이다.

조인상 인성교육이 우선이라는 말씀이다. 좋은 대학에 입학하는 것이 자녀교육의 결과표라고 생각하고 인생 최대의 목표로 성적 올리기에 몰입한다. 성적 위주로 아이들을 평가하니 인간성을 키울 여력이나 관심은 없으나, 인성과 지성의 성장을 위해 교육부에서 시행하는 봉사활동이 초중고와 대학에서 시행되고 봉사점수로 여기저기에 활용되다 보니 봉사를 해야 한다. 그런데 공부할 시간도 부족하다며 부모가 나서서 봉사 인증 도장만 받아주는 부모들도 있다. 자녀에게 불법에 대하여 몸소 보여주는 것이다. 무엇이 우선인지 잘 생각해 볼 일이다. 살면서 거짓말을 한 번도 안할 수는 없지만 부모가 시범을 보이며 편법에 대하여 알려주는 것은 무지의 극치다. 좋은 것만 보여주고, 좋은 것만 들려주고 싶은 사랑하는 자녀가 아닌가!

황효숙 현대사회에서 지식(IQ)이나 감성지수(EQ) 이상으로 중요한 것을 말한다면 대인관계지수이다. 행실과 처신이 바른 사람, 이런 사람이 필요하다. 좋은 사람을 만나고 그 관계가 잘 유지되려면 의리가 지켜져야만 모든 인간관계가 안정되기 때문이다. 마음을 고귀하게 갖춰 겉으로 드러날 정도가 되어야 한다는 것이다.

지옥진 지금 우리 시대에 공무원이 되려고 고시원에 들어가 공부를 하는 이들이 많다. 시험에 합격하여 안정된 직장에 다니려고 하는 이유이다. 하지만 공부만 하여 공무원이 되면 의리가 없고 이기적인 사람이 될까 염려가 된다.

형편이 좋은 가정에서 자라는 아이들 중에 어떤 부모는 아이가 원하는 모든 것을 다 해주려고 한다. 이럴 경우 대학을 졸업하고 사회에 나가서 일을 할 때 문제가 생길 수 있다.

우리 사무실에 근무를 하는 선생님 중에 자신이 먹은 컵도 씻지 않고 퇴근하는 선생님이 있고, 바닥에 휴지가 떨어져도 오가며 줍는 사람이 없고, 자신이 쓰는 방도 쓸고 닦는 것을 모르는 사람들이 있다.

집에서 공주처럼 왕자처럼 키워 놓으면 사회에 민폐가 되는 것이다. 스스로 자신의 주변을 보고 정리할 수 있도록 어려서부터 가정에서 학습시켜야 한다.

"명예名譽와 실용實用을 공히 지향한다."

{본문}

高景逸曰,『子弟若識名節之隄防, 詩書之滋味,
고 경 일 왈   자 제 약 식 명 절 지 제 방   시 서 지 자 미

稼穡之艱難, 便足爲賢子弟矣.』
가 색 지 간 난 편 족 위 현 자 제 의

又曰,『今人自孩堤至成人, 父母之敎, 師傅之
우 왈   금 인 자 해 제 지 성 인   부 모 지 교   사 전 지

誨, 曾有出於富貴之外者乎? 根心生色, 不言而
회 증 유 출 어 부 귀 지 외 자 호   근 심 생 색   불 언 이

喩此念. 已若天性而眞, 仁義反若矯揉, 安望有起
유 차 념 기 약 천 성 이 진 인 의 반 약 교 유 안 망 유 기

拔沈淪, 能自覓求吾之所謂至富至貴者?』
발 침 윤 능 자 멱 구 오 지 소 위 지 부 지 귀 자

{해석}

고경일(:명나라 사람. 이름은 고반룡)이 말하기를,『자제가 만약 명

예와 절개를 지키는 일과,《시경》·《서경》을 공부하는 재미와, 농사짓는 고생스러움을 알 것 같으면 족히 어진 자제라 할 수 있다.』라고 하고,

또 말하기를,『지금 사람들은 어린아이 때부터 어른이 될 때까지 부모의 가르침과 스승의 가르침이 일찍이 부귀라는 것을 떠나서 가르쳐준 것이 있는가? 그 마음속에 뿌리박혀 있어서 얼굴빛에 나타나 말을 하지 않아도 그런 생각을 깨치게 될 따름이다. 이미 타고난 성품같이 되어 그것을 진실한 것으로 여기면 인자와 의리는 도리어 조작하여 만든 것 같이 될 것이니, 어찌 나쁜 데서 빠져나와 스스로 내가 뜻하는 이른바 지극히 부귀를 찾아 구함이 있기를 바라리오?』라고 하였다. (김종권, 1993, pp.297-298)

{ 한자 뜻풀이 }

高 높을고 景 볕경 逸 달아날일 曰 가로왈

子 아들자 弟 아우제 若 같을약 識 알식 名 이름명 節 마디절 之 갈지

隄 둑제 防 막을방

詩 시시 書 쓸서 之 갈지 滋 붙을자 味 맛미

稼 심을가 穡 거둘색 之 갈지 艱 어려울간 難 어려울난

便 편할편 足 발족 爲 할위 賢 어질현 子 아들자 弟 아우제 矣 어조사의

又 또우 曰 가로왈

今 이제금 人 사람인 自 스스로자 孩 어린아이해 提 끌제 至 이를지

成 이룰성 人 사람인

父 아비부 母 어미모 之 갈지 教 가르칠교

師 스승 사 傳 전할 전 之 갈 지 誨 가르칠 회

曾 일찍 증 有 있을 유 出 날 출 於 어조사 어 富 부유할 부 貴 귀할 귀

之 갈 지 外 바깥 외 者 놈 자 乎 어조사 호

根 뿌리 근 心 마음 심 生 날 생 色 빛 색

不 아닐 불 言 말씀 언 而 말이을 이 喩 깨우칠 유 此 이 차 念 생각 념

己 자기 기 若 같을 약 天 하늘 천 性 성품 성 而 말이을 이 眞 참 진

仁 어질 인 義 옳을 의 反 돌이킬 반 若 같을 약 矯 바로잡을 교 揉 주무를 유

安 편안 안 望 바랄 망 有 있을 유 起 일어날 기 拔 뽑을 발 沈 잠길 침 淪 빠질 윤

能 능할 능 自 스스로 자 覓 찾을 멱 求 구할 구 吾 나 오 之 갈 지 所 바 소

謂 이를 위 至 이를 지 富 부유할 부 至 이를 지 貴 귀할 귀 者 놈 자

{ 실천방향 }

김윤섭 자존감과 자주 역량을 함양하는 교육이 좋은 교육이다.
학교교육에서 많이들 외쳐온 '전인교육全人敎育'이 비슷
한 개념인데, 몸과 마음이 건강, 건전하고 미래지향의 비전vision을 연
마鍊磨하는 교육, 즉 '명예名譽와 실용實用을 공히 지향하는 교육'이
절실하다.

조인상 영앤리치핸섬Young and Rich Handsome이라는 신조어가
있다. 일종의 한국어식 영어인데, 젊고 부자에 잘생긴 남
자를 일컫는 말이다. 물질만능주의 시대에 태어난 아이들의 편안하
게 받아들이는 시대상을 담은 말이다. 급속한 경제의 발달로 물질만
능주의는 돈이 최고의 가치로 여겨지면서 사회 전반에 걸쳐 극단적

개인주의와 이기주의가 팽배해지는 문제를 부른다. 소득의 양극화 현상이 심해지고 고교생을 대상으로 '10억을 주면 감옥에 가겠느냐?'고 물었다. 대부분의 아이들이 갈 수 있다고 했다는 조사는 경제 성장발달 속도를 따라가지 못하는 문화지체 현상으로만 치부하기에는 우리 사회가 고민을 해봐야 한다. 향후 한국의 중심이 될 청소년에게 돈이면 다 된다는 배금주의 가치관의 영향이 매우 심각하다고 할 것이다. 경제교육의 중요성을 인식하여 영유아기 때부터 시작하고 있으나 노동의 소중함, 우리가 지켜야 할 중요한 가치, 함께하는 것들의 소중함에 대하여 인식하고 느끼는 경험을 많이 주어야 한다.

황효숙 아이의 속사람이 진실되게 하려면 어떻게 가르쳐야 할까? 많은 지식과 정보의 시대에 살아가고 있는 우리 부모들에겐 참으로 깊이 생각해 볼 명제이자, 과제라는 생각이 든다. 부모의 모든 생각과 언행이 모범이 되면 아이는 저절로 본받을 것인데, 그것 또한 쉽지 않은 일이다. 부모된 자는 속사람을 진실되게 하여 아이를 바르게 키우는데 힘써야 함을 늘 잊지 말아야 한다. 콩 심은 데 콩 나고, 팥 심은 데 팥이 나는 옛 선조들의 속담처럼 말이다.

지옥진 어려서부터 어른의 말에 귀를 기울이고 선생님의 말씀에 긍정적으로 반응하며 존중하는 모습을 보인다면, 사랑받는 행복감을 느낄 수 있으며 공감 능력도 키울 수 있을 것이다. 그러면 하는 일에 더 의욕적으로 임하고 스트레스도 덜 받게 되는 평온한 마음 상태를 느낄 수 있을 것이라고 생각한다.

"가정교육의 격格을 세우는 일."

{본문}

朱子與魏應仲, 及長子受書, 持身讀書之方略
주자여위응중 급장자수서 지신독서지방략

備. 今於兩書, 節而, 類記之.
비 금어양서 절이 유기지

與魏書曰,「起居坐立, 務要端莊. 不可傾倚. 恐
여위서왈 기거좌립 무요단장 불가경의 공

至昏怠出入步趨, 務要凝重, 不可剽輕, 以害德
지혼태출입보추 무요응중 불가표경 이해덕

性. 謙遜自牧, 和敬待人. 無故不須出入少說閑
성 겸손자목 화경대인 무고불수출입소설한

語. 恐廢光陰. 勿觀雜書. 恐分精力.」
어 공폐광음 물관잡서 공분정역

與子書曰,「居處, 須是居敬, 不得倨肆惰慢. 言
여자서왈 거처 수시거경 불득거사타만 언

語須要諦當, 不得戲笑諠譁. 凡事謙恭, 不得尚氣
어 수 요 체 당 부 득 희 소 훤 화 범 사 겸 공 부 득 상 기

凌人, 自取恥辱. 交遊之間, 尤當審擇. 雖是同學,
능 인 자 취 치 욕 교 유 지 간 우 당 심 택 수 시 동 학

不可無親疏之辨.」
불 가 무 친 소 지 변

　與魏書曰,「所讀經文, 不可貪多, 務廣涉獵, 鹵
여 위 서 왈 소 독 경 문 불 가 탐 다 무 광 섭 엽 노

莽纏看過, 便謂已通. 小有疑處, 卽便思索, 思索
망 재 간 과 편 위 기 통 소 유 의 처 즉 편 사 색 사 색

不通, 卽置小冊, 逐一抄記, 以時省閱, 切不可含
불 통 즉 치 소 책 축 일 초 기 이 시 성 열 절 불 가 함

糊護短. 恥於質問, 終身黯暗, 以自欺也.」
호 호 단 치 어 질 문 종 신 암 암 이 자 기 야

　與子書曰,「早勉受業, 請益質問, 不得放過. 所
여 자 서 왈 조 면 수 업 청 익 질 문 부 득 방 과 소

聞誨語, 逐日箚記, 見人嘉言善行, 則敬慕而記
문 회 어 축 일 차 기 견 인 가 언 선 행 즉 경 모 이 기

錄之, 見人好文字勝己者, 借來熟看, 或傳錄之
녹 지 견 인 호 문 자 승 기 자 차 내 숙 간 혹 전 녹 지

而資問之, 思與之齊.」
이 자 문 지 사 여 지 제

{해석}

　주자가 위응중(:송나라 사람)과 맏아들 수지에게 준 글에 몸가짐
과 책을 읽는 방법이 갖추어져 있다. 지금 이 두 가지 글에서 추
려서 분류하여 기록한다.

　위응중에게 준 글에 말하기를,「일어나고 앉고 서고 할 때는 꼭

단정하고 장엄하게 하기를 힘써야지, 기대거나 매달려서는 안 된다. 이는 마음이 어두워지고 일에 게을러질까 염려함이다. 나가고 들어오고, 걷고 잔걸음 할 때는 꼭 침착하고 정중하게 하기를 힘써야지, 거칠고 경솔하여 덕성스러운 행실을 해쳐서는 안 된다. 겸손한 몸가짐을 스스로 기르고, 화목과 공경으로 남을 접대할 것이다. 까닭없이 드나들며 사소한 이야기와 한가로운 말을 하지 말라. 귀한 시간을 버릴까 염려된다. 잡된 책을 보지 말라. 귀한 정력을 분산시킬까 염려된다.」라고 하였고,

맏아들에게 준 글에 말하기를, 「거처하는 곳에서는 모름지기 몸가짐을 삼가야지, 거만하고 방자하거나 게으르고 느려서는 안 된다. 말은 모름지기 정당해야 하고, 희희덕거리고 시끄럽게 떠들어서는 안 된다. 무릇 일을 하는 데는 겸손하고 공손하여야지, 기색을 높여서 남을 업신여겨 스스로 부끄러움과 욕됨을 취하여서는 안 된다. 서로 사귀어 노는 사이는 더욱 잘 가려야 한다. 비록 그가 함께 공부하는 사람이라고 하더라도 친하고 친하지 않은 분별이 없어서는 안 된다.」라고 하였다.

그리고 위응중에게 준 글에 말하기를, 「읽는 경전은 많은 것을 탐내어, 여러 가지 책을 많이 읽는 데만 힘써서, 되는 대로 한 번 잠깐 보아 넘기고도 그 뜻을 통달하였다고 말하여서는 안 된다. 조금이라도 의심나는 곳이 있으면 곧 깊이 생각하고, 생각하여도 잘 통하지 않으면, 곧 작은 책을 마련하여 두고 하나하나 뽑아서 기록하여 두고 때때로 살피고 잘 읽어 보아야지, 절대로 모호한 것을 얼버무려 넘기고 자신의 잘못을 두둔하여서는 안 된다. 모르

는 것 묻기를 부끄러워하여 종신토록 어둡게 지내는 것은, 스스로 자신을 속이는 것이다.」라고 하였다.

그리고 맏아들에게 준 글에는 말하기를, 「일찍 가르침을 받기를 힘쓰고, 모르는 점은 물어서 더욱 자기를 이롭게 해야지, 그대로 내버려 두어서는 안 된다. 가르쳐 주는 말을 들으면 날마다 기록하여 익히고, 남의 아름다운 말이나 착한 행실을 보면 공경하고 사모하며, 이를 기록하여 명심하고 남의 좋은 글이 내 것보다 나은 것을 보면 빌어다가 익혀 보고, 혹은 이를 기록해서 의문에 이바지하여, 그 사람과 같이 훌륭하게 되기를 생각할 것이다.」라고 하였다.(김종권, 1993, pp.298-299)

{ 한자 뜻풀이}

朱 붉을 주 子 아들 자 與 더불 여 魏 나라 이름 위 應 응할 응 仲 버금 중

及 미칠 급 長 길 장 子 아들 자 受 받을 수 書 글 서

持 가질 지 身 몸 신 讀 읽을 독 書 글 서 之 갈 지 方 모 방 略 간략할 략

備 갖출 비

今 이제 금 於 어조사 어 兩 두 양 書 글 서

節 마디 절 而 말이을 이

類 무리 유 記 기록할 기 之 갈 지

與 더불 여 魏 나라 이름 위 書 글 서 曰 가로 왈

起 일어날 기 居 살 거 坐 앉을 좌 立 설 입

務 힘쓸 무 要 요긴할 요 端 끝 단 莊 씩씩할 장

不 아닐 불 可 옳을 가 傾 기울 경 倚 의지할 의

恐 두려울 공 至 이를 지 昏 어두울 혼 怠 게으를 태 出 날 출 入 들 입

步 걸음 보 趍 달아날 추

務 힘쓸 무 要 요긴할 요 凝 엉길 응 重 무거울 중

不 아닐 불 可 옳을 가 剽 겁박할 표 輕 가벼울 경

以 써 이 害 해할 해 德 덕 덕 性 성품 성

謙 겸손할 겸 遜 겸손할 손 自 스스로 자 牧 칠 목

和 화할 화 敬 공경 경 待 기다릴 대 人 사람 인

無 없을 무 故 연고 고 不 아닐 불 須 모름지기 수 出 날 출 入 들 입

少 적을 소 說 말씀 설 閑 한가할 한 語 말씀 어

恐 두려울 공 廢 폐할 폐 光 빛 광 陰 그늘 음

勿 말 물 觀 볼 관 雜 섞일 잡 書 글 서

恐 두려울 공 分 나눌 분 精 정할 정 力 힘 역

與 더불 여 子 아들 자 書 글 서 曰 가로 왈

居 살 거 處 곳 처

須 모름지기 수 是 옳을 시 居 살 거 敬 공경 경

不 아닐 부 得 얻을 득 倨 거만할 거 肆 방자할 사 惰 게으를 타 慢 거만할 만

言 말씀 언 語 말씀 어 須 모름지기 수 要 요긴할 요 諦 살필 체 當 마땅 당

不 아닐 부 得 얻을 득 戲 놀이 희 笑 웃음 소 諠 잊을 훤 譁 시끄러울 화

凡 무릇 범 事 일 사 謙 겸손할 겸 恭 공손할 공

不 아닐 부 得 얻을 득 尙 오히려 상 氣 기운 기 凌 업신여길 능 人 사람 인

自 스스로 자 取 가질 취 恥 부끄러울 치 辱 욕될 욕

交 사귈 교 遊 놀 유 之 갈 지 間 사이 간

尤 더욱 우 當 마땅 당 審 살필 심 擇 가릴 택

雖 비록 수 是 옳을 시 同 한가지 동 學 배울 학

不 아닐 불　可 옳을 가　無 없을 무　親 친할 친　疏 소통할 소　之 갈 지

辨 분별할 변

與 더불 여　魏 나라 이름 위　書 글 서　曰 가로 왈

所 바 소　讀 읽을 독　經 지날 경　文 글월 문

不 아닐 불　可 옳을 가　貪 탐낼 탐　多 많을 다

務 힘쓸 무　廣 넓을 광　涉 건널 섭　獵 사냥 엽

鹵 소금 노　莽 우거질 망　纔 재주 재　看 볼 간　過 지날 과

便 편할 편　謂 이를 위　己 자기 기　通 통할 통

小 작을 소　有 있을 유　疑 의심할 의　處 곳 처

卽 곧 즉　便 편할 편　思 생각 사　索 찾을 색

思 생각 사　索 찾을 색　不 아닐 불　通 통할 통

卽 곧 즉　置 둘 치　小 작을 소　册 책 책

逐 쫓을 축　一 한 일　抄 뽑을 초　記 기록할 기

以 써 이　時 때 시　省 살필 성　閱 볼 열

切 끊을 절　不 아닐 불　可 옳을 가　含 머금을 함　糊 풀칠할 호　護 도울 호

短 짧을 단

恥 부끄러울 치　於 어조사 어　質 바탕 질　問 물을 문

終 마칠 종　身 몸 신　黯 검을 암　暗 검을 암

以 써 이　自 스스로 자　欺 속일 기　也 어조사 야

與 더불 여　子 아들 자　書 글 서　曰 가로 왈

早 이를 조　勉 힘쓸 면　受 받을 수　業 업 업

請 청할 청　益 더할 익　質 바탕 질　問 물을 문

不 아닐 불　得 얻을 득　放 놓을 방　過 지날 과

所 바 소　聞 들을 문　誨 가르칠 회　語 말씀 어

逐 쫓을축 日 해일 箚 찌를차 記 기록할기

見 볼견 人 사람인 嘉 아름다울가 言 말씀언 善 착할선 行 다닐행

則 곧즉 敬 공경경 慕 그릴모 而 말이을이 記 기록할기 錄 기록할녹

之 갈지

見 볼견 人 사람인 好 좋을호 文 글월문 字 글자자 勝 이길승 己 몸기

者 놈자

借 빌릴차 來 올내 熟 익을숙 看 볼간

或 혹혹 傳 전할전 錄 기록할녹 之 갈지 而 말이을이 資 재물자 問 물을문

之 갈지

思 생각사 與 더불여 之 갈지 齊 가지런할제

{ 실천방향 }

김윤섭　자유분방한 오늘날에도 이런 교육을 하는 집안이 가끔 보인다. 한 번쯤 욕심내어 가정교육의 격格을 세워봄직 하다. '겸허謙虛한 삶'을 위해서 말이다.

조인상　조선시대의 아동을 잘 키우는 규칙에 관한 것들을 애기하다 보니 자연스레 공부하는 자세, 책 읽기와 태도, 평상시의 몸가짐과 마음에 대한 말씀이 주류이다. 다독과 정독은 시대를 막론하고 늘 중요하다고 여겨지지만, 최근에는 의사소통의 중요성에 대한 인식이 커지면서 말하는 것에 대한 교육이 강조되고 있다. 침묵은 금이고, 웅변은 은이라는 시대는 지났다. 바른 대화를 위한 경청과 의사 표현능력이 현대인에게 필요한 중요 기술이다. 호감도를 높이

는 대화는 바른 자세에서 시작된다. 당신의 얘기를 잘 듣고 있다는 바른 자세와 몸짓, 표정, 눈빛도 어릴적부터 가르쳐야 한다. 바른 태도는 상대를 존중한다는 표현이기 때문이다.

황호숙 우리 조상들은 바른 몸가짐을 아주 중요하게 여겼다. 왜냐면 몸가짐은 마음가짐과도 맺어져 있다고 믿는다. 하지만 현대인들은 그렇지 않다. 자기 위주의 삶을 살고 요새는 혼자 사는 사람들이 많아서 더더욱 이기적이 되기 쉽다. 그럼에도 불구하고 우리는 공동체의 일원으로 지켜야 할 것을 유념에 두고 절제된 삶을 살아가야 하는 것이 마땅하다. 공중도덕을 지키고 버스나 지하철에서도 반듯하게 앉아야 한다. 사람을 대할 때도 정중하게 다소곳이 인사하고(윗사람은 물론 아랫사람에게는 더더욱 본을 보여야 한다.) 집에서도 반듯하게 이불을 개어놓고 손 닦은 수건도 반듯하게 걸어놓아야 한다. 그런 반듯한 마음을 잊지 않고 일상에서 자신의 몸가짐이 바른지 편안한 마음으로 자신을 돌이켜 보아야 한다. 몸가짐이 바르면 마음가짐도 바르게 됨은 물론이다. 또 바르게 책 읽기는 자주 책을 가까이하는 것이 중요하다. 아무데서나 편하게 읽는 습관을 가지도록 하며, 느리게 읽어도 되고, 읽고 싶은 책부터 읽고, 독서모임에 드는 것도 괜찮으며, 늘 가지고 다니며 틈이 날 때마다 읽도록 하자.

"소학小學공부의 의의."

{본문}

栗谷李先生所著, 擊蒙要訣,
율곡이선생소저 격몽요결

小學之階梯也, 兪左尹直基所輯, 海東嘉言善
소학지계제야 유좌윤직기소집 해동가언선

行, 小學之羽翼也.
행 소학지우익야

其言皆近而易知, 童子讀小, 學時, 常常參看,
기언개근이이지 동자독소 학시 상상참간

其效甚大.
기효심대

{해석}

　이율곡 선생이 지은《격몽요결》은《소학》을 공부하는 단계이고,

좌윤 유직기(:조선 영조 때의 학자)가 편집한《해동가언선행(:전하는

책 이름은 대동가언선범으로 되어 있음)은 《소학》을 공부하는 데 도움이 되는 책이다.

그 말은 다 일상생활에 가깝고 알기가 쉬워서, 어린이들이 《소학》을 읽을 때 늘 참고로 보게 하면 그 효과가 매우 클 것이다.(김종권, 1993, p.300)

{ 한자 뜻풀이 }

栗 밤 율 谷 골 곡 李 성씨 이 先 먼저 선 生 날 생 所 바 소 著 나타날 저

擊 칠 격 蒙 어두울 몽 要 요긴할 요 訣 이별할 결

小 작을 소 學 배울 학 之 갈 지 階 섬돌 계 梯 사다리 제 也 어조사 야

兪 대답할 유 左 왼 좌 尹 성씨 윤 直 곧을 직 基 터 기 所 바 소 輯 모을 집

海 바다 해 東 동녁 동 嘉 아름다울 가 言 말씀 언 善 착할 선 行 다닐 행

小 작을 소 學 배울 학 之 갈 지 羽 깃 우 翼 날개 익 也 어조사 야

其 그 기 言 말씀 언 皆 다 개 近 가까울 근 而 말이을 이 易 쉬울 이 知 알 지

童 아이 동 子 아들 자 讀 읽을 독 小 작을 소

學 배울 학 時 때 시

常 항상 상 常 항상 상 參 참여할 참 看 볼 간

其 그 기 效 본받을 효 甚 심할 심 大 큰 대

{ 실천방향 }

김윤섭 훈몽자회 다음으로 '소학' 공부의 중요성을 강조하고 있다. 이덕무의 실천 지향적 아동교육관에서 볼 때 작은 예절의 실천을 세세히 담고 있는 '소학' 은 어른들이 먼저 공부한 후 아

이들과 같이 하면 교육적 의미가 더 클 것이다. 여기서 잠깐 '격몽요결擊蒙要訣'을 살펴보면, '무지몽매無知蒙昧한 것을 쳐 깨뜨리는데 요긴한 비결'이라 풀이되는 격몽요결은, 조선조 유학자 이이李珥 선생이 1577년(선조10년)에 해주海州 석담石潭에서 지은 교육서로서 선생은 서문에서 '학문의 길에 들어선 이들이 공부하는 바른길을 인도해 주기 위해 지은 것이다.'라고 썼다. 다음으로 '소학小學'은 주자朱子(熹, 晦庵 1130-1200)가 그의 문인 유청지劉淸之(子澄, 1132-1189)와 함께 편집한 책으로서, 초학자들을 위한 교육의 원리가 제시되어 있다. 고려 말에 전래된 성리학은 '주자가례朱子家禮'와 '소학小學'을 중심으로 보급되었으며, 이른바 '어린이 학學'으로서 일상에서 몸으로 실천하는 중에 형성되는 심성을 중요시한다.

조인상 예의 바른 사람은 모두가 좋아한다. 입사해서도, 진학해서도 새로운 모임에 참여하였을 때도 어디서나 환영받는다. 나에게 귀한 자식은 남에게도 귀해 보여야 한다. 늘 존중받는 아이로 성장하기를 원한다면, 작은 예절부터 차근히 가르쳐 몸에 익히게 해야 한다. 남을 높이는 것이 나를 높이는 것이다.

황효숙 예절은 인간관계를 형성하는 규칙이자 사회에 보편적으로 통용되는 소통의 수단이다. 또한 서로를 배려하고 자연스럽게 소통하기 위해 오랜 시간 인간이 누적해 온 배려의 기술이다. 우리 사회의 소통, 신뢰, 배려가 점점 무너지고 있는 지금, 예절에 대한 되새김은 아무리 강조해도 모자람이 없다. 하지만 고리타분하고 귀찮다고 여긴다. 또한 실력 위주의 사회에서 예절은 실력 다음이라고 생각하는 경우도 많다. 그래서 그 어느 때보다 중요해진 예절은 그 어느 때보다 찬밥 신세인 것이다. 하지만 세상이 아무리 각박해졌다고 하지만 예절禮節의 중요성은 여전하다. 어른들을 보면 깍듯이 인사를 해야 하고, 식사를 할 때 부모님보다 먼저 수저를 들면 안 되고, 선생님께는 절대 대들면 안 되고, 직장 상사에게는 항상 긍정적이고 밝은 모습을 보이려 애써야 함이 맞다. 대등한 관계에서 우리는 무엇보다 예절이 반듯하고 품위 있는 사람을 으뜸으로 꼽는 이유도 바로 그 이유에서이다.

"이른바 후사서後四書 공부의 의의."

{본문}

擊蒙要訣,
격 몽 요 결

有革舊習章, 聖學輯要, 有矯氣質章, 小學書,
유 혁 구 습 장   성 학 집 요   유 교 기 질 장   소 학 서

有立敎篇, 近思錄, 有敎人篇, 此於童子尤爲切
유 입 교 편   근 사 록   유 교 인 편   차 어 동 자 우 위 절

當, 皆可以加意勉行也.
당   개 가 이 가 의 면 행 야

{해석}

《격몽요결》에는 낡은 습관을 고치는 데 관한 글이 있고,《성학
집요(:선조 때 율곡 이이가 편찬한 책)》에는 기질을 바로잡는 데 관한
글이 있고,《소학책》에는 가르치는 도리에 관한 글이 있고,《근사
록》에는 남을 가르치는 데 관한 글이 있는데, 이러한 것들은 어린

이들에게 더욱 절실하고 마땅한 것으로서, 다 가히 뜻을 더하여 힘써 실행하게 할 것이다.(김종권, 1993, p. 300)

{ 한자 뜻풀이 }

擊 칠 격　蒙 어두울 몽　要 요긴할 요　訣 이별할 결

有 있을 유　革 가죽 혁　舊 옛 구　習 익힐 습　章 글 장

聖 성인 성　學 배울 학　輯 모을 집　要 요긴할 요

有 있을 유　矯 바로잡을 교　氣 기운 기　質 바탕 질　章 글 장

小 작을 소　學 배울 학　書 글 서

有 있을 유　立 설 입　敎 가르칠 교　篇 책 편

近 가까울 근　思 생각 사　錄 기록할 록

有 있을 유　敎 가르칠 교　人 사람 인　篇 책 편

此 이 차　於 어조사 어　童 아이 동　子 아들 자　尤 더욱 우　爲 할 위　切 끊을 절

當 마땅 당

皆 다 개　可 옳을 가　以 써 이　加 더할 가　意 뜻 의　勉 힘쓸 면　行 다닐 행

也 어조사 야

{ 실천방향 }

김윤섭　대학大學, 논어論語, 맹자孟子, 중용中庸 등 사서四書 외에 후사서後四書라고 한 격몽요결擊蒙要訣, 소학小學, 근사록近思錄, 성학집요聖學輯要에서 아동이 읽어야 할 필독서의 편명篇名을 일러주고 있다.

　생각하건대, 부모들이 독서를 하고 공부해서 자녀들에게 권장하고 다 같이 읽고 함께 얘기하는 공부 방법이 바람직하다.

황효숙 온 국민이 독서광인 나라가 어디일까? 소설가 솔비 비요른 시구르드손은 BBC와 인터뷰에서 "아이슬란드는 스토리텔링의 나라"라면서 "어둡고 추운 밤에 이야기를 지어내고 들려주는 것 이외에 달리 할 일이 있었겠는가?"라고 반문했다. '물과 불의 나라'로 불릴 정도로 빙하와 화산으로 뒤덮인 장엄한 자연환경 속에서 국민들이 자연스럽게 자연과 인간, 신과 인간의 관계를 생각하게 됐고, 자신이 직접 책을 쓰거나 다른 사람이 쓴 책을 읽기 좋아하는 성향이 '국민 기질'로 깊이 뿌리내렸다는 것이다. 세계의 모든 문화와 국민성은 그 나라의 기후와 밀접한 관계가 있다. 날씨가 늘 좋지 않은 영국이나 독일에 철학이나 예술이 발달한 것도 우연은 아닐 것이다. 그럼에도 불구하고 날씨가 좋은 우리나라도 책을 가까이하는 국민이 되기를 소망한다.

지옥진 어린이를 가르치는 도리에 관한 글과, 남을 가르치는데 관한 글은, 어린이들에게 절실하고 마땅하고 실행하게 하는 데 도움이 된다고 하는데, 율곡 이이가 편찬한 성학집요에는 기질을 바로잡는 데 관한 글이 있다고 하였다.

현장에서 가장 힘든 것은 기질적인 것을 바로잡는 것이다. 습관을 고치는 것은 어릴수록 효과가 크고 나이가 많을수록 바꾸기가 어렵다. 특히 고착화된 습관은 무의식에서 의식으로 바꾸어 자신을 직면시키는 것은 힘들고 상처가 되기 때문에 바꾸어 변화시키는 것은 본인의 의지와 끈기가 더 중요하다.

"나쁜 습벽은 스스로 고쳐나가야 한다."

{본문}

童子習氣, 矯革爲貴. 余幼時, 性甚偏隘, 有故,
동 자 습 기   교 혁 위 귀   여 유 시   성 심 편 애   유 고

而關課讀則泣, 不曉文義則泣, 見童輩凌逼則泣,
이 궐 과 독 즉 읍   불 효 문 의 즉 읍   견 동 배 능 핍 즉 읍

遭長者呵責則泣, 至于成童, 幾無日不泣, 十六
조 장 자 가 책 즉 읍   지 우 성 동   기 무 일 불 읍   십 육

歲娶婦以後, 始有羞愧之心, 雖有如前不平處,
세 취 부 이 후   시 유 수 괴 지 심   수 유 여 전 불 평 처

抑之忍之, 內自消磨, 設使被人侮罵, 不復泣也,
억 지 인 지   내 자 소 마   설 사 피 인 모 매   불 부 읍 야

庶幾不欲與人爭競.
서 기 불 욕 여 인 쟁 경

若或不改, 至老大猶泣, 是何如人也?
약 혹 불 개   지 노 대 유 읍   시 하 여 인 야

{ 해석 }

　어린이의 버릇을 바로잡는 것을 귀하게 여긴다. 나는 어렸을 때 성질이 매우 편벽되고 좁아서 연고가 있어서 공부를 못하여도 울고, 글의 뜻을 알지 못하여도 울고, 아이들이 업신여기고 윽박질러도 울고, 어른들에게 꾸지람을 들어도 울고, 열다섯 살이 되어서도 거의 울지 않는 날이 없었는데, 16살 때 장가를 들고 난 뒤에야 비로소 부끄러운 마음을 갖게 되어, 비록 전처럼 불평스러운 일이 있어도 그런 마음을 억누르고 참아서 속으로 삭여 없애고, 설사 남에게 업신여김과 모욕을 당하여도 다시는 울지 않고, 거의 남과 다투려고 하지 않았다.

　만약 혹 고치지 않았더라면 늙어서도 오히려 울게 되었을 것이니, 이것이 어떠한 사람이겠는가? (김종권, 1993, pp.300-301)

{ 한자 뜻풀이 }

　童 아이 동　子 아들 자　習 익힐 습　氣 기운 기

　矯 바로잡을 교　革 가죽 혁　爲 할 위　貴 귀할 귀

　余 나 여　幼 어릴 유　時 때 시

　性 성품 성　甚 심할 심　偏 치우칠 편　隘 좁을 애

　有 있을 유　故 연고 고

　而 말이을 이　闕 대궐 궐　課 공부할 과　讀 읽을 독　則 곧 즉　泣 울 읍

　不 아닐 불　曉 새벽 효　文 글월 문　義 옳을 의　則 곧 즉　泣 울 읍

　見 볼 견　童 아이 동　輩 무리 배　凌 업신여길 능　逼 핍박할 핍　則 곧 즉　泣 울 읍

　遭 만날 조　長 길 장　者 놈 자　呵 꾸짖을 가　責 꾸짖을 책　則 곧 즉　泣 울 읍

至 이를지 于 어조사우 成 이룰성 童 아이동

幾 몇기 無 없을무 日 해일 不 아닐불 泣 울읍

十 열십 六 여섯육 歲 해세 娶 장가들취 婦 며느리부 以 써이 後 뒤후

始 비로소시 有 있을유 羞 부끄러울수 愧 부끄러울괴 之 갈지 心 마음심

雖 비록수 有 있을유 如 같을여 前 앞전 不 아닐불 平 평평할평 處 곳처

抑 누를억 之 갈지 忍 참을인 之 갈지

內 안내 自 스스로자 消 사라질소 磨 갈마

設 베풀설 使 하여금사 被 입을피 人 사람인 侮 업신여길모 罵 꾸짖을매

不 아닐불 復 다시부 泣 울읍 也 어조사야

庶 여러서 幾 몇기 不 아닐불 欲 하고자할욕 與 더불여 人 사람인

爭 다툴쟁 競 다툴경

若 같을약 或 혹혹 不 아닐불 改 고칠개

至 이를지 老 늙을노 大 큰대 猶 오히려유 泣 울읍

是 옳을시 何 어찌하 如 같을여 人 사람인 也 어조사야

{ 실천방향 }

김윤섭 나쁜 습벽은 늘 고쳐나가도록 해야 한다. 인간의 삶의 과
정을 성취와 성공을 향해 가는 역정歷程으로 보는 경우가
많겠지만 성찰省察과 참회懺悔의 역정으로 보는 관점도 적지 않다. 아
이들이 스스로 의지를 가지고 고쳐가도록 일러줌으로써 날마다 새로
워지도록 할 일이다.

조인상 모든 일을 울음으로 해결하려고 하는 것은 좋지 않은 버릇
일수 있지만, 자신의 감정을 긍정적으로 발산하는 것에 대

하여 어려움을 겪고 있는 것이다. 부모는 자녀가 다양하게 느끼는 감정에 대하여 표현할 수 있도록 배려하고 도와야 한다.

　우리 모두 정서지능情緖知能(Emotional Intelligence)이 있다. 예전에는 지능知能이 높으면 좋은 대학에 진학하고 직장을 가져 성공한다고 여겼다. 빠르게 변화하는 세상에서 지능이 높은 것도 필요하지만 다양한 산업 간의 융합, 편집기술이 중요해지고 있어 타인과의 정서적 공감 능력이 높은 사람이 리더의 덕목이 되고 있다. 정서지능이 높은 사람은 남의 감정을 잘 이해하고 원만한 관계를 유지하며, 문제 상황에서도 자신의 감정을 잘 조절하여 바람직한 방향으로 행동하는 능력이 뛰어나다. 요즘처럼 핵가족화되어있는 가족 안에서 아이들이 자신의 감정을 조절하는 경험을 하는 일은 많지 않다. 만족감을 지연할 수 있는 참을 수 있는 힘을 키워주어야 한다.

황효숙　"세 살 버릇 여든까지 간다."는 우리나라 속담도 있듯이, 한 번 형성된 습관은 좀처럼 바꾸기가 쉽지 않기 때문에 유아기 때 습관이 어떻게 형성되는가의 여부는 그 사람의 장래의 성격을 결정하는 중요한 기초가 된다. 따라서 유아기는 기본 생활 습관을 형성시킬 수 있는 결정적 시기이다. 청결과 질서, 예절과 절제 등을 연령에 맞게 가르쳐야 한다.

지옥진　위의 저자는 '16세에 장가를 들고 나서 비로소 부끄러운 마음을 갖게 되어, 비록 전처럼 불평스러운 일이 있어도 (중략) 다시는 울지 않고, 거의 남과 다투려고 하지 않았다.' 라고 하였다.

　나는 권위에 대한 저항이 높아 나를 누르거나 억압을 하는 일이 생기면 저항이 올라오고 잔다르크의 기질이 발동하였다. 그 행동에 대한 분석은 심리학 공부를 하면서 알게 되었고, 오십이 넘어서야 나의 정서적 감정을 보고 조절하려고 노력하였다.

　권위와 힘으로 나를 누르려는 사람에게는 저항과 반항이 올라오고, 나약하고 힘이 없는 어려운 사람들에게는 측은지심이 생겨 도와주고 싶은 생각이 들고 나를 돌아보게 된다. 지금은 권위적인 사람을 대할 때도 힘들지 않다.

"절제와 근면을 실천토록 가르친다."

{본문}

張子曰,『矯輕警惰, 盖此二者.』
장 자 왈   교 경 경 타   개 차 이 자

尤爲童子之所戒, 今採先輩於此二者用力, 可以
우 위 동 자 지 소 계   금 채 선 배 어 차 이 자 용 력   가 이

爲法者, 列于左.
위 법 자 열 우 좌

{해석}

　장자(:송나라 학자 장재)는 말하기를,『경솔한 점은 바로잡고, 게
으른 점은 깨우쳐야 한다.』고 하였다.

　대개 이 두 가지는 특히 어린이들의 경계할 것이 되므로, 이제
선배들로서 이 두 가지에 힘을 써서 가히 본받을 만한 것을 골라
서 다음에 벌려 적는다.(김종권, 1993, p.301)

{ 한자 뜻풀이 }

張 베풀 장 子 아들 자 曰 가로 왈

矯 바로잡을 교 輕 가벼울 경 警 깨우칠 경 惰 게으를 타

盖 덮을 개 此 이 차 二 두 이 者 놈 자

尤 더욱 우 爲 할 위 童 아이 동 子 아들 자 之 갈 지 所 바 소 戒 경계할 계

今 이제 금 採 캘 채 先 먼저 선 輩 무리 배 於 어조사 어 此 이 차 二 두 이

者 놈 자 用 쓸 용 力 힘 력

可 옳을 가 以 써 이 爲 할 위 法 법 법 者 놈 자

列 벌일 열 于 어조사 우 左 왼 좌

{ 실천방향 }

김윤섭 절제와 부지런함. 더 이상의 미덕이 더 있을까 싶다. 어느 기업인은 점심 먹으러 가는 길에 만나는 직원들 모두와 함께 자장면을 사먹고 들어온다고 한다. 이렇게 하여 오천억 원이 넘는 장학재단을 만들었다고 한다. 자녀의 멋진 장래를 위해 생각해 볼 일이다.

조인상 잘못한 행동 중 잠시만 생각해도 쉽게 깨닫는 것이 경솔함과 게으름이다. 경솔하면 실수가 많아질 가능성이 크고, 게으름은 나를 다스려야 적어진다. 경솔함은 참을성, 상황 파악 능력, 성급한 기질들이 영향을 미치는데, 적절함을 유지한다는 것은 매우 어렵다. 하루 계획표를 세우고 일을 하는 습관은 게으름을 보완할 수 있는 방법이다. 가급적 목표를 세우면 주변인들에게 알리고, 잘 보이

는 곳에 붙여두고 수시로 보면서 스스로를 격려하여야 목표에 도달하기가 쉽다. 아이들과 부모님이 각자의 목표에 대하여 얘기하고 계획표를 세워 자주 확인해보면 게으름은 퇴치할 수 있다.

황효숙 경솔함의 반대로 신중함이 있다. 신중함은 용기 있는 자의 지성이다. 신중한 사람은 침묵을 꺼려 하지 않는다. 이런 사람은 주변 모두가 자신에게 집중하기를 원한 나머지 끊임없이 말을 하는 경솔한 행동은 보이지 않는다. 이들은 다른 사람이 말할 때 그 순서를 존중하며, 이는 사교 모임에서 즐거운 시간을 즐기기 위해 필요한 습관이다. 신중한 사람은 늘 반성하며, 언제, 어떤 상황에 무슨 말을 해야 할지 늘 생각한다. 또 그 말에 대한 결과 역시 예측한다. 또한 게으른 사람의 반대는 부지런한 사람이다. 부지런함이란, 가치 있는 목표에 대한 절제되고 집중된 노력입니다. 자신을 끊임없이 절제하고 단련하여 목적과 방향을 설정하여 정진하고 노력한다.

지옥진 어린이가 몸을 많이 움직이고 경솔한 행동을 하는 아이들은 집중력이 떨어지고 불안이 내재해 있는 것을 볼 수 있다. 그런 아이들을 혼내거나 고치려고 하면 더 심해지는 경우가 있다. 왜냐하면 경솔함이라 함은 '말이나 행동이 조심성 없이 가볍다.'라는 뜻으로, 이런 아이들은 몸이 떠있다고 볼 수 있다. 차분하고 집중력이 좋은 아이는 자리에 앉아서 몰입을 하는데, 그 반대로 자신도 모르게 심리정서적인 문제로 인해서 집중하기 어려운 아이도 있고 타고나기를 몸을 많이 움직이는 신체형이 있을 수 있다.

게으른 아이들 중에 무기력과 우울한 감정이 많고, 자존감이 낮아서 할 수 있다는 용기를 낼 수 없는 아이들도 있다. 공부하기 싫고, 자신 없고, 귀찮아하는 아이들은 즐거움이 있어야 한다. 그래야 에너지가 올라오고 하고 싶은 욕구가 생기기 때문이다. 그래서 아이들은 놀아야 한다. 아이들과 상담하다 보면 놀고 싶다, 놀 시간이 없다, 놀이공원 가고 싶다 이런 이야기들을 가장 많이 한다. 놀아서 즐거우면 몸에 활력이 생긴다.

"신중함을 실천토록 가르친다."

{본문}

李貳相尙毅, 兒時性甚輕率, 坐不耐久, 言輒妄
이 이 상 상 의　아 시 성 심 경 솔　좌 불 내 구　언 첩 망

發, 父兄憂之, 公佩小鈴以自戒, 每聞鈴聲, 猛加
발　부 형 우 지　공 패 소 령 이 자 계　매 문 영 성　맹 가

警飭, 出入坐臥, 未嘗捨鈴.
경 칙　출 입 좌 와　미 상 사 령

及至中年之後, 以太寬緩, 見譏於人. 後人之戒
급 지 중 년 지 후　이 태 관 완　견 기 어 인　후 인 지 계

輕薄子弟者, 必擧公以爲則.
경 박 자 제 자　필 거 공 이 위 칙

{해석}

　찬성 벼슬을 지낸 이상의(: 선조 때 학자. 호는 소릉)는 어릴 때 성
질이 몹시 경솔하여 앉아도 오래 견디지 못하고, 말도 망령되게

마구 하여 집안 어른들은 이를 걱정하였는데, 공은 작은 방울을 차고 스스로 경계하여, 늘 방울 소리를 들으면 더욱 경계하고 조심하고, 나가나 들어오나 앉으나 누우나 일찍이 방울을 떼어놓지 않았다.

이리하여 중년이 된 뒤에는 크게 너그럽고 신중하게 되었는데, 남에게 비웃음을 당하였다. 뒷사람이 경박한 자제를 경계할 때는 반드시 그를 들어 본보기를 삼았다. (김종권, 1993, pp.301-302)

{ 한자 뜻풀이 }

李 오얏 이 貳 두 이 相 서로 상 尙 오히려 상 毅 굳셀 의

兒 아이 아 時 때 시 性 성품 성 甚 심할 심 輕 가벼울 경 率 거느릴 솔

坐 앉을 좌 不 아닐 불 耐 견딜 내 久 오랠 구

言 말씀 언 輒 문득 첩 妄 망령될 망 發 필 발

父 아비 부 兄 형 형 憂 근심 우 之 갈 지

公 공평할 공 佩 찰 패 小 작을 소 鈴 방울 령 以 써 이 自 스스로 자 戒 경계할 계

每 매양 매 聞 들을 문 鈴 방울 영 聲 소리 성

猛 사나울 맹 加 더할 가 警 깨우칠 경 飭 신칙할 칙

出 날 출 入 들 입 坐 앉을 좌 臥 누울 와

未 아닐 미 嘗 맛볼 상 捨 버릴 사 鈴 방울 령

及 미칠 급 至 이를 지 中 가운데 중 年 해 년 之 갈 지 後 뒤 후

以 써 이 太 클 태 寬 너그러울 관 緩 느릴 완

見 볼 견 譏 비웃을 기 於 어조사 어 人 사람 인

後 뒤 후 人 사람 인 之 갈 지 戒 경계할 계 輕 가벼울 경 薄 엷을 박

子 아들 자 弟 아우 제 者 놈 자

必 반드시 필 擧 들 거 公 공평할 공 以 써 이 爲 할 위 則 법칙 칙

{ 실천방향 }

김윤섭　어린아이들의 경박함을 어찌 다 허물로 볼 것인가? 조금
　　　　씩 개선해 나가도록 이른바 '실행목표' (주간, 월간 등) 같
은 것을 정하여 실천해 나가면 좋을 듯하다. 잘하면 격려하고 목표에
이르지 못했다고 나무라지는 말 일이다.

조인상　자기 눈의 대들보는 보지 못하고 남의 티끌만 본다는 말
　　　　은, 경솔한 사람의 행동을 표현한 적절한 말로 느껴진다.
의견을 제시할 때 자격에 대하여 생각해 보아야 한다. 아이들은 성장
하고 있어서 자유와 자율을 구분하기까지 시간과 경험이 필요하다.
충분한 자유를 누리는 것에 대하여 본인 선택에 대한 책임을 완수해
야한다는 것을 가르쳐야 한다. 신실한 행동이 충만한 어른으로 될 수
있게 양육해야 할 것이다.

황효숙　신중한 사람은 타인을 존경하는 모습을 보인다. 그들은
　　　　남의 비밀을 누설하지 않고, 남을 비난하거나 불편하게 하
지도 않으며, 늘 당당한 사람들이다. 또한 신중한 사람들은 자신이 전
적으로 신뢰할 수 있는 친한 친구를 만들고 싶어 한다. 어릴 적부터
신중하게 되도록 좋은 습관을 심어주어야 한다.

지옥진　위의 내용 중에 이상의는 어릴 때 성질이 몹시 경솔하여 앉아도 오래 견디지 못하고 말도 망령되게 마구 하여 집안 어른들은 이를 걱정하여 방울을 차고 스스로 경계하여, (생략) 중년이 된 뒤에는 변화되었다고 하였다.

　우리 아이들 중에 문제행동이 많은 아이들은 '내 머리 위에 CCTV가 있다고 생각하고 행동을 조심하도록 이야기 해주었다. 스스로 자신을 보고 노력하도록 하고, 종교가 있다면 하늘에서 내려다보는 신이 있으니, 자신의 행동에 책임을 질 수 있도록 하는 것이 도움이 될 수 있다.' 라고 이야기를 하는 선생님도 있다. 자신의 행동을 스스로 알아차리는 것이 중요하다.

"스스로 면학을 실천하도록 격려하다."

{본문}

趙重峰先生, 自幼嗜學, 衣履盡破, 而從師, 不
조 중 봉 선 생　자 유 기 학　　의 이 진 파　이 종 사　　불

避風雪.
피 풍 설

每値禾熟, 守宿田間, 同學數人從之. 各誦所讀,
매 치 화 열　수 숙 전 간　동 학 수 인 종 지　각 송 소 독

夜深同學皆睡臥, 先生誦不輟久, 方假寐鷄一鳴,
야 심 동 학 개 수 와　선 생 송 불 철 구　방 가 매 계 일 명

先生又起誦之.
선 생 우 기 송 지

時放牛, 牛行逐草, 必執書隨之, 且行且看, 天
시 방 우　우 행 축 초　필 집 서 수 지　차 행 차 간　　천

雨, 則披卷于簑笠之下, 潛心探蹟.
우　즉 피 권 우 사 입 지 하　잠 심 탐 색

每日採薪, 熱親房以書映火光讀之, 以農爲養.
매 일 채 신 　열 친 방 이 서 영 화 광 독 지 　 이 농 위 양

于隴間, 橫木爲架置書, 休假讀之.
우 농 간 　횡 목 위 가 치 서 　 휴 가 독 지

{해석}

조중봉 선생(:선조 때 학자. 조헌)은 어렸을 때 공부하기를 좋아하여, 옷과 신이 다 해져도 모진 눈바람을 피하지 않고, 스승을 따랐다.

늘 벼가 익을 무렵이면 논밭에서 자면서 지켰는데, 함께 글을 배우는 벗 몇 사람이 그를 따라갔다. 제각기 공부한 것을 외우고 밤이 깊어 학우들은 다 잠이 들었으나, 선생은 외우기를 오래도록 그치지 않았고, 어렴풋이 잠이 들었다가도 닭이 한 번 울면, 또 일어나서 글을 외웠다.

이때엔 소를 놓아먹이는데 소가 풀을 쫓아가며 뜯으면, 그는 반드시 책을 들고 따라가면서 책을 보았고, 비가 오면 책을 삿갓 밑에 펴들고 골똘히 깊은 진리를 탐구하였다.

그는 날마다 나무를 해다가 직접 방에다 불을 때었는데, 이럴 때는 책을 그 불빛에 비춰가며 읽었다. 그리고 그는 농사로 집안 살림을 해나갔는데, 밭두렁 사이에 나무를 건너질러 시렁을 만들어놓고 여기에다 책을 놓아두었다가 쉬는 틈틈이 꺼내어 읽었다.(김종권, 1993, p.302)

{ 한자 뜻풀이 }

趙 찌를 조 重 무거울 중 峯 봉우리 봉 先 먼저 선 生 날 생

自 스스로 자 幼 어릴 유 嗜 즐길 기 學 배울 학

衣 옷 의 履 밟을 이 盡 다할 진 破 깨뜨릴 파

而 말이을 이 從 좇을 종 師 스승 사

不 아닐 불 避 피할 피 風 바람 풍 雪 눈 설

每 매양 매 値 값 치 禾 벼 화 熱 더울 열

守 지킬 수 宿 잘 숙 田 밭 전 間 사이 간

同 한가지 동 學 배울 학 數 셈 수 人 사람 인 從 좇을 종 之 갈 지

各 각각 각 誦 외울 송 所 바 소 讀 읽을 독

夜 밤 야 深 깊을 심 同 한가지 동 學 배울 학 皆 다 개 睡 졸음 수 臥 누울 와

先 먼저 선 生 날 생 誦 외울 송 不 아닐 불 輟 그칠 철 久 오랠 구

方 모 방 假 거짓 가 寐 잘 매 鷄 닭 계 一 한 일 鳴 울 명

先 먼저 선 生 날 생 又 또 우 起 일어날 기 誦 외울 송 之 갈 지

時 때 시 放 놓을 방 牛 소 우

牛 소 우 行 다닐 행 逐 쫓을 축 草 풀 초

必 반드시 필 執 잡을 집 書 글 서 隨 따를 수 之 갈 지

且 또 차 行 다닐 행 看 볼 간

天 하늘 천 雨 비 우

則 곧 즉 披 헤칠 피 卷 책 권 于 어조사 우 簑 도롱이 사 笠 삿갓 입 之 갈 지

下 아래 하

潛 잠길 잠 心 마음 심 探 찾을 탐 賾 깊숙할 색

每 매양 매 日 날 일 採 캘 채 薪 섶 신

熱 더울 열 親 친할 친 房 방 방 以 써 이 書 글 서 映 비칠 영 火 불 화 光 빛 광

讀 읽을독 之 갈지

以 써이 農 농사농 爲 할위 養 기를양

于 어조사우 農 농사농 間 사이간

橫 가로횡 木 나무목 爲 할위 架 시렁가 置 둘치 書 글서

休 쉴휴 假 거짓가 讀 읽을독 之 갈지

{ 실천방향 }

김윤섭　스스로 부지런히 면학 실천함은 다행한 일이며 좋은 일이
다. 그러나 학습을 앞세워 못한다고 나무라거나 강제하는
일은 삼가야 한다. 학습은 필요하고 중요한 인간능력을 키우는 수단
이지만 아이들의 자연성自然性에 해가 되지 않도록 할 일이며, 아이의
'잘 하는 점'을 찾아 격려하고 성원할 필요가 있다.

황효숙　좋은 독서습관을 아이에게 가르쳐 훌륭한 아이로 길러내
어야 한다. 부모가 책을 가까이하면 아이는 자연스레 책
읽기를 좋아한다. 어릴 때부터 부모가 책 읽어주기를 하면 아이는 습
관이 몸에 배어나온다. 독서를 통하여 아이의 어휘력이 늘어나며 집
중력이 높아짐은 물론, 풍부한 배경지식과 간접경험을 하게 되며, 자
연스러운 문법을 익히게 되고 생각하는 능력, 즉 비판적인 사고를 갖
게 됨은 물론이다.

지옥진　누구나 타고 나는 재능이 다르고 태어나서 살아가는 경험
과 환경이 다르기 때문에, 모두가 다 학문을 탐구하고 공

부를 하는 것은 바람직하지 않다고 생각된다. 운동하기를 좋아하고 신체기능이 좋은 사람은 운동선수를 하거나, 노래를 잘하는 사람은 가수가 되거나, 그림 그리는 것을 좋아해서 열심히 하는 아이는, 그림 그리는 것이 재능이 되어 화가가 될 수도 있고 그 영역에서 전문가가 될 수도 있다. 더 학문적 지식을 쌓는다면 가르치는 교수가 될 수도 있을 것이다. 자신이 할 수 있는 것을 열심히 최선을 다해서 하는 것이 바람직하다.

3

어른을 공경함
〔敬長경장〕

"교만을 경계하도록 가르친다."

{ 본문 }

童子必敎以厚重恭謹, 然後長能知敬待師友, 雖
동자필교이후중공근　연후장능지경대사우　수

有才藝, 不敢宜驕於人.
유재예　불감의교어인

嘗觀薄有才, 而家世富貴者, 必驕於人, 不辨老
상관박유재　이가세부귀자　필교어인　불변노

少, 怨謗橫集, 戮辱及父兄.
소　원방횡집　육욕급부형

蓋驕生於淺, 淺生於昏. 摠由于幼時不敎以厚重
개교생어천　천생어혼　총유우유시불교이후중

恭謹, 自陷於不孝不悌, 可不懼哉?
공근　자함어불효부제　가불구재

{ 해석 }

어린이에게 반드시 돈후·신중·공경·삼가함을 가르친 연후에야 자라서 스승과 벗을 공경히 대할 줄 알고, 비록 재주가 있다 하여도 감히 남에게 교만하게 굴지 않게 된다.

내 일찍이 관찰하건데 재주가 조금 있으면서 집안이 부귀한 사람은 남에게 교만하여 늙은이와 젊은이를 분별하지 못하므로, 원망과 비방이 많이 모여서 욕됨이 부형에게까지 미쳤다.

대개 교만은 마음이 얕은 데서 생기고, 얕은 마음은 어두운 곳에서 생긴다. 이런 것은 다 어릴 때 돈후·신중·공경·삼가함을 가르치지 않은 것에서부터 말미암은 것이니, 스스로 효성스럽지 못하고 공경스럽지 못한 죄에 빠지게 되는 것을 마땅히 두려워하지 않겠는가?(김종권, 1993, p.302)

{ 한자 뜻풀이 }

童 아이 동　子 아들 자　必 반드시 필　教 가르칠 교　以 써 이　厚 두터울 후

重 무거울 중　恭 공손할 공　謹 삼갈 근

然 그럴 연　後 뒤 후　長 길 장, 어른 장　能 능할 능　知 알 지　敬 공경할 경

待 기다릴 대

師 스승 사　友 벗 우

雖 비록 수　有 있을 유　才 재주 재　藝 재주 예

不 아닐 불　敢 감히 감　宜 마땅 의　驕 교만할 교　於 어조사 어

人 사람 인, 다른 사람 인

嘗 맛볼 상　觀 볼 관　薄 엷을 박　有 있을 유　才 재주 재

而 말이을 이　家 집 가　世 인간 세　富 부유할 부　貴 귀할 귀　者 놈 자

必 반드시 필　驕 교만할 교　於 어조사 어　人 사람 인

不 아닐 불　辨 분별할 변　老 늙을 로　少 젊을 소

怨 원망할 원　謗 비방할 방　橫 가로 횡　集 모을 집

戮 죽일 륙　辱 욕될 욕　及 미칠 급　父 아버지 부　兄 맏 형

盖 덮을 개　驕 교만할 교　生 날 생　於 어조사 어　淺 얕을 천

淺 얕을 천　生 날 생　於 어조사 어　昏 어두울 혼

摠 합할 총, 모을 총　由 말미암을 유　于 어조사 우　幼 어릴 유　時 때 시　不 아닐 불

敎 가르칠 교　以 써 이　厚 두터울 후　重 무거울 중　恭 공손할 공　謹 삼갈 근

自 스스로 자　陷 빠질 함　於 어조사 어　不 아닐 불　孝 효도 효　不 아닐 부

悌 공손할 제

可 옳을 가　不 아닐 불　懼 두려워할 구　哉 어조사 재

{ 실천방향 }

김윤섭　교만, 어디에도 쓸데없는 인간성이다. 세파를 거쳐온 삶
의 궤적을 돌아보면, 이렇게 고백하지 않을 수 없다. 그 못
된 '교만'이란 것이 얼마나 부질없고 후회스러운 것인지 순간순간
떠오를 때마다 그저 부끄러울 뿐이다. 교만의 자리에 겸양과 공경, 감
사와 자애가 흐르는 삶이 되도록 해야 한다. 지나온 시간들 동안 저지
른 '교만'을 자성하고 만회挽回하는 길이 없지 않다. 그 길이 무엇인
지? 여기에서 자녀교육의 바른길을 찾고 실천을 가르쳐야 한다.

조인상　전능감을 심리학적 용어로 '자아팽창'이라고 한다. 성인
의 경우 큰 권력을 얻거나 연속해서 성공감을 느꼈을 때
자아가 팽창되어 무엇이든지 다 이룰 수 있고 온전히 자기가 스스로

얻어냈다고 생각하는 경향성을 의미한다. 내가 나됨이 주변 분들의 도움과 나의 노력이 함께하였을 것인데, 도취陶醉되어 착각에 빠지는 것이다.

자아존중감自我尊重感(self-esteem)과 자기효능감自己效能感(self-efficacy)은 좀 다른 용어이다. 자아존중감이란 자신이 사랑받을 만한 가치가 있는 소중한 존재이고, 어떤 성과를 이루어낼 만한 유능한 사람이라고 믿는 마음이고, 자기 효능감은 어떤 상황에서 적절한 행동을 할 수 있다는 기대와 신념을 뜻한다. 자녀를 양육하는 데는 자아존중감과 자기효능감이 다 필요하지만 균형이 무너지면 교만해진다.

황효숙 교만의 상태는 어떤 것일까? 자기도 모르게 자신을 대단하다고 생각함을 넘어 자기 연민에 빠지고, 자꾸 칭찬 듣기를 원하고 인정받으려고 한다. 교만이 오면 그 현상으로 고집이 강해지며 시험에 자주 들고, 자신이 오해 받고 있다는 피해의식을 가지게 되고 변명을 많이 한다. 자존심이 강하고 자신의 평판에 신경을 많이 쓰며, 자신이 보고 듣고 깨달은 것만이 최고라고 하는 경향이 있고, 권위에 순복하지 않으며 논쟁을 좋아하고 시기와 질투가 많다. 그리고 교만한 사람은 감사함을 잊고 겸손이 결여된다.

지옥진 교만하고 욕심이 많은 사람은 다른 사람의 마음을 불편하게 하고 힘들게 할 수 있다. 함께 하는 친구가 없고 주변 사람들에게 인심을 잃어 손가락질 받게 되면 될 일도 안 되고 힘든 일이 생길 수도 있다. 어려서 마을 어른들이 "아버지 함자가 어떻게 되나?' 하며 묻는 이유는, 어느 집 자손의 누구인지를 알려고 하는 것이고, 이름을 알면 그 집안을 알기 때문이다. 마을 공동체에서 자식이 잘못을 하면 부모를 욕되게 하기 때문에 자녀교육을 엄하게 시켰다. 우리는 지역사회에 봉사하고 어려운 이웃을 도우며 함께하는 삶을 살아야 한다.

童規-敬長 2

"자녀의 잘못은 즉시 잡아줘야 한다."

{본문}

童子徒恃嬌愛, 或有不受父母之責, 盛氣辨白,
동 자 도 시 교 애   혹 유 불 수 부 모 지 책   성 기 변 백

有若角勝者然, 久而不改, 終爲不順之子而已.
유 약 각 승 자 연   구 이 불 개   종 위 불 순 지 자 이 이

{해석}

어린이가 다만 사랑함만 믿고, 잘못을 저질러도 혹 부모의 책
망을 받지 않으면, 기를 쓰고 변명하여 마치 승부를 겨루는 것 같
이 하는 사람이 있는데, 이것을 오래도록 고쳐주지 않으면 끝까지
어른의 뜻에 순종하지 않는 자식이 될 따름이다.(김종권, 1993,
p.303)

{ 한자 뜻풀이 }

童 아이 동 子 아들 자 徒 무리 도 恃 믿을 시 嬌 아리따울 교 愛 사랑 애

或 혹 혹 有 있을 유 不 아닐 불 受 받을 수 父 아버지 부 母 어머니 모

之 갈 지, 어조사 지 責 꾸짖을 책

盛 성할 성 氣 기운 기 辨 분별할 변 白 흰 백

有 있을 유 若 같을 약, 만약 약 角 뿔 각 勝 이길 승 者 놈 자 然 그럴 연

久 오랠 구 而 말이을 이 不 아닐 불 改 고칠 개

終 마칠 종, 끝 종 爲 할 위 不 아닐 불 順 순할 순 之 갈 지, 어조사 지

子 아들 자 而 말이을 이 已 이미 이

{ 실천방향 }

김윤섭 흔히 보고 경험하는 일이다. 존 로크 J. Locke는 '미래를 위한 자녀교육'에서 "아이의 고집, 거짓말, 나쁜 행위는 처음부터 허용해서는 안된다."고 언급하고 있다. 악행의 씨를 뿌리내리지 않게 해야 한다는 주장인데, 아이의 성질이나 기질을 헤아리면서 접근할 일이다.

조인상 아이가 잘못을 하였을 때는 즉시 알려주어야 하는데, 아이가 납득하지 못하거나 거세게 반항하는 경우도 있다. 납득하지 못하는 것은 이해가 되지 않는다는 것을 의미하고, 반항하는 경우는 기질에 따라 다르게 나타날 수 있다. 아이의 기질에 따라 부모의 양육 스타일은 달라져야 하고 일관성 있게 지도해야 한다.

황효숙 　자녀가 그릇된 행동을 하는 이면에는 어떤 욕구나 목적을 충족하기 위한 동기가 숨어있다는 것을 알지 못하기 때문에, 부모님들은 자주 문제를 더 악화시키는 행동을 하게 된다. 바꿔 말하자면, 부모의 엄한 훈육 자체가 자녀의 기본적인 욕구나 목적을 달성하는 데에 어떤 보상(강화)을 주는 경우가 많다. 만약 자녀가 부정적 행동을 해서 그 행동이 자신이 원하는 효과를 가져온다면, 자녀가 그런 행동을 계속하는 것은 당연한 것이다. 그래서 자녀가 그릇된 행동을 할 때 가장 먼저 할 것은 아이가 정말 원하는 것이 무엇인가를 파악하는 것이다. 일단 부모가 자녀의 목적을 알게 되면, 자녀가 긍정적인 접근 방식을 사용해서 목적 달성을 하도록 도와줄 수 있기 때문이다.

지옥진 　집단교육을 받는 고등학생 아이를 부모가 아침에 전화해서, 아이가 아파서 좀 늦는다고 학생이 해야 할 일을 해주고, 학교에 전화해서 일일이 간섭하고, 다음날은 아이가 아파서 못 일어나서 병원 진료 받고 늦게 온다고 전화하셨다. 그러면서 아이들 때문에 너무 힘들다고 하소연을 하신다. 부모 상담하며 "어머님이 아이들 손발이 되어주고 대변인 역할까지 해야 하니 많이 힘드시겠네요." 어머님은 손에 깁스를 하셨다. "어머님 몸도 아프신데, 이번 기회에 아이들이 스스로 자신의 일을 알아서 하도록 하는 것이 어떨까요?" 그리고 어머니께서는 자신이 상담을 받아야겠다고 하셨다.

"공경과 사랑으로
부모를 섬기도록 가르친다."

{본문}

或有敬父而畏縮, 愛母而放弛, 畏縮則愛或未
혹 유 경 부 이 외 축   애 모 이 방 이   외 축 즉 애 혹 미

孚, 放弛, 則敬或未行.
부   방 이   즉 경 혹 미 행

故事父母, 敬也愛也, 均焉而已矣.
고 사 부 모   경 야 애 야   균 언 이 이 의

{해석}

혹 아버지는 공경하여 두려워 위축되고, 어머니는 사랑하지만
버릇없이 행동하는 사람이 있는데, 두려워하고 위축되면 사랑하
는 정성이 부족해지고, 버릇없이 행동하면 공경하는 마음이 행해
지지 못한다.

그러므로 부모님 섬김에는 공경하고, 사랑하는 마음이 한결같

아야 할 따름이다. (김종권 역, 1993, p.303)

{ 한자 뜻풀이 }

或 혹 혹 有 있을 유 敬 공경할 경 父 아버지 부 而 말이을 이 畏 두려워할 외
縮 줄어들 축

愛 사랑 애 母 어머니 모 而 말이을 이 放 놓을 방 弛 늦출 이

畏 두려워할 외 縮 줄일 축 則 곧 즉 愛 사랑 애 或 혹 혹 未 아닐 미 孚 미쁠 부
放 놓을 방 弛 늦출 이

則 곧 즉 敬 공경 경 或 혹 혹 未 아닐 미 行 다닐 행

故 연고 고 事 일 사 父 아버지 부 母 어머니 모

敬 공경 경 也 어조사 야 愛 사랑 애 也 어조사 야

均 고를 균 焉 어찌 언 而 말이을 이 已 이미 이 矣 어조사 의

{ 실천방향 }

김윤섭 간혹 이런 경우가 있다. 어머니에게 경어를 쓰지 않고 신
경질을 부리거나 좀 장성해서는 어머니 앞에서 담배를 피
우는 경우도 보게 된다. 고모, 이모 앞에서, 작은어머니, 큰어머니 앞
에서도 피운다. 이런 광경을 보면 맘이 불편하다. 집안 어른들이 방
문했을 때도 잠깐 인사를 한 다음 다시 공부하러 들어가도록 해야 한
다. 이런 기본을 닦는 일은 조금만 게을리하면 고치기 힘들게 된다.
어머니에게 사랑과 효를 실천하는 사람은, 후일 자기 아내를 사랑하
고 존중하는 사람이 될 것이다. 잘못 가지 않게 바로잡아주는 일은 어
릴 적에 해야 한다. 애를 써도 가고자 하는 방향으로 가지 못하는 경

우도 많은데, 부지런히 도모하지 않고 바라는 대로 가게 될까? 교육에는 요행이란 것은 없다.

황효숙 오랫동안 교사로 아이들을 가르쳐본 경험에 의하면, 할아버지, 할머니와 함께 자란 아이들이 훨씬 그렇지 않은 가정의 아이들보다 더 정서적으로 안정되어 있고 이해심과 배려의 마음이 크다. 할아버지, 할머니와 함께 생활하면서 보이지 않게 많은 긍정적인 삶의 지혜를 배웠을 것이라 확신한다. 어른을 모신다는 것, 부모님 섬기기는 사람의 근본 도리다. 하지만 비판적인 시각에서 바라다볼 때는 효도는 부모 세대나 타인에 의해 강요될 것이 아니라 자식 스스로 부모를 사랑해서 실천해야 한다는 것이다. 만약 부모가 자식을 잘 돌보지 않고 학대, 방치하였음에도 불구하고 자식에게 자신을 무조건적으로 공경하라 강요하는 것은 도리어 뻔뻔하다고 말할 수 있다. 설령 같은 자식 세대라도 가정환경이 다르니 남에게 참견하는 것도 오지랖일 뿐이다.

지옥진 아버지는 낳아주시고, 어머니는 길러주신다는 말이 있다. 아버지의 정서와 어머니의 정서는 다르다. 어머니는 10달을 뱃속에서 애지중지 보호하고 출산의 고통을 참으며 아이를 낳는다. 태어난 아이에게 모유를 먹이며, 아이를 키우고 교감하며 정서적 탯줄이 이어져 있다. 심리 정서적으로 남자와 아버지는 같다. 그러나 여자와 어머니는 다르다. 아버지가 엄하게 한다면, 어머니는 품어 안으며 보호하려는 대지와 같은 모성이 있기 때문이다.

"스승을 공경하도록 가르친다."

{본문}

稱師長必曰先生.
칭 사 장 필 왈 선 생

李陳玉示兒書曰,『余弱冠, 謁鄒南皐師, 座客
이 진 옥 시 아 서 왈　　　여 약 관　　알 추 남 고 사　　좌 객

有擧鄕先生別號者, 師曰,「此先達也. 宜加以先
유 거 향 선 생 별 호 자　사 왈　　차 선 달 야　　의 가 이 선

生二字. 不是敎爾迂橺.」凡人口頭不謙謹者, 知
생 이 자　불 시 교 이 우 려　　　범 인 구 두 불 겸 근 자　　지

其胸中放肆, 目無前輩, 其人一生, 人品事業, 無
기 흉 중 방 사　목 무 전 배　기 인 일 생　인 품 사 업　무

規矩準繩可知. 爲記此, 以戒爾曹, 此輕薄之習,
규 구 준 승 가 지　위 기 차　이 계 이 조　차 경 박 지 습

願汝曹無相效也.
원 여 조 무 상 효 야

噫! 今世童子, 肆然斥呼受業之師, 及他尊長名
희 금세동자 사연척호수업지사 급타존장명

與字, 何嘗稱別號, 稱先生也哉?「孔子祖也, 子
여자 하상칭별호 칭선생야재 공자조야 자

思稱夫仲尼, 周子師也, 程子稱夫茂叔.」此不知
사칭부중니 주자사야 정자칭부무숙 차부지

時世之異宜也. 今世之不可斥呼長者之字, 猶宋
시세지이의야 금세지불가척호장자지자 유송

之世, 不可斥呼王父之字也. 故使孺子驕慢無禮
지세 불가척호왕부지자야 고사유자교만무예

者, 父兄之過也. 字猶不可斥呼, 况其名乎?」
자 부형지과야 자유불가척호 황기명호

{해석}

스승과 어른을 일컬을 때는 반드시 선생이라고 말할 것이다.

이진옥(:명나라 사람)이 아이들에게 보인 글에 말하기를, 『내가 스무 살에 추남고(: 명나라 사람) 스승님을 찾아뵐 때, 그 자리에 손님으로 거향 선생이라는 별호를 가진 사람이 있었는데, 스승님이 말씀하시기를, 「이 분은 선달이다. 마땅히 선생이라는 두 글자를 가하여야 옳다. 이는 너에게 실제 사정과 관계가 먼 것을 가르치는 것이 아니다. 무릇 사람으로서 말이 겸손하고 근실하지 못한 사람은 그 마음속의 방자함을 알 수 있고, 눈앞에 선배가 없으면 그 사람이 일생 동안 인품이나 사업에 지켜야 할 법도와 표준이 없음을 가히 알 수 있는 것이다. 이것을 기록하여 너희들에게 경계하는 것이니, 원컨대 너희들은 이러한 경박한 버릇을 서로 본받는 일이 없도록 하라.」고 하셨다.

아아! 지금 세상의 어린이들은 방자하게도 글을 가르쳐주는 스승과 어른들의 이름이나 자를 함부로 부르니, 어찌 그 별호를 일컫고 선생이라 일컫겠는가? 걸핏하면 말하기를, 「공자는 할아버지인데, 자사는 공자를 중니라고 일컬었고, 주자(:북송의 학자. 주돈이)는 스승인데, 정자(:북송의 학자. 정이, 정호)는 주자를 무숙이라고 일컬었다.」고 하는데, 이는 시세에 따라 마땅하고 그렇지 아니함을 알지 못하기 때문이다. 지금 세상에서 어른의 자를 함부로 불러서 안 되는 것은 송나라 때 할아버지의 자를 함부로 불러서는 안 되는 것과 같은 것이다. 그러므로 어린아이를 교만하고 무례하게 만드는 것은 어린아이 부형들의 잘못이다. 자도 함부로 불러서는 안 되는데, 하물며 그 이름을 함부로 부르겠는가?』라고 하였다. (김종권 역, 1993, pp. 303-305)

{ 한자 뜻풀이 }

稱 일컬을 칭　師 스승 사　長 길 장,어른 장　必 반드시 필　曰 가로 왈　先 먼저 선　生 날 생
李 오얏 리　陳 베풀 진,진칠 진　玉 구슬 옥　示 보일 시　兒 아이 아　書 글 서
曰 가로 왈,말할 왈
余 나 여　弱 약할 약　冠 갓 관
謁 뵐 알　鄒 추나라 추　南 남녘 남　皐 언덕 고　師 스승 사
座 자리 좌　客 손님 객　有 있을 유　舉 들 거　鄉 시골 향,고을 향　先 먼저 선　生 날 생
別 나눌 별　號 이름 호　者 놈 자
師 스승 사　曰 가로 왈
此 이 차　先 먼저 선　達 통달할 달　也 어조사 야

宜 마땅의 加 더할가 以 써이 先 먼저선 生 날생 二 두이 字 글자자

不 아닐불 是 옳을시 敎 가르칠교 爾 너이 迂 얼우,굽을우 櫚 종려여

凡 무릇범 人 사람인 口 입구 頭 머리두 不 아닐불 謙 겸손할겸 謹 삼갈근
者 놈자

知 알지 其 그기 胸 가슴흉 中 가운데중 放 놓을방 肆 방자할사

目 눈목 無 없을무 前 앞전 輩 무리배

其 그기 人 사람인 一 한일 生 날생

人 사람인 品 물건품 事 일사 業 업업

無 없을무 規 법규 矩 곱자구,네모구 準 준할준 繩 노끈승 可 옳을가 知 알지

爲 할위 記 기록할기 此 이차

以 써이 戒 경계할계 爾 너이 曹 무리조

此 이차 輕 가벼울경 薄 엷을박 之 갈지,어조사지 習 익힐습

願 원할원 汝 너여 曹 무리조 無 없을무 相 서로상 效 본받을효 也 어조사야

噫 한숨쉴희 今 이제금 世 인간세 童 아이동 子 아들자

肆 방자할사 然 그럴연 斥 물리칠척 呼 부를호 受 받을수 業 업업

之 갈지,어조사지 師 스승사

及 미칠급 他 다를타 尊 높을존 長 길장,어른장 名 이름명 與 더불여 字 글자자

何 어찌하 嘗 맛볼상,일찍이상 稱 일컬을칭 別 나눌별 號 이름호

稱 일컬을칭 先 먼저선 生 날생 也 어조사야 哉 어조사재

孔 구멍공 子 아들자 祖 할아버지조 也 어조사야

子 아들자 思 생각사 稱 일컬을칭 夫 지아비부 仲 버금중 尼 여승니

周 두루주 子 아들자 師 스승사 也 어조사야

程 한도정 子 아들자 稱 일컬을칭 夫 지아비부 茂 무성할무 叔 아저씨숙

此 이차 不 아닐부 知 알지 時 때시 世 인간세 之 갈지,어조사지 異 다를이

宜 마땅 의 也 어조사 야

今 이제 금 世 인간 세 之 갈 지, 어조사 지 不 아닐 불 可 옳을 가

斥 물리칠 척 呼 부를 호 長 길 장, 어른 장 者 놈 자 之 갈 지, 어조사 지 字 글자 자

猶 오히려 유 宋 성씨 송 之 갈 지, 어조사 지 世 인간 세

不 아닐 불 可 옳을 가 斥 물리칠 척 呼 부를 호 王 임금 왕 父 아버지 부

之 갈 지 字 글자 자 也 어조사 야

故 연고 고 使 하여금 사 孺 젖먹이 유 子 아들 자 驕 교만할 교 慢 거만할 만

無 없을 무 禮 예도 예 者 놈 자

父 아버지 부 兄 형 형, 맏형 之 갈 지 過 지날 과 也 어조사 야

字 글자 자 猶 오히려 유 不 아닐 불 可 옳을 가 斥 물리칠 척 呼 부를 호

況 상황 황, 하물며 황 其 그 기 名 이름 명 乎 어조사 호

{ 실천방향 }

김윤섭　누구에게든 자기에게 배움을 주고 나아갈 길을 일러준 스승이 있다. 그 고마움과 소중함을 모르거나 알고도 그냥 넘어가거나 한다. 스승다운 스승이 없는 세태 탓이겠으나 진정으로 따르고 배울 스승도 많다. 찾으려고 하지 않거나 못 만났을 뿐이다. 어린 시절부터 선생님 공경하기를 가르쳐야 한다. 생각이 있는 부모라면, 내 아이의 큰 장래를 꿈꾼다면 그렇게 가르쳐야 한다. 사회적으로 한 역할을 하는 이들을 보면, 반드시 그를 이끈 스승이 있었다는 점을 주목해 볼 일이다. 특히 아이들에겐 선생님을 비방하는 일은 없도록 가르쳐야 한다. 교육의 출발은 거기서부터 아닐까?

조인상 좋아하면 평가하지 않는다고 한다. 스승을 좋아하게 되면 학습에 힘을 기울이게 되고, 스승의 단점도 좋아 보일 수 있다. 자녀들이 어릴 때 의도적으로 선생님을 좋아할 수 있도록 노력을 들였다. 아이들에게 선생님의 영향력은 크고, 학교에서의 생활이 많은 시간을 차지하고, 좋아하는 사람과 함께해야 그 시간도 즐거울 테니깐.

황효숙 예로부터 '스승의 그림자도 밟지 않는다.'고 했다. 또한 "스승을 따라 걸어갈 때는 웃거나 떠들면 안 되고, 스승의 그림자를 밟지 않도록 일곱 자 남짓 떨어져야 한다."고 했다. 심지어 예전에는 임금과 스승, 아버지의 은혜를 동일시하기도 했다. 그만큼 스승의 존재는 무거운, 존경의 대상이었다. 하지만 지금의 현실은 어떠한가?

　사교육이 공교육보다 중요시되는 이 시대, 학부모와 학생이 선생님의 교권을 함부로 대한다. 학생과 학부모들의 무례를 넘어선 거친 말과 행동은 이제 다반사가 되었다. 대학에서도 학생들의 강의평가로 인해 함부로 권면하기도 조심스럽다. 이런 때에 교사는 어떻게 대처해야 하는가? 교권은 교사와 학생, 그리고 학부모, 모두의 몫이다. '가르침'과 '배움'의 참된 의미가 바로서야 진정한 의미의 교권이 제자리를 찾을 수 있다.

지옥진 오늘날 예절교육을 집에서 적절하게 시키는 부모들이 적은 것이 사실이다. 50년대, 60년대에는 삼대가 같이 사는 집이 많아서 어른에 대한 예의를 자연스럽게 배우는데, 요즘 핵가족화로 바쁘게 맞벌이하는 부부들이 예절에 대해 가르칠 시간도 없고 부모도 아이들을 소중하게만 생각해서 기본적인 인성에 대해 가르칠 이유를 모르는 것 같기도 하다.

우리 부모들이 자녀의 인성교육을 중요하게 인식하지 못하는 것이 안타까운 현실이다.

"상대를 존중하도록 가르친다."

{ 본문 }

趙判樞絅, 往一宰臣家, 蔭官老人先在座.
조 판 추 경　왕 일 재 신 가　음 관 노 인 선 재 좌

主人孫兒年方六七, 甚嬌愛, 使兒戲辱蔭官, 擬
주 인 손 아 년 방 육 칠　심 교 애　사 아 희 욕 음 관　의

以犬牛.
이 견 우

主人喜曰, 『小兒有氣, 必興吾門.』
주 인 희 왈　소 아 유 기　필 여 오 문

趙公正色曰, 『小兒心氣未定, 雖撻而敎之, 使
조 공 정 색 왈　소 아 심 기 미 정　수 달 이 교 지　사

敬長老, 猶有不奉其敎, 今乃敎之以侮辱, 兒必
경 장 로　유 유 불 봉 기 교　금 내 교 지 이 모 욕　아 필

認以爲老旣可慢. 則兄可慢, 父可慢, 君上亦可
인 이 위 노 기 가 만　즉 형 가 만　부 가 만　군 상 역 가

慢, 幾何不至於犯惡逆也?』主人氣塞不能言.
만 기 하 불 지 어 범 악 역 야 　 주 인 기 색 불 능 언

{ 해석 }

　판중추부사 조경(:조선 인조 때 학자. 호는 용주)이 한 재상의 집에
갔더니, 거기에는 부모의 덕으로 벼슬을 한 노인이 먼저 와서 앉
아 있었다.

　재상 주인의 손자가 이제 6, 7살쯤 되었는데, 주인은 손자 아
이 몹시 귀애하여 아이로 하여금 그 노인을 희롱하고 모욕하게 하
니, 아이는 노인을 개나 소에 비겨 말하였다.

　그러니까 주인은 기뻐하며 말하기를, 『이 손자 아이 기개가 있
는 것으로 보아 반드시 우리 가문을 일으킬 것이오.』라고 하였
다.

　이를 본 조공은 정색을 하고 말하기를, 『어린아이는 마음과 기
개가 아직 자리잡히지 못하였으므로, 비록 종아리를 때리며 어른
이나 늙은이를 공경하도록 가르쳐도 오히려 그 가르침을 받들지
않는 일이 있는데, 지금 이렇게 모욕하는 것을 가르쳤으므로, 손
자 아이는 반드시 늙은이를 업신여겨도 괜찮은 것으로 알 것입니
다. 그리고 곧 형도 업신여길 수 있을 것이라고 생각할 것이니,
어찌 의리에 벗어난 짓을 범하는데 이르지 않는다고 하겠습니
까?』라고 하니, 주인은 기가 막힌 듯 능히 말을 하지 못하였다. (김
종권 역, 1993, p.305)

{ 한자 뜻풀이 }

趙 나라 조　判 판단할 판　樞 지도리 추　絅 끌어 찔 경, 바짝찔 경

往 갈 왕　一 한 일　宰 재상 재　臣 신하 신　家 집 가

蔭 그늘 음　官 벼슬 관　老 늙을 노　人 사람 인　先 먼저 선　在 있을 재　座 자리 좌

主 주인 주　人 사람 인　孫 손자 손　兒 아이 아　年 해 년　方 모 방　六 여섯 육

七 일곱 칠

甚 심할 심　嬌 아리따울 교　愛 사랑 애

使 히여금 사　兒 아이 아　戲 희롱할 희　辱 욕될 욕　蔭 그늘 음, 가릴 음　官 벼슬 관

擬 비길 의　以 써 이　犬 개 견　牛 소 우

主 임금 주　人 사람 인　喜 기쁠 희　曰 가로 왈

小 작을 소　兒 아이 아　有 있을 유　氣 기운 기

必 반드시 필　與 더불 여　吝 나오　門 문 문

趙 나라 조　公 공평할 공　正 바를 정　色 빛 색　曰 가로 왈

小 작을 소　兒 아이 아　心 마음 심　氣 기운 기　未 아닐 미　定 정할 정

雖 비록 수　撻 때릴 달, 매질할 달　而 말이을 이　敎 가르칠 교　之 갈 지, 어조사 지

使 히여금 사　敬 공경 경　長 길 장, 어른 장　老 늙을 로

猶 오히려 유　有 있을 유　不 아닐 불　奉 받들 봉　其 그 기　敎 가르칠 교

今 이제 금　乃 이에 내　敎 가르칠 교　之 갈 지, 어조사 지　以 써 이　侮 업신여길 모

辱 욕될 욕

兒 아이 아　必 반드시 필　認 알 인　以 써 이　爲 할 위　老 늙을 로　旣 이미 기

可 옳을 가　慢 거만할 만

則 곧 즉　兄 형 형, 맏 형　可 옳을 가　慢 거만할 만

父 아버지 부　可 옳을 가　慢 거만할 만

君 임금 군　上 위 상　亦 또 역　可 옳을 가　慢 거만할 만

幾 몇기 何 어찌하 不 아닐불 至 이를지 於 어조사어 犯 범할범 惡 악할악

逆 거스릴역 也 어조사야

主 임금주, 주인주 人 사람인 氣 기운기 塞 변방색, 막을색 不 아닐불

能 능할능 言 말씀언

{ 실천방향 }

김윤섭 오늘날 우리들 주변에서도 보는 일일 것이다. 집안 어른들이 방문했는데도 나와서 인사하지 않고 제 할 일 하다가 나중에 나와서 마주치게 되면 그때에서야 대강 인사하는 경우, 방문한 사람은 그냥 지나치겠지만 내심 자녀교육을 잘못하고 있다고 그 부모를 딱하게 여길 것이고, 그 자녀들에 대해서도 장래성을 기대해 주지 않을 것이다. 상대 존중의 예의는 어릴 때부터 가르칠 일이다. 그리하려면 부모부터 남을 공대恭待하는 모습을 배워 실천해야 한다.

황효숙 셰익스피어의 4대 비극 중에서 "리어왕" 생각이 난다. 리어왕은 나이 들면서 판단력이 흐려지고 처신을 잘못해서 두 딸에게는 이용을 당하고, 효심이 지극한 셋째 딸의 마음을 바로 알아채지 못해서 비참한 최후를 맞는 어리석은 늙은 왕이 되고 만다. 이런 구절이 기억난다. "철이 들고 늙었어야지!" 이 말은 참으로 의미가 깊다. 어른을 공경하는 것도 중요하지만 어른답지 못한 어른은 또 얼마나 많은가? 나이 들어 젊은이에게 관대하고 너그럽게 포용하고, 용서하고 잔소리는 적게 하고, 몸소 본이 되는 어른이 되어야 한다. 모든 인간은 상호 공경해야 하며 그것에는 필수적인 전제가 따른다. 공

경할 만큼의 최소한의 인성과 품격 등을 갖추거나 겸비해야 한다는 것이다. 지식이나 경험이 많은 사람이라고 그 사람이 소위 괜찮은, 혹은 공경 받을만한 사람이라고 단정하기 어렵다. 그 지식과 경험을 깨달음과 연결시켜 자신의 인격과 품성, 품격 등으로 승화 또는 발전시켜야 비로소 그 가치가 있는 것이다. 다른 인간에 대한 존중, 혹은 공경이 없는 지식과 경험은 자칫 폭력으로 변하기 쉽다. 막연히 노인을 공경해야 한다는 추상적인 말은 이제 너무 오류적 표현 같기도 하다.

지옥진　손자가 너무 예쁘다고 다 받아주면 할아버지 수염을 쥐고 흔든다는 이야기가 있다. 귀할수록 부족하게 키우라는 말은 너무 과하게 해주어서 버릇없고 다른 사람들을 무시하고 업신여길 수 있다는 말이다.

**"나이가 위인 사람을
윗대접을 하도록 가르친다."**

{ 본문 }

同學之兒, 年雖相若, 或有先冠者, 稍敬之, 勿
동 학 지 아   연 수 상 약   혹 유 선 관 자   초 경 지   물

爾汝也.
이 여 야

{ 해석 }

함께 공부하는 아이들 중에 나이가 비록 같더라도, 혹시 먼저
결혼한 사람이 있으면 그를 공경할 것이요, 너, 너희들이라고 하지
말아야 한다.(김종권, 1993, pp.305-306)

{ 한자 뜻풀이 }

同 한가지 동 學 배울 학 之 갈 지, 어조사 지 兒 아이 아

年 해년 雖 비록수 相 서로상 若 같을약, 만약약

或 혹혹 有 있을유 先 먼저선 冠 갓관 者 놈자

稍 점점초 敬 공경경 之 갈지, 어조사지

勿 말물 爾 너이 汝 너여 也 어조사야

{ 실천방향 }

김윤섭   자기보다 나이가 위인 사람을 윗대접을 하도록 가르칠 일이다. 소홀히 하기 쉬운 일이나 상대 존중이 인간관계의 기본이라는 점에서 실천할 일이다.

조인상   어른은 나이가 든다고 되는 것이 아니고, 다양한 상황을 경험하면서 성숙해지는 것이다. 한 가정을 책임지면 인품이 깊어질테니 친구 간에도 결혼한 친구는 더 존중하라는 말씀이다. 친구끼리도 너무 격이 없이 지내는 것보다는 예의를 지키는 것이 오랫동안 신뢰 있는 관계가 된다.

황효숙   옛날부터 결혼한 형제에게는 아무리 나이 차이가 나지 않더라도, 공경하고 어른으로 대접하고 높임말을 써왔다. 아마 결혼하면 어른이 된다는 뜻일 거다. 결혼을 하고 부모가 된다는 것은, 진정으로 서로에게 책임감 있는 가정을 가진다는 것을 의미하며 스스로 자립의 의미를 가지기도 한다. 결혼한 사람은 이제 아이들처럼 경거망동하지 않아야 하며, 성인으로서의 신분 획득을 의미하므로 정신적, 경제적으로 독립된 생활을 하여야 한다.

童規−敬長 7

"어른을 분별, 대접하도록 가르친다."

{ 본문 }

勿服長者冠帶, 以爲遊戱, 勿坐臥長者之坐臥處.
물 복 장 자 관 대   이 위 유 희   물 좌 와 장 자 지 좌 와 처

{ 해석 }

어른의 의관이나 띠를 입고 장난하지 말고, 어른이 앉고 눕는 자리에 앉거나 눕지 말라. (김종권 역, 1993, p. 306)

{ 한자 뜻풀이 }

勿 말 물 服 옷 복 長 길 장, 어른 장 者 놈 자 冠 갓 관 帶 띠 대

以 써 이 爲 할 위 遊 놀 유 戱 희롱할 희

勿 말 물 坐 앉을 좌 臥 누울 와 長 길 장, 어른 장 者 놈 자 之 갈 지, 어조사 지

坐 앉을좌 臥 누울와 處 곳처

김윤섭 좋지 않은 버릇이다. 어릴 적에 바로잡아주어야 한다. 그
대로 두면 무엇이, 왜 잘못되었는지도 모르게 되고, 남에
게 무례하고 피해를 끼치는 짓을 다반사茶飯事로 하게 된다.

조인상 스무 살 때쯤 아버지 옷을 입어 보았다가 혼이 난 적이 있
다. 사이즈를 가늠하느라 입었던 것인데, 야단을 맞아 억
울했던 기억이 남아있다. 입식立式의 집안 분위기에도 아버지의 의자
는 집집마다 있지 않은가? 어른의 권위는 만들어야 할 필요도 있다.
공경한 행동은 자세에서 시작되기 때문이다.

황효숙 요즘 세대갈등이 큰 사회문제로 대두하고 있다. 어르신들
과 젊은이들은 서로의 세대에 대해 이해를 하지 못하고,
그들의 생각을 비판하거나 심지어 냉소를 보내기도 한다. 격차가 큰
청소년과 노인들 간의 문제는 차치하고라도, 한창 동시대에 경제생
활을 하는 20~40사이에서도 세대갈등이 크게 나타나고 있다. 이런
상황에서 기성세대는 자신들이 존중받지 못한다고 생각하고, 젊은
세대는 기성세대가 자신들의 가치관을 인정하지 않고 낙인찍는다고
생각한다. 이러한 세대갈등은 건강한 사회로의 발전을 저해하는 요
소이다.

지옥진 우리가 사회생활을 하다 보면 앉을 자리가 누구의 자리인가가 중요하다. 지역사회에 회의가 있어서 갔는데, 위원장 자리에 일반인이 앉아있어서 보기가 안 좋다는 이야기를 했더니 자리가 없어서 그랬다고 하였다. 자리에 주인이 없어도 비워두고 보조 의자를 놓고 앉도록 하여야 예의를 지키는 것이 아닌가 생각한다.

"어른들 존중하는 태도를 가르친다."

{본문}

對長者勿爬頭脂, 刮齒痓, 挏鼻涕, 挖耳垢.
대 장 자 물 파 두 지　괄 치 은　동 비 체　알 이 구

{해석}

　어른을 마주대하고 있을 때에는 앉아서 머리 비듬을 긁거나,
이 속의 음식 찌꺼기를 쑤셔내거나, 콧물을 닦거나 귀에 귀지를
후비어내는 짓을 하지 말아야 한다. (김종권 역, 1993, p. 306)

{한자 뜻풀이}

　對 대할대 長 길장 者 놈자, 어른장 勿 말물 爬 긁을파 頭 머리두 脂 기름지

　刮 긁을괄, 깎을괄, 갈괄 齒 이치 痓 앙금은

桐 끌 동　鼻 코 비　涕 눈물 체

挖 후벼낼 알　耳 귀 이　垢 때 구

{ 실천방향 }

김윤섭　위생의 면에서도 잘못 배워왔고 예의도 아니다. 오늘날에
도 이 정도면 누가 마주 앉아 있으려고 하겠는가? 그런데
실제로 이런 사람들과 마주하게 되는 경우가 있다. 멀쩡한 사람들인
데도 말이다. 제 나름으론 사회 활동도 한다는 사람들인데도, 실례를
범하는 일이 있어서 혀를 차게 하는 경우다. 한 예를 들면, 음식을 먹
다 뱉어야 하는 경우, 휴지나 다른 빈 그릇에다 조용히 뱉을 일일 터
인데, 기침에 가래 소리까지 내면서 주변 사람들을 불편하게 하는 사
람들을 본다. 공부는 해서 학위도 받고 출세도 했으나 유년 시 가정교
육에서 자신과 주변을 공히 존중하는 기본을 익히지 못했던 것이다.
어른 앞에서의 예의가 아닌 것은 물론이고, 남녀노소 막론하고 이 정
도면 매우 걱정스러운 터, 집안에서부터 에티켓 교육이 절실하다. 미
리미리 차근차근 한 가지씩 일러 나가야 하는 것이 가정교육의 기본
이다.

황효숙　"예절은 공기와도 같다. 아무것도 없어 보이지만, 인생의
거친 면들을 분명 완화시켜준다." 예절의 중요성을 무엇
보다 중요시하는 말로써 장소와 시간, 상대방에 알맞은 에티켓을 통
해 사람들과 즐거운 교류를 나눌 수 있다. 예의범절은 때론 딱딱해 보
일 수도 있지만, 상황에 따라선 매우 중요하다. 세월이 흘러도 여전히

사람들 사이에서 존중받는 에티켓도 많은데, 특히 식사 때 지켜야 하는 테이블 매너가 그러하다. 품격 교육이 참 필요한 세대이다. 옛날에만 품격이 필요한 것이 아니고, 선생만 품격을 지켜야 하는 것이 아니고 남녀노소를 막론하고 예절교육은 매우 중요하다.

지옥진　어른과 마주 앉아서 이야기 할 때는, 공손한 자세로 손을 무릎 위에 올려놓고, 눈을 맞추며 고개를 끄덕이고 대답을 적설하게 하고, 표징을 온화하고 부드럽게 하여야 한다. 어른이 이야기 할 때 눈을 이리 저리 굴리며 다른 곳을 쳐다보거나, 손이나 다리를 떨거나, 집중하지 못해서 동문서답을 한다면, 그 사람의 인격이 낮아 보이기 때문이다. 대화 예절도 내 이야기만 할 것이 아니라 상대방의 이야기에 귀를 기울이고, 식사예절도 비위에 거슬리는 행동을 삼가야 하며 더러운 행동을 하지 말아야 한다.

"어른들 존중하는 태도를 가르친다."

{본문}

見長者方食, 不可流涎而企之, 雖不與之, 勿須
견 장 자 방 식　　불 가 유 연 이 기 지　　수 불 여 지　　물 수

恨也.
한 야

孟子曰,『飮食之人, 則人賤之.』
맹 자 왈　　음 식 지 인　　즉 인 천 지

{해석}

　어른이 바야흐로 식사를 하는 것을 보고 침을 흘리면서 바라봐
서는 안 되고, 비록 주지 않더라도 원망하지 말아야 한다.

　맹자는 말하기를,『먹고 마시는 것만 존중하는 사람은 남들이
천하게 여긴다.』라고 하였다.(김종권 역, 1993, p.306)

{ 한자 뜻풀이 }

見 볼 견 長 길 장, 어른 장 者 놈 자, 것 자 方 모 방, 바야흐로 방

食 먹을 식, 밥 식, 밥 사

不 아닐 불 可 옳을 가 流 흐를 유 涎 침 연 而 말이을 이 企 꾀할 기

之 갈 지, 어조사 지

雖 비록 수 不 아닐 불 與 더불 여 之 갈 지, 어조사 지

勿 말 물 須 모름지기 수 恨 한 한 也 어조사 야

孟 맏 맹 子 아들 자 曰 가로 왈, 말할 왈

飮 마실 음 食 먹을 식, 밥 식, 밥 사 之 갈 지, 어조사 지 人 사람 인, 다른 사람 인

則 곧 즉 人 사람 인 賤 천할 천 之 갈 지, 어조사 지

{ 실천방향 }

김윤섭 어른을 편히 해드린다는 뜻이다. 〈士典−動止 39〉에도 「존자대안식尊者對案食, 물거배야勿遽拜也」−"웃어른이 밥상을 받고 식사를 할 때에는 다급히 절하며 인사하지 말라.(김종권 역, 1993, p.70)"고 하여, 예를 갖출 것을 일러주고 있다. 요즘 세속 풍경은 아니다. 노소간 적절한 예의禮儀를 표하고 함께 담소하면서 즐겁게 식사하는 모습이 좋을 듯하다.

조인상 식사예절에 대한 태도는 타인들에게 참 많이 노출된다. 식사하면서 어른보다 수저를 먼저 들지 않고, 어른이 식사 중인데 먼저 일어서면 안된다는 기본예절은 어릴 때 가르쳐야 한다. 숟가락과 젓가락을 동시에 들지 말고, 반찬을 뒤적이는 것, 음식을 입

에 담고 말하지 말며, 반찬 그릇을 젓가락으로 끌고 오면 안되는 것 등등 부모가 아이와 식사하면서 가르쳐야 한다.

황효숙 　근본적으로 가정과 학교에서 인성교육을 강화하고 예절과 에티켓, 품성교육에 대해 구체적으로 실천하는 방법을 모색해야한다. 예를 들어, 다도예절, 절하는 법, 인사하는 법, 직장예절 등이다.

지옥진 　효 사상에서는 어른을 공경하고 윗사람에 대한 예의를 중요시하여 어린아이들이 행동을 경솔하게 하면 예의 없다고 하였다. 그런데 요즘은 아이 중심으로 아이들이 귀하게 자라다 보니 버릇없게 키운다고 걱정들을 많이 한다.

식당에서 뛰어다니고 다른 사람에게도 방해가 되니까 식당에서도 아이들이 놀 수 있는 놀이방을 만들어 놓는다. 부모들은 아이들이 돌아다니며 먹어도 바르게 앉아서 먹도록 가르치지 않는 모습이다. 말귀를 알아들으면 위험하거나 남에게 피해가 되는 행동은 하지 않도록 가르치고 지도해야 한다.

"어른들 존중하는 태도를 가르친다."

{본문}

長者欲吸烟, 必先裝葉, 打火以進.
장 자 욕 흡 연   필 선 장 엽   타 화 이 진

{해석}

어른이 담배를 피우려고 하면, 반드시 먼저 담배를 담아서 불을 붙여 올릴 것이다. (김종권 역, 1993, p.306)

{한자 뜻풀이}

長 길 장, 어른 장   者 놈 자   欲 하고자할 욕   吸 마실 흡   烟 연기 연

必 반드시 필   先 먼저 선   裝 꾸밀 장   葉 잎 엽

打 칠 타   火 불 화   以 써 이   進 나아갈 진, 올릴 진

김윤섭　이 문제는 작은 예의라고 하겠으나, 아이들 앞에서 어른들이 먼저 금연하는 모습을 보이는 것이 바람직하다.

조인상　최근 흡연인구는 젊은 여성들이 많아지는 추세라고 한다. 각자의 기호이니 알아서 할 일이지만 금연구역에서의 흡연은 안된다. 만 3세 아이들부터 흡연에 대한 교육을 하고 있는데, 여럿이 함께하는 세상에서 비흡연자들에게 불편을 주지 않도록 예의와 법을 지켜야 한다. 나라마다 흡연에 대한 법이 다르니 여행갈 때는 잘 살피고 지켜야 할 것이다.

황효숙　올바른 흡연예절이란, 공공장소나 직장, 가정 등에서 지켜야 할 흡연예절을 스스로 지키고 배려와 올바른 흡연 에티켓을 정착시켜 성숙된 문화를 이루어 나가는 것이 좋겠다.

"어른들 존중하는 태도를 가르친다."

{본문}

長者欲出門, 必拂衣帶刷笠以進, 長者自外歸,
장자욕출문　필불의대쇄입이진　장자자외귀

欲褪衣, 必從後執兩袖以脫之, 搨掛椸上貼如也.
욕퇴의　필종후집양수이탈지　탑괘이상첩여야

{해석}

어른이 외출하시려고 하면, 반드시 어른이 입을 옷의 먼지를 떨고, 갓을 깨끗이 솔질하여 올리고, 어른이 외출하고 돌아오셔서 옷을 벗으려 하면, 반드시 뒤에서 두 옷소매를 잡아 벗겨서 옷걸이에 걸어 잘 정돈할 것이다.(김종권 역, 1993, p.306)

{ 한자 뜻풀이 }

長 길장, 어른장　者 놈자　欲 하고자할욕　出 날출　門 문문

必 반드시필　拂 떨칠불　衣 옷의　帶 띠대　刷 인쇄할쇄　笠 삿갓입　以 써이

進 나아갈진, 올릴진

長 길장　者 놈자　自 스스로자　外 바깥외　歸 돌아갈귀

欲 하고자할욕　褪 바랠퇴　衣 옷의

必 반드시필　從 좇을종　後 뒤후　執 잡을집　兩 두양　袖 소매수　以 써이

脫 벗을탈　之 갈지, 어조사지

搨 베낄탑　掛 걸괘　椸 횃대이　上 위상　貼 붙일첩　如 같을여　也 어조사야

{ 실천방향 }

김윤섭　오늘날의 환경에서도 이렇게 가르치는 집안이 있다면, 본
보기가 될 것이다. 그러나 아직 건강한 부모라면, 자신들
이 하면 될 일이다.

황효숙　옛날에 볼 수 있는 예절 있는 어른 섬김의 문화라고 할 수
있겠다. 하지만 요새라고 해서 지키지 않을 일이 아니고
명품교육을 받은 자녀들은 이렇게 한다.

"어른을 존중하는 태도를 가르친다."

{본문}

長者欲書字, 必整備紙硯, 小必磨墨, 勿太肆力,
장 자 욕 서 자　필 정 비 지 연　소 필 마 묵　물 태 사 역

勿濫用長者紙筆.
물 남 용 장 자 지 필

凡長者所命托藏之物, 勿失勿壞.
범 장 자 소 명 탁 장 지 물　물 실 물 괴

{해석}

　어른이 글씨를 쓰려고 하면 반드시 종이와 벼루를 정비하고는 조심스럽게 먹을 갈되 크게 힘을 주지 말며, 어른의 종이와 붓을 마음대로 쓰지 말라.

　무릇 어른이 간직해 두라고 명령한 물건은 잃어버리지 말고, 부

수지 말라. (김종권 역, 1993, pp.306-307)

{ 한자 뜻풀이 }

長 길 장, 어른 장 者 놈 자 欲 하고자할 욕 書 글 서 字 글자 자

必 반드시 필 整 가지런할 정 備 갖출 비 紙 종이 지 硯 벼루 연

小 작을 소 必 반드시 필 磨 갈 마 墨 먹 묵

勿 말 물 太 클 태 肆 방자할 사 力 힘 역

勿 말 물 濫 넘칠 남(람) 用 쓸 용 長 길 장, 어른 장 者 놈 자 紙 종이 지 筆 붓 필

凡 무릇 범 長 길 장, 어른 장 者 놈 자 所 바 소, 곳 소 命 목숨 명 托 맡길 탁

藏 감출 장 之 갈 지, 어조사 지 物 물건 물

勿 말 물 失 잃을 실 勿 말 물 壤 무너질 괴

{ 실천방향 }

김윤섭 어른들의 소지품을 함부로 다루지 않도록 평소에 가르쳐
둘 일이다. 오늘날에도 필요한 가르침이다.

조인상 한학자漢學者이신 할아버지의 청으로 어릴 때 가끔 벼루
에 먹을 가는 일을 했었다. 벼루에 물을 적당히 붓고 먹이
글을 쓸 수 있는 농도가 될 때까지 바른 자세로 정성껏 갈아야 했다.
손의 기운을 조절하지 못하거나 딴생각을 하면 먹물이 튈 수 있어 정
신을 모으고 신중하게 해야 한다. 좋은 먹은 부드러운 향이 난다. 그
때는 좀 지루한 일이었지만, 먹으로 글을 쓰시던 할아버지 모습이 좋
은 추억이 되었다. 어른의 물건은 늘 조심히 다루고 말씀하신대로 따

라야 한다. 아침마다 붓글씨를 배우면서 빨리 쓴다고 혼났던 기억도 난다. 옛 어른들은 진중함을 좋은 성품으로 여겼다. 덕분에 진중함이 조금 생겼을지도 모르겠다는 생각이 든다. 어릴 때의 경험은 가치관과 성격을 형성하는데 영향을 준다. 그러므로 부모는 늘 신중한 모습을 보여야 한다.

황효숙 요즘 시대에 먹과 붓을 사용하지는 않지만, 어른이 주신 물건을 함부로 버리지 말고 소중히 잘 간직하라는 말씀으로 해석된다.

"남을 보살펴줄 땐
따뜻한 마음으로 하도록 가르친다."

{ 본문 }

長者使之搔背癢, 手若寒必呵以溫之, 或灸火敢
장 자 사 지 소 배 양   수 약 한 필 가 이 온 지   혹 구 화 감

搔.
소

{ 해석 }

어른이 등의 가려운 데를 긁으라고 시킬 때, 손이 만약 차면 반
드시 입으로 호호 불어서 따뜻하게 하거나, 혹은 불에 쬔 다음 긁
어 드릴 것이다.(김종권 역, 1993, p.307)

{ 한자 뜻풀이 }

長 길장, 어른장 者 놈자 使 하여금사 之 갈지, 어조사지 搔 긁을소 背 등배

癢 가려울 양

手 손 수 若 같을 약, 만약 약 寒 찰 한 必 반드시 필 呵 꾸짖을 가 以 써 이

溫 따뜻할 온 之 갈 지, 어조사 지

或 혹 혹 灸 뜸 구 火 불 화 敢 감히 감 搔 긁을 소

{ 실천방향 }

김윤섭 남을 도울 땐 따뜻하게 살펴주도록 가르쳐 둘 일이다. 따뜻한 마음가짐도 실천을 해야 자리매김할 수 있는 것이다.

조인상 환자를 진찰하기 전에 청진기를 손에 꽉 쥐어 찬기를 없앤 다음 문진을 하는 의사가 있다. 차가운 청진기가 피부에 닿을 때 느껴지는 기분, 병원에서 진찰받는 불편한 상황에서의 긴장을 줄여주기 위해서였을 것이다. 공경과 배려는 인간애라는 공통적인 마음에서 출발한다. 인간애를 바탕으로 효의 실천을 자녀에게 보여주면서 물들이는 것, 상상만으로도 미소가 걸린다.

황효숙 어른을 대할 때 매사 몸가짐을 조심히 하고, 마음으로 정성을 다해야 한다는 것을 가르친다. 공경하는 마음이 앞서면 좀 서툴러도 마음이 배어서 겉으로 나와 행동에 묻어날 것이다.

"자신의 일은 스스로 하되
남도 도울 줄 알게 가르쳐야 한다."

{ 본문 }

後長者寢, 先長者興, 點燈伏火, 手自習之, 日
후 장 자 침   선 장 자 흥   점 등 복 화   수 자 습 지   일

執巾箒, 以拭以掃, 整排床席, 齊摺衾褥, 檢圖書
집 건 추   이 식 이 소   정 배 상 석   제 접 금 욕   검 도 서

秩筆硯.
질 필 연

{ 해석 }

어른보다 나중에 자고 어른보다 먼저 일어나고, 전등불을 켜고
전등불을 끄는 것은 손수 익히고, 매일 수건과 비를 들어 닦고 쓸
고, 청소하고 자리를 정리하고 이불과 요를 잘 개켜놓고, 책·
붓·벼루 등을 잘 챙겨 놓을 것이다. (김종권 역, 1993, p.307)

{ 한자 뜻풀이 }

後 뒤 후　長 길 장, 어른 장　者 놈 자　寢 잠잘 침

先 먼저 선　長 길 장　者 놈 자　興 일 흥

點 점 점　燈 등잔 등　伏 엎드릴 복　火 불 화

手 손 수　自 스스로 자　習 익힐 습　之 갈 지

日 날 일　執 잡을 집　巾 수건 건　箒 비 추

以 써 이　拭 씻을 식　以 써 이　掃 쓸 소

整 가지런할 징　排 밀칠 배　床 평상 상　席 자리 석

齊 가지런할 제　摺 접을 접　衾 이불 금　褥 요 욕

檢 검사할 검　圖 그림 도　書 글 서　秩 차례 질　筆 붓 필　硯 벼루 연

{ 실천방향 }

김윤섭　자기 일은 자기가 한다는 기본 원칙을 실천하도록 일러둘 일이다. 다른 가족의 바쁜 경우를 보면, 도와주는 것도 더불어 가르쳐야 한다. 《소학小學》에서의 교육 방법, 즉 '소쇄응대掃灑應對 입효출공入孝出恭' –물 뿌리고 소제하며 남과 더불어 호응 상대하며 집 안에 들어가 효도하고 밖에 나와서는 공순 겸양하여– 모든 행실에 그릇됨이 없도록 하는 것처럼 '예禮'란 지극히 평범하고 일상적인 경우에 적용되는 '보다 괜찮은 행동 규범'이라 할 수 있으므로 어렵게 가르치려 들지 말고 아이의 사리 분별이 이르는 선에서 다가갈 문제이다.

조인상　예전의 어른들은 아이들의 양육을 어떻게 하였을까? 몸소 실천하여 보여주면서 가르쳤을 것이다. 부모님께 문안인

사를 드리는 것을 시작으로 일상에서는 사소한 모든 것을 정리 정돈하는 모습까지, '바른 자세에 바른 정신이 깃든다.' 라는 말이 떠오른다. 내 주변의 물건들이 정갈한 모습으로 갖추어져 있다는 것은 내 마음이 정돈되어 단정하다는 것을 보여주는 것이다.

황효숙 좋은 성품을 갖춘 아이로 키우려면 부모가 잘 가르쳐야 하고, 어른을 공경하는 마음과 행동은 특히 보모의 영향을 받는데 떨어져 사는 조부모, 친척과 자주 만나고 안부 인사를 나누는 사소한 실천은 아이에게 좋은 본보기다. 음식과 좋은 물건을 먼저 챙겨드리고, 어른의 말씀을 경청하는 마음과 태도를 배우는 동시에 가족을 소중히 여기는 마음을 배울 수 있다. 이런 마음은 나아가 이웃 어른들도 공경하기에 이른다. 예를 들어, 공공장소에서 어른들께 자리를 양보하고, 아파트 엘리베이트 안에서 먼저 인사를 드리고, 식당에서 나올 때 감사의 인사하기 등으로 실천 가능하다.

**"어른 말씀 중 끼어들지 않도록
가르쳐야 한다."**

{본문}

長者方授童子書, 它童子, 或從旁指說其義, 諠
장 자 방 수 동 자 서　타 동 자　혹 종 방 지 설 기 의　 훤

聒不已者, 不敬之甚也, 呵而抑之可也.
괄 불 이 자　불 경 지 심 야　가 이 억 지 가 야

{해석}

　어른이 바야흐로 어린이에게 글을 가르칠 때, 다른 어린이가
혹 그 곁에서 손가락질하여 그 뜻을 설명하며 시끄럽게 떠드는 것
은 몹시 공경스럽지 못한 짓이니, 꾸짖어 억제해야 한다.(김종권
역, 1993, p.307)

長 길 장 者 놈 자 方 모 방,바야흐로 방 授 줄 수 童 아이 동 子 아들 자 書 글 서
它 다를 타 童 아이 동 子 아들 자
或 혹 혹 從 좇을 종 旁 곁 방 指 가리킬 지 說 말씀 설 其 그 기 義 옳을 의
諠 잊을 훤, 시끄러울 훤 聒 떠들썩할 괄 不 아닐 불 已 이미 이 者 놈 자
不 아닐 불 敬 공경 경 之 갈 지,어조사 지 甚 심할 심 也 어조사 야
呵 꾸짖을 가 而 말이을 이 抑 누를 억 之 갈 지,어조사 지 可 옳을 가 也 어조사 야

{ 실천방향 }

김윤섭　기본적으로 남의 얘기를 경청하는 자세를 가정교육에서
가르칠 일이다. 상대방의 얘기를 들으면서 그저 끄덕여주
기만 해도 존중과 호감은 형성되는 것이다.

조인상　말하는 법을 가르쳐야 한다. 남이 말하는데 끼어들거나
자르지 않아야 한다. 아이들은 자라나는 중이니 모를 수
있다. 자주 이야기하여 어른이 말할 때는 들어야 한다는 것, 남의 얘
기를 듣는 태도에 대하여, 자신의 얘기를 말하는 방법을 알려주어야
한다.

황효숙　어른이 말씀하실 때 조용히 정숙하여 그 말씀을 먼저 들을
줄 알아야 한다. 그렇지 못하고 절제를 잘 모르는 아이를
놔두어서는 안되며, 경청하는 태도를 가르치는 것이 좋다.

지옥진 학부형 상담 중에 한 어머님이 지적으로 좀 부족한 동생을 칭찬하면, 형은 동생이 잘못하는 것을 지적하고 비난한다고 하셨다. 자신도 관심받고 싶은데 동생에게 질투가 나서 더 말을 안 듣는다고 하셔서 다른 훈육 방법으로 바꾸는 것을 이야기하였다. 작은 아이에게 더 강화하는 방법으로, 칭찬을 할 때 형을 먼저 칭찬하고, 동생이 형을 따라서 잘한다는 이야기를 하면 어떨까 이야기 하였다. "형이 5살 때 신발도 혼자서 잘 신었는데 동생도 형 닮아 잘하네, 형이 책도 열심히 집중해서 보는 것을 좋아하니까 형 닮아서 동생도 잘한다." 형을 먼저 지지해 주면서 동생이 좋은 행동을 한다는 이야기를 해주면 형도 지지 받고 동생 앞에서 칭찬을 들으니 기분이 상하지 않고, 동생은 형을 무시하지 않고 잘 따를 것이다. 그러나 아이들은 다 각각 달라서 특성에 맞는 방법으로 교육하고 훈육을 해야 한다.

"어른 대접할 줄 알게 가르쳐야 한다."

{본문}

童子方讀書, 而長者或有病, 或對客言語, 勿高
동자방독서　이장자혹유병　혹대객언어　물고

聲讀, 聒亂其問聞, 必須微婉其音, 亦勿歧心而
성독　괄란기문문　필수미완기음　역물기심이

寂聽.
적청

{해석}

　어린이가 바야흐로 책을 읽을 때, 어른이 혹 병이 났거나, 혹
손님과 이야기를 하는 중이면, 큰소리를 내어 읽거나 모르는 것을
묻고 듣는 것을 떠들썩하게 하지 말고, 반드시 그 목소리를 나지
막하고 부드럽게 할 것이요, 또한 마음을 나누어 몰래 듣지 말 것

이다.(김종권 역, 1993, p.307)

{ 한자 뜻풀이 }

童 아이 동　子 아들 자　方 모 방　讀 읽을 독　書 글 서
而 말이을 이　長 길 장　者 놈 자　或 혹 혹　有 있을 유　病 병 병
或 혹 혹　對 대할 대　客 손님 객　言 말씀 언　語 말씀 어
勿 말 물　高 높을 고　聲 소리 성　讀 읽을 독
聒 떠들썩할 괄　亂 어지러울 란　其 그 기　問 물을 문　聞 들을 문
必 반드시 필　須 모름지기 수　微 작을 미　婉 순할 완　其 그 기　音 소리 음
亦 또 역　勿 말 물　歧 갈림길 기　心 마음 심　而 말이을 이　寂 고요할 적　聽 들을 청

{ 실천방향 }

김윤섭　아이들도 조심할 일이겠으나, 어른들도 아이들을 생각해서 자리를 가려 대화를 한다든지 하면 좋을 듯하다.

조인상　예전에는 소리를 내어 책을 읽는 방법으로 학습하였기에 이런 예절에 대한 말씀을 하셨지 싶다. 요즘에도 소리 내어 읽기, 소리 내지 않고 읽기 등의 방법을 혼용하여 사용하는데, 소리 내어 읽을 때는 주변에 방해가 되지 않도록 하여야 한다. 집중이 흩어질 때는 소리 내어 차근차근 읽는 것도 좋은 공부 방법이 된다.

황효숙　어른과 아이가 차이남이 자연스러운 것임을 가르치고, 형이 되고 동생이 되는 원리에서 어른과 아이의 도리가 저절

로 나오며, 집안과 이웃에는 모두 어른과 아이가 있으니 어지러워서는 안 된다고 옛 어른들은 말씀하셨다. 배운 것을 믿고 스스로 높은 체하며, 힘을 믿고 남을 업신여겨서도 안될 것이다. 스스로 자신을 낮출 줄 알며 남을 높이는 생각을 늘 가슴속에 품어야 한다.

지옥진　어린이가 어른 앞에서 하는 행동 중에, 버릇없이 어른들이 이야기 하는데 떠들고 자꾸 옆에서 자신이 원하는 것을 요구하는 경우가 있다. 손님이 있으면 혼을 내거나 거절하기 어렵다는 것을 알게 되면, 아이들은 컴퓨터게임을 하게 해달라거나 사먹을 돈을 달라거나 하는 경우가 있어서 일관성 있고 단호하게 안 되는 것은 안 된다고 훈육해야 한다. 어떤 부모는 손님이 오면 아이들에게 너무 관대하게 대하는 경우가 있어서 아이들 버릇이 고쳐지지 않는다.

"어른 대접할 줄 알게 가르쳐야 한다."

{본문}

童子於長者之會, 言笑恣肆, 亦不祥也.
동 자 어 장 자 지 회　언 소 자 사　역 불 상 야

謙恭愼簡, 敬聽謹對, 明問詳記, 其可忽諸?
겸 공 신 간　경 청 근 대　명 문 상 기　기 가 홀 저

{해석}

　어른들의 모임에 어린이가 참여하여 말하고 웃고 함이 너무 방자하면 역시 상서롭지 못한 것이다.

　겸손하고 신중하게 공경하여 듣고 삼가하여 대답하고, 분명하게 묻고 상세하게 기록하는 것을 가히 소홀히 해서야 되겠는가?(김종권 역, 1993, pp.307-308)

{ 한자 뜻풀이 }

童 아이동 子 아들자 於 어조사어 長 길장, 어른장 者 놈자 之 갈지, 어조사지
會 모일회
言 말씀언 笑 웃음소 恣 방자할자 肆 방자할사
亦 또역 不 아닐불 祥 상서상 也 어조사야
謙 겸손할겸 恭 공손할공 愼 삼갈신 簡 간략할간
敬 공경할경 聽 들을청 謹 삼갈근 對 대할대
明 밝을명 問 물을문 詳 자세할상 記 기록할기
其 그기 可 옳을가 忽 갑자기홀 諸 어조사저

{ 실천방향 }

김윤섭　이 문제는 어른들이 좀 더 헤아리고 살펴서 아이들과 섞이지 말아야 할 경우를 대비하고 분별해야 한다. 그러면서 아이들이 어른의 말씀을 새겨들어야 할 때에는 흘려듣지 않도록 가르쳐둘 일이다.

조인상　모임의 성격을 규정할 필요가 있다. 아이들과 허물없이 얘기하는 것이 일반화되고 있지만 공경하는 태도는 가르쳐야 한다. 아이와 어른이 서로를 존중하는 태도를 가지고 대화에 임하면 좋을 것이다. 특히 어른들이 자녀들을 바라보는 시각을 고쳐야 한다. "라테는 말이야~"('나 때는 말이야.' 라는 말을 기성세대의 고리타분한 시각을 풍자하는 말) "됐네요, 부머(OK, Boomer)"만국 공통 꼰대들의 표현이라 젊은 세대들이 칭하니 서로 간의 존중은 필요

하다. 존중은 세대 간의 갈등을 줄여줄 것이다. 말한다고 말이 아니다. 서로 소통할 때 말이라 할 것이다.

황효숙 어른 말씀하실 때 아이가 끼어드는 것은 옳지 않다. 아이는 어른의 말씀과 결정을 존중하고, 혹 그것이 맞지 아니할지라도 나서서 말하는 것은 옳지 않으나, 요즘 세상에 이런 것들이 잘 교육되는지는 잘 모르겠다. 요새는 격식이 없이 부모와 자녀가 친구처럼 다정하게 지내는 것을 우선시하는 게 일반화되어 있으니 말이다.

"어른 대접할 줄 알게 가르쳐야 한다."

{본문}

長者之會, 有可聞之言, 必參坐, 敬恭聽, 銘心
장자지회　유가문지언　　필참좌　경공청　명심

不忘, 或有可記之事, 必退而記之.
불망　혹유가기지사　　필퇴이기지

客或談淫褻女色之事, 童子參聽言笑, 則近於放
객혹담음설여색지사　동자참청언소　즉근어방

宕, 佯若不知, 則近於巧詐, 不如逡巡出門, 不聞
탕　양약부지　즉근어교사　불여준순출문　불문

爲善也.
위선야

{해석}

어른들의 모임에 들을 만한 말이 있으면 반드시 참여하여 앉아
서 공손한 태도로 경청하며 마음에 명심하여 잊지 말고, 혹 기록

할 만한 일이 있으면 반드시 물러 나와서 기록해 둘 것이다.

　손님이 혹 여색에 관한 음란한 일을 이야기할 때 어린이가 참여하여 듣고 말하고 웃고 하는 것은 방탕한 데 가깝고, 거짓 모르는 체하는 것은 간사한 데 가까우니, 이럴 때는 문칫문칫 문밖으로 물러 나와서 듣지 않는 것이 좋다. (김종권 역, 1993, p.308)

{ 한자 뜻풀이 }

　長 길 장, 어른 장　者 놈 자　之 갈 지, 어조사 지　會 모일 회
　有 있을 유　可 옳을 가　聞 들을 문　之 갈 지, 어조사 지　言 말씀 언
　必 반드시 필　參 참여할 참　坐 앉을 좌
　敬 공경 경　恭 공손할 공　聽 들을 청
　銘 새길 명　心 마음 심　不 아닐 불　忘 잊을 망
　或 혹 혹　有 있을 유　可 옳을 가　記 기록할 기　之 갈 지, 어조사 지　事 일 사
　必 반드시 필　退 물러날 퇴　而 말이을 이　記 기록할 기　之 갈 지
　客 손님 객　或 혹 혹　談 말씀 담　淫 음란할 음　藝 더러울 설　女 여자 여　色 빛 색
　之 갈 지, 어조사 지　事 일 사
　童 아이 동　子 아들 자　參 참여할 참　聽 들을 청　言 말씀 언　笑 웃음 소
　則 곧 즉　近 가까울 근　於 어조사 어　放 놓을 방　宕 호탕할 탕
　佯 거짓 양　若 같을 약　不 아닐 부　知 알 지
　則 곧 즉　近 가까울 근　於 어조사 어　巧 공교할 교　詐 속일 사
　不 아닐 불　如 같을 여　逡 뒷걸음질칠 준　巡 돌 순　出 날 출　門 문 문
　不 아닐 불　聞 들을 문　爲 할 위　善 착할 선　也 어조사 야

김윤섭　아이들이라 해서 어른들과의 싫은 자릴 억지로 같이 있게 가르칠 일이 아니다. 아이들에게도 어른들과의 자리가 불편한 경우에는 잠깐 기회를 봐서 "해야 할 과제가 있어서 좀 일어나 보겠습니다." 하고, 양해를 구한 다음 나오는 것이 무리가 없을 것이라고 일러두는 편이 어떨까?

조인상　아이들과 함께 대화할 때는 어른들이 주의해야 한다. 대화의 주제가 아이와 함께할 수 있는 것인지, 적절하지 않다면 아이들이 없는 곳에서 얘기해야 한다. 단 어른들이 말씀할 때 끼어드는 것에 대하여서는 알려주어야 한다. 너무 무거운 분위기가 되면, 아이들이 어른들과 대화하는 것 자체를 불편해할 수 있으므로 대화의 순서나 대화의 규칙을 정하여 얘기하는 것도 좋겠다.

황효숙　어른들과 함께 대화할 때 어린아이의 처신에 대하여 말씀하는 것 같다. 처신이란 세상을 살아가는 데 가져야 할 몸가짐이나 행동을 취하는 것을 말하는 것으로, 어른들의 말에 함부로 참견하지 않아야 하고, 어른의 말씀에 끼어들지 않아야 하며, 혹 불손한 말을 들었을 때는 못들은 체하는 것이 옳을 듯하다.

"어른 대접할 줄 알게 가르쳐야 한다."

{본문}

長者與之登高遊賞, 必立侍左右, 以俟指敎, 不
장 자 여 지 등 고 유 상   필 입 시 좌 우   이 사 지 교   불

可橫越奔走長者之招呼, 目所覩必歷問焉.
가 횡 월 분 주 장 자 지 초 호   목 소 도 필 역 문 언

{해석}

어른과 함께 높은 곳에 올라 경치를 구경하며 놀고 즐길 때는 반드시 어른 곁에 모시고 서서 분부를 기다려야지, 제멋대로 뛰어다녀 어른이 부르느라고 수고하게 해서는 안 되고, 눈에 보이는 것은 반드시 자세히 물을 것이다. (김종권 역, 1993, p.308)

長 길장, 어른장 者 놈자 與 더불여 之 갈지, 어조사지 登 오를등 高 높을고
遊 놀유 賞 상줄상

必 반드시필 立 설립 侍 모실시 左 왼좌 右 오른우

以 써이 俟 기다릴사 指 가리킬지 敎 가르칠교

不 아닐불 可 옳을가 橫 가로횡 越 넘을월 奔 달릴분 走 달릴주

長 길장, 어른장 者 놈자 之 갈지, 어조사지 招 부를초 呼 부를호

目 눈목 所 바소, 것소 視 볼도 必 반드시필 歷 지날력 問 물을문 焉 어찌언

{ 실천방향 }

김윤섭 제 또래 친구들과의 교류도 쉽지 않은 오늘날 세태에서도 어쩌다 어른들과 자리 같이 했을 때는 적절한 예의를 갖추도록 한다. 먼저 양보하여 자리 권하며 조용한 목소리로 경어를 쓰고, 안색을 부드럽게 하고 대하면 잘 배운 사람이라고 칭찬받을 것이다.

황효숙 어른을 모시고 나들이를 하거나 야외에서 같이 지낼 때 어른에게 맞추고 어른의 심정을 먼저 헤아려드려야 함을 강조하는 말씀이다.

지옥진 어른들이 무엇을 할 때 옆에 있어주는 것은 그분에 대한 예의이다. 회사에서 공식적인 회의나 회식을 할 때 나이 든 상사, 윗사람들이 떠나지 않았는데 먼저 바쁘다고 일어서서 가버리면, 나중에 급한 심부름을 시키거나 정리할 일이 있을 때 거꾸로 윗

사람들이 수고를 한다면 집단 조직에서 현명하게 행동하는 것이 아니기 때문이다. 어떤 한 사람이라도 뒷일을 책임지고 자신의 임무를 다하여 마무리 한다면, 그 사람은 사람의 마음을 사는 훌륭한 사람이 될 것이다.

> "개방적 창조적 가족문화를
> 실천으로 가르친다."

{본문}

長者命製詩, 勿推托延拖, 專意搆成, 亦須詳問
장 자 명 제 시　물 추 탁 연 타　전 의 구 성　역 수 상 문

字義用之.
자 의 용 지

而不可元不用心, 勦竊它人所所, 亦勿使它人假
이 불 가 원 불 용 심　초 절 타 인 소 소　역 물 사 타 인 가

作, 冒以爲己製也.
작　모 이 위 기 제 야

{해석}

　어른이 시를 지으라고 명령하면, 무슨 사정이 있다고 핑계대거
나 오래 미루지 말고, 온 마음을 다하여 지어야 하고, 또한 반드시

글자의 뜻을 자세히 물어서 쓸 것이다.

그리고 처음부터 생각은 조금도 해보지 않고 남이 지은 것을 표절해서는 안 되고, 또한 다른 사람으로 하여금 짓게 하여서 자기가 지은 것처럼 해서도 안 된다. (김종권 역, 1993, pp. 308-309)

{ 한자 뜻풀이 }

長 길 장, 어른 장   者 놈 자   命 목숨 명, 명할 명   製 지을 제   詩 시 시, 글 시

勿 말 물   推 밀 추   托 맡길 탁   延 늘릴 연   拖 끌 타

專 오로지 전   意 뜻 의   搆 얽을 구   成 이룰 성

亦 또 역   須 모름지기 수   詳 자세할 상   問 물을 문   字 글자 자   義 옳을 의

用 쓸 용   之 갈 지, 어조사 지

而 말이을 이   不 아닐 불   可 옳을 가   元 으뜸 원   不 아닐 불   用 쓸 용

心 마음 심

勦 끊을 초   竊 훔칠 절   它 다를 타   人 사람 인   所 바 소

亦 또 역   勿 말 물   使 하여금 사   它 다를 타   人 사람 인   假 거짓 가   作 지을 작

冒 무릅쓸 모   以 써 이   爲 할 위   己 몸 기   製 지을 제   也 어조사 야

{ 실천방향 }

김윤섭 구김 없이 잘 자라 밝고 건강한 남의 집 자녀를 보면 그냥 부럽다. 우리나라 교육에서 취약한 부분일 것이다. 우선 부모 세대부터 '밝고 건강한 가족문화' 형성을 위해 무엇을 해야 할지 고민해 볼 일이다. 열린 문화, 고급문화를 지향하는 이웃이 있다면 잘 보고 배우는 것도 한 방법일 것이다.

조인상　과거시험은 글짓기여서 어릴 적부터 시 짓는 훈련을 시켰던 것으로 짐작되어지는 말씀이다. 시를 지을 때는 자신의 생각을 자기의 언어로 표현해야 하므로, 남의 것을 모방하거나 거짓된 태도를 보이는 것은 엄하게 하였나 보다. 논문 표절로 자유로운 학자가 없다는 말이 있을 정도로 저작에 대한 신뢰가 낮다. 어쩌면 옛날이 더 엄격했을지도 모르겠다.

창작이 어렵기 때문에 생각하는 힘을 키워주기 위한 고전 학습법 정도로 이해하면 될듯하다. 아이들이 어릴 때는 끝말잇기 게임을 한다. 언어력을 키워주고 언어 이해력을 알아보기 위해 부모들이 자주 하는 놀이이다. 요즘 아이들의 학습법과 옛날 아이들의 학습법은 다르지만 정직에 대한 규칙을 알려주는 것은 같아 보인다.

황효숙　어른이 시키는 것이든, 무슨 일을 할 때에 대충하거나 핑계를 대어서 변명하는 그런 행동은 옳지 못하다. 마음과 정성을 다하여 정직하고 반듯하게 하고, 정성을 다하여 일에 임하는 기본자세와 마음가짐을 가져야 한다.

지옥진　어른이나 선생님이 무엇을 하라고 하거나 행동 수정을 이야기 할 때가 있다. 그것은 우리에게 필요하기 때문에 마땅히 하라고 하는 것을 하지 않거나, 거부하고 지시에 따르지 않는 것은 학생으로서의 자세가 아니라고 생각한다.

내가 많이 알고 유식하여도 어른이라는 윗사람에 대한 예의를 갖추어야 한다. 하기 싫어도 "예, 알겠습니다." 하고 최선을 다해서 하려고 했는데 안 되는 것은 어쩔 수 없다. 그만큼 마음가짐이 중요하기 때문이다.

"바른 법도를 실천으로 가르친다."

{ 본문 }

見客必拜, 客不逢長者, 必敬恭問, 客何處來有
견 객 필 배   객 불 봉 장 자   필 경 공 문   객 하 처 내 유

何事, 詳記念, 俟長者來, 卽謹告焉, 他處問訊書
하 사   상 기 염   사 장 자 내   즉 근 고 언   타 처 문 신 서

札, 勿忘勿失, 亦告長者.
찰   물 망 물 실   역 고 장 자

{ 해석 }

　손님을 보면 반드시 절을 하고, 손님이 어른을 만나지 못하였
으면 반드시 공손하게 손님이 어디서 왔으며, 무슨 일이 있는지를
물어서 자세히 기억하였다가, 어른이 돌아오시면 삼가 보고하고,
다른 곳에서 물어온 것이나 보내온 편지도 잊거나 잃어버리지 말

고 역시 어른에게 보고할 것이다. (김종권 역, 1993, p.309)

{ 한자 뜻풀이 }

見 볼견 客 손님객 必 반드시필 拜 절배

客 손객 不 아닐불 逢 만날봉 長 길장 者 놈자

必 반드시필 敬 공경경 恭 공손할공 問 물을문

客 손객 何 어찌하 處 곳처 來 올래 有 있을유 何 어찌하 事 일사

詳 자세할상 記 기록할기 念 생각염

俟 기다릴사 長 길장 者 놈자 來 올래

卽 곧즉 謹 삼갈근 告 고할고 焉 어찌언

他 다를타 處 곳처 問 물을문 訊 물을신 書 글서 札 편지찰

勿 말물 忘 잊을망 勿 말물 失 잃을실

亦 또역 告 고할고 長 길장, 어른장 者 놈자

{ 실천방향 }

김윤섭 부모님을 찾아온 손님을 공손히 모시라는 가르침이다. 안 계신다고 그냥 잘 가시라고 인사만 하면 되는 것일까? 요즈음은 부모님이 안 계시는데 그냥 불쑥 연락도 없이 손님이 방문하는 경우가 많진 않겠지만, 혹 그런 경우가 있다면 "잠깐 들어오셔서 차라도 한 잔 하시겠느냐?" 정도의 인사는 차리는 것이 어떨까? 부모님 출타 시에 전화가 오는 경우에는, 자신이 누구라는 것을 밝고 온화한 목소리로 밝힌 다음 "부모님이 들어오시면 어디시라고 말씀드릴까요?" 하고 예의를 갖추어야 할 일이다. 이러한 경우 자녀들이 자칫

실수를 하게 되면 부모님의 체면이 손상될 것은 불을 보듯한 일이다. 깍듯한 한마디 인사가 집안의 체면을 세우게 된다.

조인상 회사의 CS(Customer Service) 교육의 매뉴얼manual을 보는듯하다. 예전에는 손님이 집에 오셨는데, 언제부턴가 모임의 대부분은 집 밖에서 이루어지는 경우가 대부분이다. 회사 안내 매뉴얼은 손님이 찾아오면 공손히 모시는 절차에 대하여 직원 교육을 한다. 가급적 전화는 세 번 울리기 전에 받아야 하고, 받은 후에는 본인의 소속과 성명을 말하며, 용무를 전달하는 과정에 있어서도 담당자가 아닐 경우에 일 처리하는 방법에 대한 교육을 지속적으로 한다. 습관으로 정착되지 않으면 당황하는 경우가 생기고, 실수를 하면 일이 커져 수습이 어려워지기 때문이다. 아이들에게도 지속적으로 말해주어야 손님이 오시면 예의에 맞게 응대할 수 있다. 밝고 공손한 인사는 좋은 만남의 시작이 된다.

황효숙 부모님의 손님이라면 웃어른을 대하는 태도를 보여야 한다. 부모를 대하듯이 공손히 하고, 어른에 대한 예의를 깍듯이 갖추어서 행동해야 한다. 자식은 부모의 거울이라고 하지 않던가? 그 집안의 아이를 보면 부모교육의 중요성을 알 수 있기 때문이다.

지옥진 손님이 오셔서 부모님을 찾으시면 공손하게 인사를 하고 부모님이 부재不在 시에는 어디서 오신 누구신지, 무슨 볼 일이신지 자세히 함자를 알아놓고 편지나 전달하는 물건이 있으면 잘 보관해 놓았다가 알려드려야 한다. 직장생활도 마찬가지다. 상사가 부재 시에 전화가 오거나 물건이 택배로 왔다면 빠짐없이 보고하고 알려주어야 한다.

"바른 법도를 실천으로 가르친다."

{ 본문 }

長者出入必起立, 長者有訓必拱手, 肅聽無遺,
장자출입필기립　　장자유훈필공수　　숙청무유

心有疑必謹問條理, 勿拘尊嚴置不辨, 泛稱唯唯.
심유의필근문조리　물구존엄치불변　봉칭유유

亦強曰己知之也.
역강왈기지지야

侍長者食, 食不己, 勿投匙遽先起也.
시장자식　식불기　물투시거선기야

{ 해석 }

　어른이 나가고 들어올 때는 반드시 일어서고, 어른이 훈계하면
반드시 두 손을 모으고 정숙하게 경청하여 잊어버리지 말아야 하
고, 의심스러운 데가 있으면 반드시 삼가 그 이치를 묻고, 존엄에

구애되어 사리를 분별하지 못한 채로 놓아두어 그냥 「예예」 한다거나, 또한 억지로 이미 안다고 말하여서는 안 된다.

그리고 어른을 모시고 식사를 할 때 먹자마자 수저를 내던지거나 급히 먼저 일어나지 말아라. (김종권 역, 1993, p.274)

{ 한자 뜻풀이 }

長 길 장, 어른 장 者 놈 자 出 날 출 入 들 입 必 반드시 필 起 일어날 기 立 설 립

長 길 장, 어른 징 者 놈 지 有 있을 유 訓 가르칠 훈 必 반드시 필 拱 팔짱 낄 공

手 손 수

肅 엄숙할 숙 聽 들을 청 無 없을 무 遺 남길 유

心 마음 심 有 있을 유 疑 의심할 의 必 반드시 필 謹 삼갈 근 問 물을 문

條 가지 조 理 다스릴 리

勿 말 물 拘 잡을 구 尊 높을 존 嚴 엄할 엄 置 둘 치 不 아닐 불 辨 분별할 변

泛 엎을 봉 稱 일컬을 칭 唯 오직 유

亦 또 역 强 강할 강 曰 가로 왈 己 몸 기 知 알 지 之 갈 지, 어조사 지 也 어조사 야

侍 모실 시 長 길 장, 어른 장 者 놈 자 食 먹을 식

食 먹을 식 不 아닐 불 己 몸 기

勿 말 물 投 던질 투 匙 숟가락 시 遽 급히 거 先 먼저 선 起 일어날 기

也 어조사 야

{ 실천방향 }

김윤섭　상대의 말을 경청하는 자세가 필요하다. 나이 고하를 떠나 상대방의 말하는 바를 잘 들어준다는 것은 예의의 기본

이고, '좋은 관계' 설정의 첫 걸음이다. 그러는 중에 잘 이해가 되지 않는 부분이 있으면 잘못 알아들었다고 양해를 구하고 다시 한 번 물어볼 일이다. 경장敬長이라 해서 어려워하기만 한다거나 잠깐만 대하면 될 일인데 하고 대강 대한다면, 그것은 존중의 예가 아닐 것이다. 대화가 되겠는가? 소통이 안될 것이다. 우리나라의 오랜 관습 속에 장유유서長幼有序의 미덕이 왜곡된 모습으로 나타나는 경우가 많다. 이런 것은 우리 자신과 사회를 힘들게 하는 병폐病弊이므로 고쳐야 한다. 또 경장敬長의 바른 모습도 아니다. 분명치 않은 것에 대하여 묻되, 예의를 갖추면 되는 일이다. 그리 어렵지도 않은 장유長幼의 소통하는 모습에서부터 가정과 이웃사회, 국가와 세계사회가 열린 문화로 교류하게 될 것이다. 어려서부터 이런 방향으로 아동교육은 진행되어 나가야 한다. 그래야 그 아이들이 학교에 가서 수업시간에도 의문점을 자연스레 질문할 줄 알고 집중해서 듣게 된다. 이러한 질문 습관이 수업에 흥미와 주의를 기울이게 해준다. 아이들이 밝게 자라나야 미래사회가 밝을 것이다.

조인상 경청하는 습관을 만들어야 하는데, 잘 듣는 것은 쉽지 않아 연습이 필요하다. 귀로 듣는 단계를 거쳐 눈으로 듣고, 마음으로 들을 수 있는 공감하는 모습이 진짜 경청이다.

황효숙 옛날 말에 '왕이 경청을 하지 않는다면 독재자가 되거나 나라가 망한다.' 라고 했다. 남의 말을 잘 듣지 않는다면, 독단적인 해석을 하게 되고 자기가 원하는 것만 추구하게 된다. 남의 말을 경청하고 이해와 논리를 통해 공감, 때에 따라 설득을 하는 것이 아주 중요하다.

지옥진 　어려서 종갓집에서 자라다 보니 어른들이 들어오시면 일어서서 인사를 하고, 혼날 일이 있으면 무릎을 꿇고 들어야 했다. 다짐을 약속할 때는 다음에는 절대 잘못하지 않는다고 반성을 해야 했다. 어른들이 수저를 들어야 먹을 수 있고, 진지를 다 드신 후 숭늉으로 입가심을 해야 일어날 수 있었다. 식탁 예절은 어려서부터 가르쳐야 밖에 나가서 다른 사람들에게 피해를 주지 않는다.

"바른 법도를 실천으로 가르친다."

{본문}

賓客耆老者來, 童子下堂, 肅迎扶護而上, 以其
빈 객 기 노 자 래   동 자 하 당   숙 영 부 호 이 상   이 기

杖倚于壁間俟其起, 而先整履奉杖, 仍又扶護下
장 의 우 벽 간 사 기 기   이 선 정 이 봉 장   잉 우 부 호 하

堂.
당

{해석}

　손님이나 늙은이가 왔을 때, 어린이는 마루에서 내려가 정숙하
게 맞고 잘 부축하여 마루 위로 오르게 하고, 손님 지팡이는 벽에
기대 놓았다가 손님이 일어서는 것을 기다려 먼저 신을 가지런히
놓고 지팡이를 드린 다음에, 또 먼저처럼 부축하여 마루에서 내려

갈 것이다.(김종권 역, 1993, pp.309-310)

{ 한자 뜻풀이 }

賓 손님빈　客 손님객　耆 늙을기　老 늙을노　者 놈자　來 올래

童 아이동　子 아들자　下 아래하　堂 집당

肅 엄숙할숙　迎 맞을영　扶 도울부　護 도울호　而 말이을이　上 위상

以 써이　其 그기　杖 지팡이장　倚 의지할의　于 어조사우　壁 벽벽　間 사이간

俟 기다릴사　其 그기　起 일어날기

而 말이을이　先 먼저선　整 가지런할정　履 신리　奉 받들봉　杖 지팡이장

仍 인할잉　又 또우　扶 도울부　護 도울호　下 아래하　堂 집당

{ 실천방향 }

김윤섭　자식들이 지킬만한 기본예절이다. 오늘날에도 제 집에 오
신 손님을 그리 대접하지 못할 이유가 없을 것이다. 실제
손님이나 집안 친척 어른이 방문해 왔을 때, 잠깐 나와서 먼저 인사를
한 후 방문해 온 분들의 모자나 외투를 거실의 옷걸이에 걸어드린다
거나 하면, 과잉 친절이라 여기겠는가?

　자식들이 과히 어렵지 않은 기본예절을 조금만 실천하면 부모님들
이 인사받을 것이다. 세상에 여러 호사가 많다지만 자식들의 효도만
한 것은 없다.

　그 효도라는 것도 이런 작은 예절 지키기에서 시작되는 것이다. 마
음을 정하고 실천해 나갈 일이다.

조인상 장유유서長幼有序의 윤리 안에서 움직인다. 어른과 아이 사이에 차례가 있어 어려서부터 잘 타이르고 부모가 본을 보여야 한다. 어떤 일이든 우리나라 전체에 흐르고 있는 장유유서를 익히게 해야 한다. 몸이 습관처럼 어른을 잘 섬길 수 있도록 키워야 한다.

황효숙 손님맞이 예절을 아이들에게 본이 되도록 가르쳐야 한다. 접객을 하는 주인이나 아이들의 태도에 따라 같은 행동을 해도 기분이 매우 달라지는 경우가 있다. 어떤 마음으로 손님을 응대하고 있는지가 손님에겐 자연스럽게 전해지기 때문이다. 정성스럽게 손님을 맞이하고, 손님과의 관계를 소중히 여긴다면 서로의 친밀감이 단 한 번의 손님맞이로 훨씬 높아져 있다는 것을 느낄 수 있을 것이다.

지옥진 내가 어릴 때에는 우리 집에 손님이 많이 오셨다. 손님이 오시면 먼저 증조할머께 방문 인사를 하시고 나서 안방으로 모시고, 우리는 나이순으로 큰절을 하였다. 작은집 할아버지께서 오시면 아버지, 어머니부터 차례로 절을 하셨고 자식들이 따라 하였다.

어머니가 다과를 내오시면 우리는 마루 밑 댓돌에 놓인 신발을 가지런히 정리하고 손님이 가져오신 과자를 건넌방에서 사이좋게 나누어 먹었다. 지금은 아파트에 살다 보니 배웅할 때 엘리베이터까지 나가서 작별인사를 하거나, 더 아쉽거나 짐이 있으면 지하 주차장까지

나가는 경우가 있다. 세월이 변하지만 자식들에게 예절에 대한 교육을 하는 것은 어른에 대한 공경심을 표하는 마음을 가르치는 것이다.

4

이런 일 저런 일
〔事物사물〕

"바른 학습태도를 가르친다."

{본문}

幼時不能詳記六甲, 九九·世系·國號, 諸名數,
유시불능상기육갑 구구 세계 국호 제명수

則到長益鹵莽, 至有不能辨臟腑之名, 五穀之次
즉도장익노망 지유불능변장부지명 오곡지차

及經史之篇目者, 是不足爲人也, 古者小學, 先敎
급경사지편목자 시부족위인야 고자소학 선교

名物.
명물

故六書者, 小子之學, 而名物之淵藪也.
고육서자 소자지학 이명물지연폐야

周官保氏掌之以敎國子, 外史掌之以訓四方, 司
주관보씨장지이교국자 외사장지이훈사방 사

徒氏掌之以敎萬民.
도씨장지이교만민

漢興, 太史試學童, 能諷書九千以上, 得補爲郎,
한 흥 태 사 시 학 동 능 풍 서 구 천 이 상 득 보 위 낭

以六體課, 最得爲尙書令史.
이 육 체 과 최 득 위 상 서 영 사

今之敎小兒, 只剽竊文字, 渝薄淺陋而已, 漫不
금 지 교 소 아 지 표 절 문 자 유 박 천 누 이 이 만 불

識古意, 噫!
식 고 의 희

{ 해석 }

　어릴 때 능히 육갑(:60갑자. 천간인 갑을병정무기경신임계의 10가
지와 지지인 자축인묘진사오미신유술해 12가지를 배합하여 60으로 만든
이름)·구구법(:계산 방법의 여러 가지 기존 공식)·세계(:대를 잇는 계
통)·국호(:나라 이름) 등 여러 명수(:단위의 이름과 수치)를 자세히
기억하지 않으면 자라서는 더욱 거칠고 소루하여, 심지어는 오장
·육부의 이름이나 오곡의 차례 및 경전·사기의 목차도 분별하
지 못하는 사람까지 있는데, 이는 그 사람됨이 모자라기 때문이
다.

　옛날의 어린이 교육은 먼저 사물의 이름 글자를 가르쳤다. 그
러므로 한자를 구성하는 육서(:상형·지사·회의·형성·전주·가차)란
어린이들이 배울 것으로서, 이는 사물 이름의 근원을 모으는 것이
다.

　주나라 관원 보씨는 이를 관장하여 국자감〔나라에서 세운 최고 학
부〕의 학생을 가르쳤고, 외사(:벼슬 이름)는 이를 관장하여 사방을
가르쳤고, 사도씨(:벼슬 이름)는 이를 관장하여 만백성을 가르쳤다.

한 나라가 일어나자 태사(:벼슬 이름)는 공부하는 아이를 시험하여 능히 9천 이상의 글자를 외우게 하여 쓸 수 있으면 낭(:벼슬 이름) 벼슬에 임명하고, 육체과(:학업과정)에서 가장 뛰어난 사람은 상서 영사(:벼슬 이름)로 삼았다.

지금 어린이를 가르치는 데는 다만 남의 문자를 표절하니 천박하고 고루하게 될 따름이다. 부질없이 옛 뜻을 알지 못하니, 아아 슬프다!(김종권 역, 1993, pp.310-311)

{ 한자 뜻풀이 }

幼 어릴유 時 때시 不 아닐불 能 능할능 詳 자세할상 記 기록할기

六 여섯육 甲 껍질갑

九 아홉구 世 인간세 系 이을계 國 나라국 號 이름호

諸 모두제 名 이름명 數 셈수

則 곧즉 到 이를도 長 길장 益 더할익 鹵 소금노 莽 우거질망

至 이를지 有 있을유 不 아닐불 能 능할능 辨 분별할변 臟 오장장

腑 육부부 之 갈지 名 이름명

五 다섯오 穀 곡식곡 之 갈지 次 버금차 及 미칠급 經 지날경 史 사기사

之 갈지 篇 책편 目 눈목 者 놈자

是 옳을시 不 아닐부 足 발족 爲 할위 人 사람인 也 어조사야

古 옛고 者 놈자 小 작을소 學 배울학

先 먼저선 敎 가르칠교 名 이름명 物 물건물

故 연고고 六 여섯육 書 글서 者 놈자

小 작을소 子 아들자 之 갈지 學 배울학

而 말이을이 名 이름명 物 물건물 之 갈지 淵 못연 蔽 덮을폐 也 어조사야

周 두루주 官 벼슬관 保 지킬보 氏 각씨씨 掌 손바닥장 之 갈지 以 써이
敎 가르칠교 國 나라국 子 아들자

外 바깥외 史 사기사 掌 손바닥장 之 갈지 以 써이 訓 가르칠훈 四 넉사
方 모방

司 맡을사 徒 무리도 氏 각씨씨 掌 손바닥장 之 갈지 以 써이 敎 가르칠교
萬 일만만 民 백성민

漢 한수한 興 일흥

太 클태 史 사기사 試 시험시 學 배울학 童 아이동

能 능할능 諷 풍자할풍 書 글서 九 아홉구 千 일천천 以 써이 上 위상

得 얻을득 補 기울보 爲 할위 郎 사내낭

以 써이 六 여섯육 體 몸체 課 매길과

最 가장최 得 얻을득 爲 할위 尙 오히려상 書 글서 令 명령령 史 사기사

今 이제금 之 갈지 敎 가르칠교 小 작을소 兒 아이아

只 다만지 剽 빠를표 竊 훔칠절 文 글월문 字 글자자

渝 넘을유 薄 엷을박 淺 얕을천 陋 좁을누 而 말이을이 已 이미이

漫 흩어질만 不 아닐불 識 알식 古 옛고 意 뜻의

噫 탄식할희

{ 실천방향 }

김윤섭　〈사전士典-교습敎習 1〉에 보면, 독서를 하되 그 목적을 시
　　　　　험용 또는 과시용으로만 하려고 하지 말고 내면을 닦고 수
련하여 정신세계를 더 넓혀 나가는 데에 두라고 했다. 오늘날은 더욱
연구 윤리가 강조되고 있는지라, 공부하는 사람의 태도와 자세가 어
떠해야 하는 것인지 늘 염두에 두어야 한다.

조인상 본질에 집중하여야 한다. 1만 번의 법칙이라는 말이 있다. 말콤 그레드웰Malcolm Gladwell의 아웃라이어outlier에서 '성공하려면 투자한 시간이 적어도 1만 시간이라는 공을 들여야 가능하다.' 고 얘기한데서 나온 말이다. 본질에 근접하려면 최소한 독서에 1만 시간을 집중하여야 하는 것이다.

황효숙 책을 읽으면 지식을 얻고, 그 지식이 쌓이다 보면 현명한 지혜와 슬기가 길러진다. 그래서 세상을 바르게 볼 수도 있고 올바른 가치관이나 윤리 도덕관을 형성시킬 수 있다. 그러므로 우리에게 감동을 주는 책 한 권이라도 읽어보려는 자세가 무엇보다도 중요하며, 독서를 통하여 교훈과 깨달음과 생활의 지혜를 알 수 있어야 한다. 그래서 독서를 생활화하여 책 속의 무한 보물을 내 것으로 만들어가는 현명한 선택을 할 수 있다.

지옥진 아이들은 어려서부터 부모를 통해 배우게 되는 데 사회 환경이 바뀌면서 맞벌이 부부들이 많아지고 엄마들이 사회 생활로 일터에 나가게 된다. 걷지도 못하고 의사소통도 안 되고 대소변도 못 가리는데 어쩔 수 없이 어린이집에 보내고 보육교사들이 맡아서 가르친다. 더 영리해질 수도 있고, 아이의 성격과 기질에 따라서 분리불안이 심해질 수도 있다. 여러 학자들이 어린아이는 36개월 까지는 주 양육자로 충분히 좋은 '엄마' 가 키우는 것이 가장 좋다고 하였다. 만 3세가 되면 대소변을 가리고 활동하기도 자유스럽고 의사소통을 할 수 있어서 아이들이 새로운 환경에 스트레스를 덜 받는다고

한다. 배우고 익히는 것도 중요하지만 행복한 아이로 자라도록 온 정
성을 다해 가르쳐야 한다.

"바른 생활 태도를 가르친다."

{본문}

慣於閨房零碎之事, 習於閭巷猥鄙之言, 不能尋
관 어 규 방 영 쇄 지 사   습 어 여 항 외 비 지 언   불 능 심

繹聖經賢書, 不得親炙良師益友, 是謂自暴自棄.
역 성 경 현 서   불 득 친 자 양 사 익 우   시 위 자 폭 자 기

{해석}

안방의 자질구레한 일이나 익히고, 동네의 몹시 더러운 말이나
익히고서, 능히 성인의 경전과 현인의 책을 찾아 살피지 아니하
고, 어진 스승과 이로운 벗을 찾아 공부하지 아니하면, 이것을 자
포자기라고 이른다.(김종권 역, 1993, p.311)

{한자 뜻풀이}

慣 버릇 관 於 어조사 어 閨 안방 규 房 방 방 零 떨어질 영 碎 부술 쇄

之 갈지　事 일사

習 익힐습　於 어조사어　閭 마을여　巷 항구항　猥 함부로외　鄙 더러울비

之 갈지　言 말씀언

不 아닐불　能 능할능　尋 찾을심　繹 풀어낼역　聖 성인성　經 지날경

賢 어질현　書 글서

不 아닐불　得 얻을득　親 친할친　炙 구울자　良 어질양　師 스승사　益 더할익

友 벗우

是 옳을시　謂 이를위　自 스스로자　暴 사나울폭　自 스스로자　棄 버릴기

{ 실천방향 }

김윤섭　교육 현실에서 볼 때 전 교과영역에서 다 잘하기란 쉽지 않겠지만, 적어도 아이 자신의 적성에 맞는 한 가지 영역이나 분야에서는 잘할 수 있는 게 있다. 그것을 찾아내고 스승을 잘 만날 수 있게 적극 도와줄 필요가 있다. 성적 걱정, 입시 지향에서 벗어나면 길이 훤히 보인다. 아니 길이 나를 기다렸다고 할 것이다.

조인상　삶은 이루어 가는 것이라고 한다. 어떤 모습으로 이루어 가느냐 하는 것은 나의 선택에 달려있다. 자녀가 정도正道를 가기만을 바라는 것은 모든 부모의 마음이다.

바른 도리를 행하면서 살아가게 하려면, 자신에 대한 깊은 신뢰감을 가질 수 있도록 아이가 기울이는 노력에 알아차려주고 아낌없는 격려와 지지를 해야 한다.

황효숙　맹자께서는 자신을 아끼고 가꿀 줄 모르는 사람이 바로 자포자기의 상태라고 지적하셨다고 한다. 사람이라면 더 훌륭해질 수 있도록 평소에 심신을 가지런히 하고 끊임없이 노력해야 할 것이다.

"바른 마음씨를 가지도록 가르친다."

{본문}

自世敎之衰, 童孺之所聞見, 不過科擧, 宦達·
자 세 교 지 쇠   동 유 지 소 문 견   불 과 과 거   환 달

女色·財利·賭博諧謔, 嘲謗爭競, 諂媚欺詐, 鄙
여 색   재 이   도 박 해 학   조 방 쟁 경   첨 미 기 사   비

吝夸張, 猜嫉驕侈, 羨慕酒食鞍馬, 器什衣履等
인 과 장   시 질 교 치   이 모 주 식 안 마   기 십 의 이 등

事.
사

　其所著述, 則科試浮虛之文, 其所覽觀, 則傳奇
기 소 저 술   즉 과 시 부 허 지 문   기 소 남 관   즉 전 기

淫褻之書, 何嘗行正事, 讀古經哉? 故人心日溺,
음 설 지 서   하 상 행 정 사   독 고 경 재   고 인 심 일 익

世道日敗, 自不敎童子始也.
세 도 일 패   자 불 교 동 자 시 야

學記曰,「禁於未發之爲豫.」
학 기 왈　금 어 미 발 지 위 예

伊川先生曰,『人之幼也, 知思未有所主, 便當
이 천 선 생 왈　　인 지 유 야　　지 사 미 유 소 주　편 당

以格言至論, 日陳於前, 雖未曉知, 且當薰聒, 使
이 격 언 지 론　일 진 어 전　수 미 효 지　차 당 훈 괄　사

盈耳充腹, 久自安習, 若固有之, 雖以他言惑之,
영 이 충 복　구 자 안 습　약 고 유 지　수 이 타 언 혹 지

不能入也. 若爲之不豫, 及乎稍長, 私意偏好, 生
불 능 입 야　약 위 지 불 예　급 호 초 장　사 의 편 호　생

於内, 衆口辯言, 鑠於外, 欲其純完, 不可得也.』
어 내　중 구 변 언　삭 어 외　욕 기 순 완　불 가 득 야

{해석}

　세상의 교육이 쇠퇴함으로부터 어린이들이 듣고 보는 것은 과거시험을 보고, 벼슬하여 출세하고, 여자들과 놀아나고, 재물을 모으고, 도박을 하고, 익살을 부리고, 조롱하고 비방하고, 서로 힘을 다투고, 아부하고 아첨하고, 남을 속여 먹고, 더럽게 인색하고, 과장하여 자랑하고, 시기하고 질투하고, 교만하고 사치하고, 부러워하고 사모하는 것이 아니면 술과 음식, 말안장과 그릇, 옷과 신 등에 지나지 않는다.

　그 저술하는 것은 곧 과거시험이나 들뜨고 허왕한 글이고, 그 보는 것은, 곧 전기나 음란한 책이니, 어찌 바른 일을 행하고 옛 성현의 경전을 읽겠는가? 그러므로 인심이 날로 나빠지고 세상의 도의가 날로 무너지는데, 이는 어린이를 가르치지 않는 데로부터 시작되는 것이다.

《예기》의 학기편에 말하기를, 「아직 발생하지 않았을 때 금하는 것을 예방이라고 한다.」라고 하였다.

이천 선생(∵북송의 학자. 정이)은 말하기를, 『사람이 어릴 때는 아는 것, 생각하는 것이 아직 주견이 없으니, 마땅히 격언과 지극히 훌륭한 이론을 날마다 그 앞에 벌려 놓으면, 비록 똑똑히 알지는 못하더라도 반드시 뭉근히 풍기는 향기가 귀에 배고 배어 차서, 오래되면 저절로 익혀져 자기가 본래 가지고 있던 것처럼 되어, 비록 다른 말로 유혹하더라도 먹혀들어가지 않는다. 만약 이렇게 미리 하지 않다가 좀 자라게 된다면, 사사로운 생각과 좋아하는 편견이 안에서 생기고, 여러 사람의 입 판단하는 말이 밖에서 녹아들어 순진하고 완전하게 되려 해도 뜻대로 안 된다.』라고 하였다. (김종권 역, 1993, pp.311-312)

{ 한자 뜻풀이 }

自 스스로 자　世 세상 세　敎 가르칠 교　之 갈 지　衰 쇠할 쇠

童 아이 동　孺 젖먹이 유　之 갈 지　所 바 소　聞 들을 문　見 볼 견

不 아닐 불　過 지날 과　科 과목 과　擧 들 거

宦 벼슬 환　達 통달할 달　女 여자 여　色 빛 색　財 재물 재　利 이로울 이

賭 내기 도　博 넓을 박　諧 화할 해　謔 희롱할 학

嘲 비웃을 조　謗 헐뜯을 방　爭 다툴 쟁　競 다툴 경

諂 아첨할 첨　媚 아첨할 미　欺 속일 기　詐 속일 사

鄙 더러울 비　吝 아낄 인　夸 자랑할 과　張 베풀 장

猜 시기할 시　嫉 미워할 질　驕 교만할 교　侈 사치할 치

羨 고을이름이 慕 그릴모 酒 술주 食 먹을식 鞍 안장안 馬 말마

器 그릇기 什 열사람십 衣 옷의 履 밟을이 等 무리등 事 일사

其 그기 所 바소 著 나타날저 述 지을술

則 곧즉 科 과목과 試 시험시 浮 뜰부 虛 큰산허 之 갈지 文 글월문

其 그기 所 바소 覽 볼남 觀 볼관

則 곧즉 傳 전할전 奇 기특할기 淫 음란할음 褻 더러울설 之 갈지 書 글서

何 어찌하 嘗 맛볼상 行 다닐행 正 바를정 事 일사

讀 읽을독 古 옛고 經 지날경 哉 어조사재

故 연고고 人 사람인 心 마음심 日 날일 溺 빠질익

世 인간세 道 길도 日 날일 敗 깨뜨릴패

自 스스로자 不 아닐불 敎 가르칠교 童 아이동 子 아들자 始 처음시

也 어조사야

學 배울학 記 기록할기 曰 가로왈

禁 금할금 於 어조사어 未 아닐미 發 필발 之 갈지 爲 할위 豫 미리예

伊 저이 川 내천 先 먼저선 生 날생 曰 가로왈

人 사람인 之 갈지 幼 어릴유 也 어조사야

知 알지 思 생각사 未 아닐미 有 있을유 所 바소 主 주인주

便 편할편 當 당할당 以 써이 格 바로잡을격 言 말씀언 至 이를지 論 논할논

日 날일 陳 늘어놓을진 於 어조사어 前 앞전

雖 비록수 未 아닐미 曉 새벽효 知 알지

且 또차 當 당할당 薰 향초훈 聒 떠들썩할괄

使 하여금사 盈 찰영 耳 귀이 充 채울충 腹 배복

久 오랠구 自 스스로자 安 편안안 習 익힐습

若 같을약 固 굳을고 有 있을유 之 갈지

雖 비록 수 以 써 이 他 다를 타 言 말씀 언 惑 미혹할 혹 之 갈 지

不 아닐 불 能 능할 능 入 들 입 也 어조사 야

若 같을 약 爲 할 위 之 갈 지 不 아닐 불 豫 미리 예

及 미칠 급 乎 어조사 호 稍 나무끝 초 長 길 장

私 사사 사 意 뜻 의 偏 치우칠 편 好 좋을 호

生 날 생 於 어조사 어 內 안 내

衆 무리 중 口 입 구 辯 말씀 변 言 말씀 언

鑠 녹일 삭 於 어조사 어 外 바깥 외

欲 하고자할 욕 其 그 기 純 순수할 순 完 완전할 완

不 아닐 불 可 옳을 가 得 얻을 득 也 어조사 야

{ 실천방향 }

김윤섭　습관을 잘 닦아야 하는 이치에 대하여《격몽요결擊蒙要訣》「거가居家」에서도 나와 있다. "生子, 自稍有知識時, 當導之而善, 若幼而不敎, 至於旣長, 則習非放心, 敎之心亂.(생자, 자초유식시, 당도지이선, 약유이불교, 지어기장, 즉습비방심, 교지심란.) - 자식을 나아서 지식이 있게 되면서부터 마땅히 착한 길로 인도해 나가야 한다. 만약 어리다고 해서 가르치지 않으면, 어른에 이르러도 습관이 그릇되고 방심하여 가르치기가 몹시 어렵게 되는 것이다."

조인상　가치관이란 하루아침에 생기는 것은 아니지만 부모의 편견은 80% 정도가 만 4세쯤이면 흡수하게 된다고 한다. 성장하면서 여러 상황을 겪으며 수정되어지는 것이다. '내 자녀가 이런 어른이 되었으면 좋겠다.' 는 모습을 부모가 보여주면 되는 것이다.

그것이 최고의 교육 방법이다.

황효숙　　어릴 적부터 구별된 삶에 대해 가르쳐야 한다. 하고 싶은 일과 해야 할 일, 또 하지 말아야 할 일 등을 이미 익혀서 바른길로 살아갈 수 있도록 훌륭한 전기문이나 좋은 글을 읽고 몸에서 익혀야 한다. 그런 것들이 습관이 된 사람은 나중에 자라서 그의 인생관이나 가치관을 이루게 된다고 할 수 있겠다.

지옥진　　아이를 키우면서 양육하는 부모는 기본예절에 대해 생활 습관이 되도록 가르쳐야 한다. 우리가 말하는 밥상머리 교육이라는 것이 어른이 된 후에 가르치는 것이 아니라 어려서부터 훈습되고 몸에 자연스럽게 익히도록 하는 것이 부모의 역할이다.

　우리는 아이가 잘할 때는 당연한 거라고 생각하여 아무 말도 하지 않고 잘못할 때 혼을 내며 훈육의 강도를 높이는데, 이는 더 아이를 화나게 할 뿐 반성의 기회를 뺏는 것이 되어 역효과가 날 수 있다. 잘할 때는 구체적으로 칭찬하여 더 바람직하게 할 수 있도록 하고, 미리 칭찬하기를 하여 예방하는 방법도 있다. 어릴 때는 성인보다 더 미숙하고 실수를 많이 하기 때문에 기다려주고 잘할 수 있도록 차근차근 알려주는 지혜가 필요하다.

"나쁜 습관을 자제토록 가르친다."

{ 본문 }

童孺之習, 擧皆厭讀書, 恥執役, 至於一切嬉技,
동유지습 거개염독서 치집역 지어일절희기

不勸而能, 不教而勤.
불권이능 불교이근

象戱圍棋, 雙陸骨牌, 紙牌擲柶, 意錢從政圖,
상희위기 쌍육골패 지패척사 의전종정도

擲石毬, 八道行成, 皆曉解, 則父兄儕友, 嘉獎才
척석구 팔도행성 개효해 즉부형제우 가장재

智, 如或不能焉, 則人皆嘲笑, 何其痼也.
지 여혹불능언 즉인개조소 하기고야

凡耗精神, 亂志氣, 廢工業, 薄行檢, 資爭競, 養
범모정신 난지기 폐공업 박행검 자쟁경 양

譎詐, 甚至溺於賭錢, 蕩敗財産, 廼陷刑辟. 故爲
휼사 심지익어도전 탕패재산 내함형벽 고위

父兄者, 嚴截呵禁, 或潛置技具, 焚裂而楚撻之
부 형 자　엄 절 가 금　혹 잠 치 기 구　분 열 이 초 달 지

可也.
가 야

余性謹拙, 自幼無爭較之心, 不惟一生不執技
여 성 근 졸　자 유 무 쟁 교 지 심　불 유 일 생 불 집 기

具, 至如世俗童子, 所爲唐音初中終及草榜, 亦不
구　지 여 세 속 동 자　소 위 당 음 초 중 종 급 초 방　역 불

爲之.
위 지

吾家子弟, 庶幾恪遵, 毋或敗度.
오 가 자 제　서 기 각 준　무 혹 패 도

{ 해석 }

　어린아이들의 버릇은 거의 다 책 읽기를 싫어하고 일하는 것을 부끄러워하면서도, 모두 놀음놀이하는데 이르러서는 권하지 않아도 잘하고 가르치지 않아도 부지런하다.

　장기·바둑·쌍륙·골패·투전·윷놀이·돈치기·종정도 놀이·돌공 던지기·팔도행성 등을 다 환히 알면, 부형과 벗들은 그 재주와 지혜를 칭찬하고 장려하며, 혹 잘하지 못하면 사람들은 다 조롱하고 비웃으니, 어쩌면 그렇게도 고질이 되었는지 모를 일이다.

　이런 놀음은 다 정신을 소모하고, 의지와 기개를 어지럽히고, 공부를 그만두고, 바른 품행과 절도가 엷어지고, 경쟁을 조장하고, 간사함을 기르고, 심지어는 도박에 빠져 재산을 탕진하고, 죄를 져 형벌을 받게 되는 데까지 이른다. 그러므로 부형된 사람은,

이를 엄중히 꾸짖고 금지하여야 하고, 혹 놀음하는 기구를 몰래 감추어 둔 것이 있으면 불태우거나 찢어버리고서 종아리를 때려야 한다.

나는 성품이 삼가고 옹졸하여 어려서부터 남과 다투거나 겨루는 마음이 없었고, 뿐만 아니라 일생 동안 놀음하는 기구를 잡아보지 않았고, 세속 아이들처럼 당음초중종(:글자를 짚어 당시 외우는 놀이) 및 초방(:글짓기 놀이) 글짓기 같은 것도 역시 하지 않았다.

우리 집 자제는 이것을 잘 지켜 조금도 그 법도를 무너뜨리지 말도록 할 것이다.(김종권 역, 1993, p.274)

{ 한자 뜻풀이 }

童 아이 동 孺 젖먹이 유 之 갈 지 習 익힐 습

擧 들 거 皆 다 개 厭 싫어할 염 讀 읽을 독 書 글 서

耻 부끄러울 치 執 잡을 집 役 부릴 역

至 이를 지 於 어조사 어 一 한 일 切 끊을 절 嬉 아름다울 희 技 재주 기

不 아닐 불 勸 권할 권 而 말이을 이 能 능할 능

不 아닐 불 敎 가르칠 교 而 말이을 이 勤 부지런할 근

象 코끼리 상 戲 희롱할 희 圍 에워쌀 위 碁 바둑 기

雙 두 쌍 陸 뭍 육 骨 뼈 골 牌 패 패

紙 종이 지 牌 패 패 擲 던질 척 柶 수저 사

意 뜻 의 錢 돈 전 從 좇을 종 政 정사 정 圖 그림 도

擲 던질 척 石 돌 석 毬 공 구

八 여덟 팔 道 길 도 行 다닐 행 成 이룰 성

皆 다 개 曉 새벽 효 解 풀 해

則 곧 즉 父 아비 부 兄 형 형 儕 무리 제 友 벗 우

嘉 아름다울 가 獎 장려할 장 才 재주 재 智 지혜 지

如 같을 여 或 혹 혹 不 아닐 불 能 능할 능 焉 어찌 언

則 곧 즉 人 사람 인 皆 다 개 嘲 비웃을 조 笑 웃음 소

何 어찌 하 其 그 기 痼 고질 고 也 어조사 야

凡 무릇 범 耗 소모할 모 精 정할 정 神 귀신 신

亂 어지러울 난 志 뜻 지 氣 기운 기

廢 폐할 폐 工 장인 공 業 업 업

薄 엷을 박 行 다닐 행 檢 검사할 검

資 재물 자 爭 다툴 쟁 競 다툴 경

養 기를 양 譎 속일 휼 詐 속일 사

甚 심할 심 至 이를 지 溺 빠질 익 於 어조사 어 賭 내기 도 錢 돈 전

蕩 방탕할 탕 敗 패할 패 財 재물 재 産 낳을 산

迺 이에 내 陷 빠질 함 刑 형벌 형 辟 임금 벽

故 연고 고 爲 할 위 父 아비 부 兄 형 형 者 놈 자

嚴 엄할 엄 截 끊을 절 呵 꾸짖을 가 禁 금할 금

或 혹 혹 潛 잠길 잠 置 둘 치 技 재주 기 具 갖출 구

焚 불사를 분 裂 찢을 열 而 말이을 이 楚 초나라 초 撻 때릴 달 之 갈 지

可 옳을 가 也 어조사 야

余 나 여 性 성품 성 謹 삼갈 근 拙 옹졸할 졸

自 스스로 자 幼 어릴 유 無 없을 무 爭 다툴 쟁 較 견줄 교 之 갈 지 心 마음 심

不 아닐 불 惟 생각할 유 一 한 일 生 날 생 不 아닐 불 執 잡을 집 技 재주 기

具 갖출 구

至 이를 지 如 같을 여 世 인간 세 俗 풍속 속 童 아이 동 子 아들 자

所 바 소 爲 할 위 唐 당나라 당 音 소리 음 初 처음 초 中 가운데 중 終 마칠 종

及 미칠 급 草 풀 초 榜 방붙일 방

亦 또 역 不 아닐 불 爲 할 위 之 갈 지

呑 나 오 家 집 가 子 아들 자 弟 아우 제

庶 여러 서 幾 몇 기 恪 삼갈 각 遵 좇을 준

毋 말 무 或 혹 혹 敗 패할 패 度 법도 도

{ 실천방향 }

김윤섭 이덕무의 아동관이 보인다. 이른바 아동의 특성, 즉 유희
지향적 성향을 이해함에 있어서 조금은 관용의 시선으로
대할 일이다. 교육적 관점에 따라서는 그냥 두는 것이 더 바람직하다
고 보는 견해도 있다. 엄격하여 아이의 수치심이 생기지 않도록 조심
할 필요가 있다. 깊이 빠져들어 다른 교과 학습과 수련에 지장이 초래
되어선 안 된다. 〈동규童規-동지動止 35〉와 묶어서 의미를 새겨볼 일
이다. 계획적인 시간 관리와 여가 선용으로 교양을 쌓아가도록 지도
해야 한다. 전인교육全人敎育의 의미를 새겨보고 지덕체智德體가 균형
을 이루는 교육을 생각해 볼 일이다.

조인상 국가에서 시행하는 누리교육과정이 유아·놀이 중심으로
개편되었다. 유아는 놀이를 통해서 발달과 학습을 이루기
때문이다. 놀이를 통하여 아이들은 자란다. 놀면서 신체가 발달하고,
정서적 교감과 지능이 발달한다. 놀면서 스트레스를 발산하고 몰입

을 경험한다. 만 4세 이후에는 언어가 발달하면서 규칙에 대한 이해
가 높아져 보드게임board game을 좋아하게 되는데, 지나치게 경쟁구
조의 게임들은 제공하지 않거나 과몰입하지 않도록 어른들의 지원이
필요할 수 있다.

황효숙 나쁜 습관을 자제하도록 가르치는 것은, 무릇 외향적인 습
관이나 버릇만 일컫는 것은 아닐 것이다. 놀이를 좋아하
고 진득하지 못한 자세뿐 아니라 생활태도도 포함된다 할 것이다. 생
활태도나 가치관이 나쁜 아이는 그런 어른으로 자라나게 된다. 그래
서 직장생활이나 자기 가정을 다스릴 때도 성실하지 못하고, 본질에
충실하지 못하며 대충대충 하거나 변덕스럽거나 남 눈치를 보며 이
기적인 행동을 하게 된다. 이러한 행동은 진심 없는 마음에서 나오게
되며 할 일보다는 하고 싶은 일을 더 중시하는 경향이 생기게 되는 것
이기에 어릴 적 절제하고 자기를 다스리는 교육은 매우 필요하다.

지옥진 어린아이들은 책 읽는 일이 지루하고 가만히 앉아있는 행
동이 답답할 수도 있다. 그러나 한참 총기가 있고 스펀지
처럼 잘 스며들 때에 공부를 열심히 하는 것은 지식을 쌓고 지혜를 얻
는 것과 같다. 그래서 공부를 하는 시간을 많이 짜놓고 하기보다는 아
이에 기질과 능률에 맞게 노는 시간과 집중해서 열심히 할 수 있는 시
간을 잘 분배해서 재미있게 할 수 있도록 하는 것이 더 중요하다.

"바른 교육풍토를 조성하여야 한다."

{본문}

館學月課, 士子浮薄, 近日陋習也.
관 학 월 과   사 자 부 박   근 일 누 습 야

童子假手呈券, 凌辱試官, 尤爲猖狂, 爲父兄者,
동 자 가 수 정 권   능 욕 시 관   우 위 창 광   위 부 형 자

不可使穉子隨例紛拏, 學其渝靡, 損壞良心.
불 가 사 치 자 수 예 분 나   학 기 유 미   손 괴 양 심

{해석}

　관학(:성균관과 사부학당)에서 달마다 아이들에게 부박한 시험을
보이는 것은 요즈음의 더러운 풍습이다.

　아이들이 남의 손을 빌어 글을 지어 올려 시험관을 능욕함은
더욱 미쳐 날뛰는 짓이니, 부형된 사람은 어린아이로 하여금 예에
따라 분주히 끌려들어서 그 천박한 풍조를 배워 양심을 망치게 해

서는 안 된다.(김종권 역, 1993, p.313)

{ 한자 뜻풀이 }

館 집 관 學 배울 학 月 달 월 課 공부할 과

士 선비 사 子 아들 자 浮 뜰 부 薄 엷을 박

近 가까울 근 日 날 일 陋 더러울 누 習 익힐 습 也 어조사 야

童 아이 동 子 아들 자 假 거짓 가 手 손 수 呈 드릴 정 券 문서 권

凌 업신여길 능 辱 욕될 욕 試 시험 시 官 벼슬 관

尤 더욱 우 爲 할 위 猖 미쳐 날뛸 창 狂 미칠 광

爲 할 위 父 아비 부 兄 형 형 者 놈 자

不 아닐 불 可 옳을 가 使 하여금 사 穉 어릴 치 子 아들 자 隨 따를 수

例 법식 예 紛 어지러울 분 拏 붙잡을 나

學 배울 학 其 그 기 渝 변할 유 靡 쓰러질 미

損 덜 손 壞 무너질 괴 良 어질 양 心 마음 심

{ 실천방향 }

김윤섭 오늘날 학교교육에서는 '학습자 우선의 교육'이 과연 얼마나 충실히 실천되고 있는지, 점검해 볼 일이다.

조인상 학습에 있어 공정한 평가는 중요하다. 평가를 통해서 학습자의 수준을 이해하고 다음 수업에 결과를 반영하기 때문이다. 또 공정한 평가는 아이들이 자존감을 향상시키는 역할을 한다. 공정 안에는 형평에 맞는 평등도 담겨있어야 한다.

황효숙 　'정직'은 모든 생활태도의 근본이다. 올바르지 않는 태도, 반듯하지 않은 삶은 아이의 근본을 망가트린다. 후에는 사회를 망가트리게 되고 국가조차 흔들어댄다. 나라의 부정부패가 이런 것에서 나오는 것이 아니고 무엇일까?

"욕심을 부리지 않도록 가르친다."

{ 본문 }

童子多欲, 隨發而禁, 可爲吉人.
동 자 다 욕　수 발 이 금　가 위 길 인

凡見人之衣服器用, 玩好之物, 勿羨也, 勿訾也,
범 견 인 지 의 복 기 용　완 호 지 물　물 선 야　물 자 야

勿偸也, 勿奪也, 勿易也, 勿匿也. 凡己之物, 勿
물 투 야　물 탈 야　물 역 야　물 익 야　범 기 지 물　물

吝也, 勿耀也, 勿恨不如人也.
인 야　물 요 야　물 한 불 여 인 야

{ 해석 }

어린이는 욕심이 많으니 그런 마음을 낼 때마다 금하여야 좋은
사람이 될 수 있다.

무릇 남의 의복·그릇·좋아하는 물건을 보고서 부러워하지 말
고 헐뜯지 말고, 훔치지 말고 빼앗지 말고, 바꾸지 말고 감추지

말 것이다. 무릇 자기의 물건은 인색하지 말고 자랑하지 말고, 남의 것보다 못함을 한탄하지도 말 것이다.(김종권 역, 1993, p.313)

{ 한자 뜻풀이 }

童 아이 동　子 아들 자　多 많을 다　欲 하고자 할 욕

隨 따를 수　發 필 발　而 말이을 이　禁 금할 금

可 옳을 가　爲 할 위　吉 길할 길　人 사람 인

凡 무릇 범　見 볼 견　人 사람 인　之 갈 지　衣 옷 의　服 옷 복　器 그릇 기　用 쓸 용

玩 희롱할 완　好 좋을 호　之 갈 지　物 물건 물

勿 말 물　羡 부러워할 선　也 어조사 야

勿 말 물　訾 헐뜯을 자　也 어조사 야

勿 말 물　偸 훔칠 투　也 어조사 야

勿 말 물　奪 빼앗을 탈　也 어조사 야

勿 말 물　易 바꿀 역　也 어조사 야

勿 말 물　匿 숨길 익　也 어조사 야

凡 무릇 범　己 몸 기　之 갈 지　物 물건 물

勿 말 물　吝 아낄 인　也 어조사 야

勿 말 물　耀 빛날 요　也 어조사 야

勿 말 물　恨 한 한　不 아닐 불　如 같을 여　人 사람 인　也 어조사 야

{ 실천방향 }

김윤섭　참으로 어려운 문제다. 철없는 어린아이의 마음과 행동을
　　　　어른의 도덕률로 가르친다는 것이 그리 쉬운 일이 아닐 것
이다. 아이의 욕심을 그냥둘 수도 없고 너무 야단만 칠 일도 아니기

때문이다. 그렇지만 어려움이 있어도 가르치고 바른길로 끌어 나가야 한다. 가르치지 않고 바로잡아주지 않으면 후일 크게 후회하게 되는 것이 자식 교육이다. 그래서 부모의 신중한 언행이 앞서야 하는 것이며, 이런 점에서 '부모 역할 잘하기 학습'을 부모들 자신이 부단히 해 나가야 한다. 유사한 말씀이 〈부의婦儀-교육敎育 6〉에도 있다.(김종권 역, 1993, p.238)

조인상 '남의 떡이 커 보인다.'는 말이 있다. 또래의 영향을 많이 받는 사춘기 아이들의 경우에는 조절이 더 어려운 문제이다. '명품 가진 자를 부러워하지 말고, 스스로가 명품이 되자.'라는 말은 많은 사람들의 보편적 정서를 반영한 말일 것이다. 부모가 중요하게 여기는 가치를 보여주고 함께 실천하는 모습이 좋겠다. 물질이 주는 즐거움과 편안함은 있지만 더 중요한 가치가 있음을 알려주어야 한다.

황효숙 욕심이라고 해서 다 그런 것은 아니다. 자기 정진, 자기 발전을 위한 욕심은 얼마든지 해도 좋으나, 남의 것을 내 것으로 만드는 나쁜 욕심이야말로 아이를 망치고 국가를 망친다. 내 것에 대한 정직함이 답이다. 나의 영혼까지도 내가 지켜야 한다. 영혼을 부와 권력과 부패에 팔아 넘긴 사람들이 얼마나 많은가? 부도덕도 마찬가지! 남의 사람을 탐내면 그게 바로 부도덕한 것이라고 본다.

지옥진 　 문제 행동으로 오는 학생 학부모에게, 살면서 4가지 하지 말아야 하는 것에 대해 이야기를 한다. 갖고 싶다고 남의 것을 빼앗거나 훔쳐서는 안 된다. 기분이 나쁘다고 남을 때리거나 흉기를 들고 해를 가해서는 안 된다. 내가 좋아한다고 해서 싫다는 이성에게 성추행을 하거나 성희롱을 해서는 안 된다. 거짓말로 사기를 쳐서 다른 사람에게 피해를 주어서는 안 된다. 인격이 중요시되고 다른 사람의 생각을 존중해 주어야 하기 때문이다.

"형제 우애는 일찍 가르쳐야 한다."

{ 본문 }

兄弟之間, 雖微細之物, 可均而不可專.
형 제 지 간 　수 미 세 지 물 　가 균 이 불 가 전

余於徐, 元兩妹, 長六歲七歲, 俱在幼時, 得一花
여 어 서 　원 양 매 　장 육 세 칠 세 　구 재 유 시 　득 일 화

枝, 必三分其蒂, 得一菓實, 必三分其顆, 至于壯
지 　필 삼 분 기 대 　득 일 과 실 　필 삼 분 기 과 　지 우 장

大, 未嘗爭競, 幾乎無物我也, 族黨稱之.
대 　미 상 쟁 경 　기 호 무 물 아 야 　족 당 칭 지

凡吾子女, 不可不知也.
범 오 자 여 　불 가 부 지 야

{ 해석 }

　형제 사이에는 비록 작은 물건이라도 가히 고루 가져야지 독차
지하여서는 안 된다.

나는 나이가 서씨·원씨에게 시집간 두 누이동생보다 6~7살 많았는데, 어려서 함께 있을 때, 꽃 한 가지를 얻으면 반드시 그 꽃을 셋으로 나누었고, 한 개의 과일을 얻으면 반드시 그것을 셋 으로 나누어 먹었고, 크게 자라서까지도 일찍이 다투어 본 일이 없어, 거의 네 것 내 것이 없었으므로 일가친척들은 이를 칭찬하 였다.

무릇 내 아들 딸들은 이것을 몰라서는 안 된다.(김종권 역, 1993, p.314)

{ 한자 뜻풀이 }

兄 형 형 弟 아우 제 之 갈 지 間 사이 간

雖 비록 수 微 작을 미 細 가늘 세 之 갈 지 物 물건 물

可 옳을 가 均 고를 균 而 말이을 이 不 아닐 불 可 옳을 가 專 오로지 전

余 나 여 於 어조사 어 徐 천천히 할 서

元 으뜸 원 兩 두 양 妹 누이 매

長 길 장 六 여섯 육 歲 해 세 七 일곱 칠 歲 해 세

俱 함께 구 在 있을 재 幼 어릴 유 時 때 시

得 얻을 득 一 한 일 花 꽃 화 枝 가지 지

必 반드시 필 三 석 삼 分 나눌 분 其 그 기 蒂 밑 대

得 얻을 득 一 한 일 菓 과자 과 實 열매 실

必 반드시 필 三 석 삼 分 나눌 분 其 그 기 顆 낱알 과

至 이를 지 于 어조사 우 壯 장할 장 大 큰 대

未 아닐 미 嘗 맛볼 상 爭 다툴 쟁 競 다툴 경

幾 몇 기 乎 어조사 호 無 없을 무 物 물건 물 我 나 아 也 어조사 야

族 겨레족 黨 무리당 稱 일컬을칭 之 갈지

凡 무릇범 否 나오 子 아들자 女 여자여

不 아닐불 可 옳을가 不 아닐부 知 알지 也 어조사야

{ 실천방향 }

김윤섭　형제간의 우애도 저절로 생기는 것은 아니다. 부모의 기운을 똑같이 받고 태어난 사이로 '동기간同氣間'이라 하여 친애와 협동을 실천하는 사이가 되어야 한다. 어버이 된 사람의 엄격하고도 세심한 가르침과, 이를 따르는 자식들의 실행이 있어야 한다. 이렇게 되고 싶으면 우애를 잘 실천하는 집안을 귀감으로 삼아 그들의 품격과 행실을 배워야 한다. '우애 있는 형제자매'들은 장성하여 서로에게 힘이 된다. 부모에게 효도함은 물론 붕우관계朋友關係도 신의信義를 지켜나갈 것이다. 세상에 부러워할 일이 많겠지만 '우애 있는 형제자매'들 만한 일이 있을까?

조인상　우애 있는 형제는 그냥 되는 것이 아니다. 부모의 양육방법이 매우 중요한 영향을 미친다. 서로 비교하면 안 되고, 부모 생각에 서로를 배려한다는 취지로 '형이니까 양보해라, 동생이니까 형의 말을 들어야 한다.' 하는 식의 권유는 안 된다. 두 아이를 동시에 다루려 하지 말고 개별적으로 반응해 주어야 한다.

황효숙　집안의 형제들이 우애가 있는 아이들을 보면 반드시 그 집안엔 우애 있는 부모의 모습을 보고 자란 것이다. 여기에는 '베품, 나눔' …뭐 이런 것들이 우선시되는 아름다운 모습이 담겨져 있다. 형과 동생을 가리지 않고 무엇이라도 나누고 베풀 수 있는 마음가짐이 참으로 중요하다. 서로를 귀하게 여기는 마음과 늘 살펴서 보듬어주는 마음이 있어야 할 것이다. 그러면 아이들은 스스로 사촌들과도 우애 있게 지내고 경쟁하지 않고 함께 동반성장하는 모습을 볼 수 있을 것이다.

지옥진　　가족 상담을 하는데, 남매가 너무 싸워서 함께 상담을 하였다. 오빠가 여동생을 놀리거나 가르치려고 하고, 말을 안 들으면 때리고 해서 오빠가 죽었으면 좋겠다고 여동생이 말하였다. 화가 많이 난 오빠는 동생이 엄마에게, 버릇없이 하고 말대꾸를 많이 하여 다른 집에 가서 살았으면 좋겠다고 하였다. 엄마는 딸이 어려서 많이 아팠고, 아이가 원하는 것을 해주다 보니 버릇이 없고 자기밖에 모르는 이기적인 아이가 되었다고 하시며, 아이가 초등학교 5학년 인데 친구가 하나도 없고 집에서 혼자 있거나 어린 동생들과 논다고 한다.

사회성이 많이 떨어지고 얼마 전에 친했던 친구와도 싸우고 절교하면서 더 짜증을 내고, 한번 기분이 틀어지면 계속해서 화를 내고 문제 행동을 보인다고 하였다. 오빠는 동생에게 부정적인 말로 자극하지 말고, 엄마는 딸과 따로 시간을 내서 좋아하는 활동을 즐겁게 함께 하고 이야기를 많이 들어주는 노력을 하였으면 좋겠다고 하였다.

"나쁜 습관을 고치도록 가르친다."

{본문}

童子吸烟, 非美行也. 薰骨髓, 燥血氣, 毒液污
동자 흡연 비미행야 훈골수 조혈기 독액오

書冊, 殘爐爇衣服.
서책 잔신열의복

含烟盃, 相嬉鬪爭競, 而破脣缺齒, 甚至貫腦衝
함연배 상희투쟁경 이파순결치 심지관뇌충

咽, 豈不可畏? 或有對客, 抽長筒, 與之接火, 何
인 기불가외 혹유대객 추장통 여지접화 하

其慢且猥也?
기만차외야

亦有長者切禁, 以至楚扑, 而屏身偸吸, 竟不埈
역유장자절금 이지초복 이병신투흡 경불준

改, 亦或有父兄使之勸吸者, 何其陋也?
개 역혹유부형사지권흡자 하기누야

烟草盛行, 殊非美事也.
연 초 성 행 수 비 미 사 야

{ 해석 }

　어린이가 담배를 피우는 것은 아름다운 행실이 아니다. 담배는 골수에 스미고 혈기를 마르게 하고, 그 독한 진은 책을 더럽히고 담뱃재는 의복을 태운다.

　담배통을 물고서 난잡하게 다투는 놀이를 하여 입술이 터지고, 이가 부러지고, 심지어는 골을 꿰고 목구멍을 찌르게 하니, 어찌 가히 두렵지 아니한가? 혹은 손님을 대하고 있을 때 긴 담뱃대를 빼물어 함께 담뱃불을 붙이니, 어찌 그리 오만하고 외람된가?

　또한 어른이 절실히 금하고 종아리를 때려도, 몸을 숨기고 훔쳐 피워서 마침내는 잘못을 고치지 못하는 사람이 있고, 또한 혹 부형이 담배를 피우라고 권하는 사람도 있는데, 어쩌면 그렇게 비루한가?

　담배 피우는 것이 성행하는 것은 특히 아름다운 일이 아니다. (김종권 역, 1993, p.314)

{ 한자 뜻풀이 }

童 아이 동　子 아들 자　吸 마실 흡　烟 연기 연
非 아닐 비　美 아름다울 미　行 다닐 행　也 어조사 야
薰 향초 훈　骨 뼈 골　髓 뼛골 수
燥 마를 조　血 피 혈　氣 기운 기

毒 독독 液 진액 汚 더러울오 書 글서 冊 책책

殘 잔인할잔 燼 불탄끝신 蒸 불사를열 衣 옷의 服 옷복

含 머금을함 烟 연기연 盃 잔배

相 서로상 嬉 아름다울희 鬪 싸울투 爭 다툴쟁 競 다툴경

而 말이을이 破 깨뜨릴파 脣 입술순 缺 이지러질결 齒 이치

甚 심할심 至 이를지 貫 꿸관 腦 골뇌 衝 찌를충 咽 목구멍인

豈 어찌기 不 아닐불 可 옳을가 畏 두려워할외

或 혹혹 有 있을유 對 대할대 客 손객

抽 뽑을추 長 길장 筒 대통통

與 더불여 之 갈지 接 이을접 火 불화

何 어찌하 其 그기 慢 거만할만 且 또차 猥 외람할외 也 어조사야

亦 또역 有 있을유 長 길장 者 놈자 切 끊을절 禁 금할금

以 써이 至 이를지 楚 초나라초 扑 칠복

而 말이을이 屛 병풍병 身 몸신 偸 훔칠투 吸 마실흡

竟 마침내경 不 아닐불 埈 높을준 改 고칠개

亦 또역 或 혹혹 有 있을유 父 아비부 兄 형형 使 하여금사 之 갈지

勸 권할권 吸 마실흡 者 놈자

何 어찌하 其 그기 陋 더러울누 也 어조사야

烟 연기연 草 풀초 盛 성할성 行 다닐행

殊 다를수 非 아닐비 美 아름다울미 事 일사 也 어조사야

{ 실천방향 }

김윤섭　금연지도의 필요성을 강조하고 있다. 어린 나이의 흡연이
　　　　해롭다는 것은 더 말할 여지가 있겠는가? 그 폐해弊害를

단죄斷罪하고 있다. 이 문제는 집안 어른들이 금연해야 될 문제다. 정말 절실한 일이다. 집 밖에서도 어른들이 금연 실천을 해야 한다. 만일에 배운 흡연을 정히 끊기가 어려운 경우라면 흡연 시의 최소한의 에티켓이라도 배워서 지켜야 한다. 보행 중에는 자제한다든가 다수의 비흡연자들을 불쾌하게 하거나, 특히 어린이나 여성들 앞에서 흡연하는 것은 삼갈 일이다. 어린아이들이 흡연을 시작했다면 금연 치료를 받아서라도 고쳐나가야 할 문제임에랴. 공공장소에서의 금연 구역 지정이 늘어나고 있다. 이에 맞추어 어른들도 금연을 노력해 나가야 할 문제다.

조인상 젊은 여성의 흡연률만 증가하고 있다. 미래의 어머니가 될 수 있으니 각별히 더 유의해야 할 것이다. 교육현장에서는 유아기부터 금연교육을 시작하고 있다, 흡연의 나쁜 점을 아이들의 눈높이에 맞추어 알려주고 있는데 지속적으로 금연교육을 해야 한다. 우울한 분위기나 사색하는 모습을 연출할 때 흡연 장면을 노출하는 미디어의 영향력도 생각해 보아야 한다.

황효숙 금연에 대한 기본 지식을 가르쳐야 한다. 어떤 병에 걸릴 확률이 많은지, 혹 여자라면 불임의 가능성이 일어날 수 있는 아주 위험한 일이라는 것을 자각시켜야 한다.

지옥진 상담을 하다 보면 담배를 피우는 아이들이 있다. 담배를 어떻게 사는지 물어보면 나이 들어 보이는 친구가 사서 웃

돈을 받고 파는 경우도 있고, 주민등록증을 만들어서 가지고 다니는 학생들도 있다고 하였다. 요즘에는 냄새가 없는 전자담배를 피우는 학생들도 있다고 한다.

금연구역이 늘어나고 흡연구역이 따로 정해져 있어서 담배를 피우는 것이 자유롭지 않다. 특히 위에서 언급한 단점들이 많고 건강에 좋지 않기 때문에 금연교육을 무료로 해주는 기관이 많다. 담배는 끊는 것이 아니라 참는 것이라고 한다. 한 시간 참고, 세 시간 참고, 하루 참고, 삼일 참고하면서 딱 끊어야 한다. 담배를 한 갑을 반 갑으로 줄여서 끊는 것은 실패하기가 쉽다.

"유희에 집착하지 않도록 가르친다."

{본문}

紙鳶之戲, 童子皆狂, 尤所痛楚者也. 眼突口張,
지연지희 동자개광 우소통초자야 안돌구장

頰皴手皸, 破衣袴, 汗鞋襪.
협준수군 파의고 한혜말

踰牆跨屋, 墜崖陷阬, 偸父紙竊母絲, 違敎訓,
유장과옥 추애함갱 투부지절모사 위교훈

闕課程.
궐과정

甚至角勝負, 而相歐打, 擧一戲, 而備百惡.
심지각승부 이상구타 거일희 이비백악

吾家子弟, 手未嘗執籰, 有時擧眼覰鬪鳶, 余必
오가자제 수미상집확 유시거안처투연 여필

呵責之. 風車亦不可持也.
가책지 풍차역불가지야

{ 해석 }

연 날리는 놀이는 어린이들을 다 미치게 만드니 더욱 엄중히 금해야 할 것이다. 연을 날릴 때는 눈이 튕겨져 나오고 입이 벌어지고, 볼이 일그러지고 손이 얼어 갈라지고, 옷이 찢어지고 신과 버선이 더러워진다.

남의 담을 넘고 집을 가로타고, 언덕에서 떨어지고 구렁텅이에 빠지며, 아버지의 종이를 훔치고, 어머니의 실을 훔치며, 교훈을 어기고 공부를 빠뜨린다.

심지어는 승부를 다루는 데 이르러 서로 치고 때리고 하니 한 가지 놀음으로 해서 백 가지 악습을 가지게 된다.

우리 집 자제는 손수 연자새를 잡아본 일이 없고, 때로 눈을 들어 연싸움하는 것을 구경만 해도, 나는 반드시 이를 꾸짖었다. 팔랑개비도 역시 가져서는 안 된다. (김종권 역, 1993, pp.314-315)

{ 한자 뜻풀이 }

紙 종이 지　鳶 솔개 연　之 갈 지　戲 희롱할 희
童 아이 동　子 아들 자　皆 다 개　狂 미칠 광
尤 더욱 우　所 바 소　痛 아플 통　楚 초나라 초　者 놈 자　也 어조사 야
眼 눈 안　突 갑자기 돌　口 입 구　張 베풀 장
頰 뺨 협　皴 틀 준　手 손 수　皲 틀 군
破 깨뜨릴 파　衣 옷 의　袴 바지 고
汗 땀 한　鞋 신 혜　襪 버선 말
踰 넘을 유　牆 담 장　跨 넘을 과　屋 집 옥

墜 떨어질 추 崖 언덕 애 陷 빠질 함 阬 구덩이 갱

偸 훔칠 투 父 아비 부 紙 종이 지 竊 훔칠 절 母 어미 모 絲 실 사

違 어긋날 위 敎 가르칠 교 訓 가르칠 훈

闕 대궐 궐 課 공부할 과 程 한도 정

甚 심할 심 至 이를 지 角 뿔 각 勝 이길 승 負 질 부

而 말이을 이 相 서로 상 歐 칠 구 打 칠 타

擧 들 거 一 한 일 戲 희롱할 희

而 말이을 이 備 갖출 비 百 일백 백 惡 악할 악

吾 나 오 家 집 가 子 아들 자 弟 아우 제

手 손 수 未 아닐 미 嘗 맛볼 상 執 잡을 집 雙 자새 확

有 있을 유 時 때 시 擧 들 거 眼 눈 안 覷 엿볼 처 鬪 싸울 투 鳶 솔개 연

余 나 여 必 반드시 필 呵 꾸짖을 가 責 꾸짖을 책 之 갈 지

風 바람 풍 車 수레 차 亦 또 역 不 아닐 불 可 옳을 가 持 가질 지 也 어조사 야

{ 실천방향 }

김윤섭　〈동규童規-사물事物 4〉와 〈동규童規-동지動止 35〉를 연계하여 볼 것이다. 오락娛樂과 여가餘暇 활용이 필요한 만큼의 정도를 넘어서 빠져들게 됨을 경계한 말씀이다. 사행심射倖心이 생겨 일상의 궤도를 이탈하는 어리석음을 범하지 않도록 부모의 훈육이 매우 필요하며 아동들도 스스로 주의하여야 할 문제이다.

조인상　여가시간의 활용은 중요하다. 최근에 다양한 직업과 점점 복잡해지는 관계 속에서 많은 직업병이 생기고 있다. 그 중 스트레스stress는 만병의 근원이라는데, 현대인은 스트레스에 장기

간 노출되어 있다. 어떻게 시간을 관리하느냐는 스트레스를 다스리는데 중요한 요인이고 현명한 시간관리가 인생 전반에 영향을 줄 것이다. 건강하게 여가를 관리하는 것의 심중에는 자존감과 관련이 있다는 생각이다. 스스로를 귀하게 여기고 단단한 마음의 자신감을 동반한 자존감은 중독이나 과도한 경쟁에서 빠지는 것에 제동의 역할을 할 것이다. 어렸을 적부터 성취하는 것이나 성취하고자 노력하는 것에 진심을 담은 부모의 격려와 지지가 자존감을 성장시키는 동력이다. 아동발달에 적합한 도전과제를 주어 많은 만족감을 느끼게 해주는 것이 좋다.

황효숙 요즘 아이들은 거의 게임중독에 빠져있다고 해도 과언이 아닐 것이다. 게임을 할 수는 있으나 일정 규칙을 정하는 것이 바람직하며, 게임이 주가 되어선 안된다는 것을 인지할 수 있도록 부모가 훈육해야 한다.

"유희에 집착하지 않도록 가르친다."

{ 본문 }

嘗看癖於養鵓鴿者, 喪志廢業.
상 간 벽 어 양 발 합 자   상 지 폐 업

與鬪鷄同, 亦須禁之.
여 투 계 동   역 수 금 지

{ 해석 }

　내 일찍이 집비둘기를 기르는 데 골돌한 사람을 보았는데, 그는 의지를 상실하고 생업을 망쳐 버렸다.

　닭싸움을 시키는 것도 같은 일이니, 이 또한 금할 것이다. (김종권 역, 1993, p. 315)

{ 한자 뜻풀이 }

　嘗 맛볼 상　看 볼 간　癖 버릇 벽　於 어조사 어　養 기를 양　鵓 집비둘기 발

鴿 집비둘기합 者 놈자

喪 잃을상 志 뜻지 廢 폐할폐 業 업업

與 더불여 鬪 싸울투 鷄 닭계 同 한가지동

亦 또역 須 모름지기수 禁 금할금 之 갈지

{ 실천방향 }

김윤섭　〈동규童規−동지動止 35〉, 〈동규童規−사물事物 4〉, 〈동규
童規−사물事物 9〉 등의 글과 연계하여 볼 일이다. 요는 놀
음에 빠져들어선 안 된다는 가르침이다. 잘못하면 자신은 물론 집안
과 공들여 이루어 놓은 공동체도 집어 삼키는 낭패狼狽를 당한다. 오
늘날 사회 곳곳에 들어차 있는 유혹의 여러 행태에 물들지 않도록 매
우 조심할 일이다.

조인상　유년기부터 일과 여가생활의 균형을 체험할 수 있는 일상
을 주는 것은 중요하다. 욜로(현재를 즐기며 사는 태도를 일컫
는 신조어다. 'You Only Live Once : 한 번뿐인 인생' 의 이니셜을 따 만들었
다.)나 소확행小確幸('작지만 확실한 행복' 이라는 뜻으로, 일상에서 누리는
소소한 즐거움을 이르는 말)을 즐기는 청춘들의 등장은 삶에 대한 즐거
움을 찾아 일과 취미의 균형을 맞추려는 것으로 건강한 삶을 추구하
는 것이다. 세상은 건강하게 진화하고 있다.

황효숙　본업과 놀음을 구별하여 잘 절제하고 조절할 수 있는 능력
을 가르쳐야 한다. 그런데 보통 자기 성취감이나 자기 주

도적인 사람은 놀음을 좋아하지 않으며, 자기 목표가 뚜렷한 사람은 절대 그리 행동할 수 없다. 그러기 위해서는 어릴 적부터 삶의 목표, 즉 하고 싶은 일이 무엇인지를 잘 파악하고 격려하고 방향 설정을 하여 꾸준히 성실하게 정진함을 몸에 익히도록 해야 한다. 그런 모습은 꾸준히 노력하는 부모로부터 배울 수가 있는데… 그래서 부모는 자식의 거울일 수밖에 없다.

지옥진　일을 하면서 성실하게 직장을 다니는 사람이 있는가 하면, 돈을 더 벌어보겠다는 욕심으로 주식을 하는 사람들이 있다. 전문적으로 하는 사람들도 성공하기가 쉽지 않은 일에 신경을 쓰다가 직장에서도 불성실하다는 평가를 받고 경기가 어려워지는 외부 요인으로 주식이 폭락하여 하소연하는 사람을 보았다. 또 카지노에서 돈을 탕진하여 집에도 못가고 카지노 주변에서 아르바이트를 하는 사람도 있다고 뉴스에서 보았다. 또는 성인들이 하는 인터넷 도박 게임 ㅌㅌ를 했다는 학생들이 있었다. 부모의 주민등록번호를 이용했다는 중학생이 있었는데, 우리 아이는 어떤 아이인지 관심을 가지고 지켜보아야 한다.

"책 사랑이 성공의 길임을 가르친다."

{본문}

兒時, 愛護書帙者, 長必成學.
아 시   애 호 서 질 자   장 필 성 학

勿以亂墨點抹勿以雜物挾置於冊葉之間, 勿割
물 이 난 묵 점 말 물 이 잡 물 협 치 어 책 엽 지 간   물 할

白處以爲用.
백 처 이 위 용

{해석}

아이 때 책을 사랑하고 보호하는 사람은 자라서 반드시 뜻한 학문을 성공한다.

어지러이 먹물로 더럽게 칠하지 말고 잡된 물건을 책장 속에 끼워 놓지 말고, 여백을 베어서 쓰지 말라. (김종권 역, 1993, p. 315)

兒 아이 아　時 때 시

愛 사랑 애　護 도울 호　書 글 서　帙 책권차례 질　者 놈 자

長 길 장　必 반드시 필　成 이룰 성　學 배울 학

勿 말 물　以 써 이　亂 어지러울 난　墨 먹 묵　點 점 점　抹 지울 말　勿 말 물

以 써 이　雜 섞일 잡　物 물건 물　挾 낄 협　置 둘 치　於 어조사 어

册 책 책　葉 잎 엽　之 갈 지　間 사이 간

勿 말 물　割 벨 할　白 흰 백　處 곳 처　以 써 이　爲 할 위　用 쓸 용

김윤섭　사람들마다 특별히 소중하게 여기고 관리해야 할 물건이 있다. 배우는 사람에겐 책이 바로 그런 '특별히 소중하게 여기는' 대상이다. 소중한 것을 잘 관리할 줄 아는 마음가짐과 습관을 갖도록 어릴 때부터 가르쳐야 한다. 학년이 지났다고 공부했던 책을 묶어서 쓰레기장에 내다 놓은 걸 보면 마음이 불편하다. 적어도 한 학기라도 지나서 판단해도 괜찮을 텐데 너무나 급히 내다 버리는 경향이 있다. 대학생들도 늘 보아왔던 전공과 교양교과목 교재들을 자기 사물함에 넣어뒀다가 졸업식 날 학교에 와서 사물함 열쇠를 반납하면서 이곳 저곳에 버리고 간다. 고쳐야 할 일이다.

조인상　'책 속에 길이 있다.'라는 말은 진리이다. 주어진 24시간에 모든 일을 다 체험하여 터득할 수는 없으니 말이다. 책을 가까이하면 생각이 깊어지고 신중해진다. 책을 읽으면서 자기의

경험을 적기도 하고, 밑줄을 그어 다시 생각하기도 한다. 너덜할 때까지 읽은 책은 나의 시간과 노력이 축적되어 소중해진다. 세상이 변해 책 사랑하는 모습이 달라졌지만, 책을 소중히 여기는 모습은 보는 이도 마음을 풍요롭게 한다. 아이의 좋은 독서습관을 키워주려면 사소한 것도 하나씩 알려주고, 부모가 책과 아이랑 함께 많은 시간을 가져야 한다. 책을 보면 사랑하는 부모님의 모습이 오버랩overlap될 수 있도록.

황효숙　책을 사랑하는 사람은 일단 깊이 사고할 줄 아는 사람이며, 배우는 것을 즐거워하는 사람일 것이다. 배움에는 끝이 없다고 했는데, 책 사랑이 여기에 해당되는 것 같다.

"바른 마음씨를 가지도록 가르친다."

{본문}

同學童子, 所用紙筆, 不可奪而專之, 自己紙筆,
동 학 동 자　소 용 지 필　불 가 탈 이 전 지　자 기 지 필

則慳而護藏, 惟恐人用也.
즉 간 이 호 장　유 공 인 용 야

{해석}

　함께 공부하는 어린이의 종이와 붓을 빼앗아 독차지하고, 자기의 종이와 붓은 아까워하여 잘 간직하여 두고는 남이 쓸까 두려워해서는 안 된다.(김종권 역, 1993, pp.315-316)

{한자 뜻풀이}

　同 한가지동 學 배울학 童 아이동 子 아들자

所 바소 用 쓸용 紙 종이지 筆 붓필

不 아닐불 可 옳을가 奪 빼앗을탈 而 말이을이 專 오로지전 之 갈지

自 스스로자 己 몸기 紙 종이지 筆 붓필

則 곧즉 慳 아낄간 而 말이을이 護 도울호 藏 감출장

惟 생각할유 恐 두려울공 人 사람인 用 쓸용 也 어조사야

{ 실천방향 }

김윤섭　인간의 마음 바탕은 누구나 조금씩 바르지 못한 데가 있고, 그리고 누구나 다 조금씩은 '못난 마음'이 내재하고 있다. 더러 잔소리도 하고 타이르면서 조금씩 개선해 나가는 데에 의미를 두고 거짓을 가르치지 않는다면 시간이 걸리겠지만 '선한 마음'이 자리할 수 있지 않을까?

조인상　내 것만 소중하게 여기는 마음만 자라고 있는 것인지, 남의 것도 동등하게 존중하고 있는지 성찰하여야 한다. 자라는 아이들이니까 부모가 필요한 것이다. '부모의 역할은 알고 있겠지.'라고 지켜보는 것도 필요하지만, 처음 접하는 모든 것은 올바르게 방법을 알려주어야 한다.

황효숙　'바른 마음씨'를 갖는 것은 모든 삶의 근본이다. 크리스천이든 불교이든, 가톨릭이든 인간은 선하고 바른 마음에 대한 갈망이 있다. 그것은 인간의 참된 도리이기 때문이다. 근본이 없는 사람은 어른이 되어서도 모사를 꾀하고, 남이 잘되는 것을 질투

하며 함께 동반성장하는 것보다 혼자 잘난체하는 것을 좋아한다. 그런 사람은 반듯하지 못하고 진심이 없고 남 눈치를 보거나 지나치게 남을 의식하며 속임수에 능하다. 그 근본은 이기적인 마음이며 내 주장이 옳다는 소인배 같은 마음이다. 그런 사람과 협업하는 것은 더더욱 힘이 든다.

지옥진 　초등학교에서 학생들이 알림장에 준비물을 가져오도록 써서 잊지 않고 가져오게 하였다. 그런데 맞벌이로 바쁜 학부모가 많아지면서 준비물을 가져오지 않는 아이들이 생긴다. 선생님이 안 가져온 학생들을 위해서 나누어 쓰도록 하면 빌려주지 않는다고 한다. 안 가져온 사람이 잘못이지 안 빌려준 학생을 나쁘다고 할 수가 없다고 한다.

　그래서 지금은 학교에서 준비물을 학생들이 사용할 수 있도록 학기 초에 구입하여 다 같이 학생들이 사용하도록 하고 있다.

"바른 학습태도를 가르친다."

{ 본문 }

凡習字磨墨, 點指爪, 浣衣服, 潑床席, 非童則
범 습 자 마 묵　점 지 조　완 의 복　발 상 석　비 동 칙

也.
야

{ 해석 }

무릇 글씨를 익히려고 먹을 갈 때, 먹물을 손가락과 손톱에 묻
히거나 옷을 더럽히거나 자리에 튀게 하는 것은 아이들의 글씨 쓰
는 바른 법도가 아니다. (김종권 역, 1993, p.316)

{ 한자 뜻풀이 }

凡 무릇 범　習 익힐 습　字 글자 자　磨 갈 마　墨 먹 묵

點 점 점　指 가리킬 지　爪 손톱 조

浣 물굽이쳐흐를완 衣 옷의 服 옷복

潑 물뿌릴발 床 평상상 席 자리석

非 아닐비 童 아이동 則 법칙칙 也 어조사야

{ 실천방향 }

김윤섭 크게 나무랄 일은 아니나 버릇을 잘 들여야 할 일로서 주의를 게을리하지 말아야 한다.

황효숙 강의를 하면서 늘 마음에 걸리는 일이 있다면, 학생들의 수업태도이다. 수업 시간에 엎드려 자는 것을 어떻게 고칠 수 있을까? 아마 교수의 권위가 없어서 그럴 것이라지만… 남 앞에서 졸음을 못 참는 것은 얼마나 부끄럽고 자존감 없는 행동인지를 왜 인식하지 못할까? 자존감이 낮은 행동이란 걸 왜 모를까? 더 깊이 생각해 보면, 우리나라 공교육의 문제일 것이다. 유럽이나 미국에선 절대로 일어날 수 없는 일들이며, 만약 수업 시간에 졸면 학부모가 학교에 불려간다.

지옥진 내가 처음 서예를 배울 때 선생님의 깔판은 깨끗한데, 나의 깔판(멍석)은 먹물이 많이 배어서 지저분하고, 글씨를 쓰고 나면 손에 온통 먹물이 묻거나 얼굴에도 묻어 있었다. 지금은 조심하여 먹물 조절도 잘하고 옷을 더럽히지 않는 요령도 생겼다. 현재 우리가 쓰는 필기도구는 너무나도 진화하여 손에 묻거나 번지는 경우가 거의 없고, 볼펜도 잘못 쓰면 지울 수 있는 제품도 나와서 너무

나 편리하게 글씨를 쓸 수 있게 되었는데, 우리 아이들은 노트북과 휴대폰을 사용하고 종이와 펜을 잘 쓰지 않아도 되는 시대가 되었다.

"나쁜 습관을 고쳐 가르친다."

{본문}

夜饌勿多食, 食後勿卽臥. 凡飮食, 屑不可舌舐,
야 찬 물 다 식   식 후 물 즉 와   범 음 식   설 불 가 설 지

汁不可指挹, 當食勿放笑.
즙 불 가 지 읍   당 식 물 방 소

朝食不洗面, 命曰齷齪.
조 식 불 세 면   명 왈 악 착

{해석}

밤참을 많이 먹지 말고, 먹은 뒤에 곧 눕지 말라. 무릇 음식을
먹을 때 부스러기를 혀로 핥지 말고, 국물을 손가락으로 찍어 먹
지 말고, 밥을 먹을 때는 웃음을 터뜨리지 말라.

아침밥을 먹을 때 낯을 씻지 않은 사람을 이름하여 「악착」이라
고 말한다. (김종권 역, 1993, p.316)

{ 한자 뜻풀이 }

夜 밤 야 饌 반찬 찬 勿 말 물 多 많을 다 食 먹을 식

食 먹을 식 後 뒤 후 勿 말 물 卽 곧 즉 臥 누울 와

凡 무릇 범 飮 마실 음 食 먹을 식

屑 가루 설 不 아닐 불 可 옳을 가 舌 혀 설 祗 핥을 지

汁 즙 즙 不 아닐 불 可 옳을 가 指 가리킬 지 把 뜯을 읍

當 마땅 당 食 먹을 식 勿 말 물 放 놓을 방 笑 웃음 소

朝 아침 조 食 먹을 식 不 아닐 불 洗 씻을 세 面 낯 면

命 목숨 명 曰 가로 왈 齷 악착할 악 齪 악착할 착

{ 실천방향 }

김윤섭 옛 시절의 이런 나무람들은 오늘날 '위생'이나 '질병예
방'과 관련하여 더 많은 주의를 요한다. 식사 시에 큰 소
리로 웃거나 떠드는 것은 바른 에티켓은 아니다. 같이 앉아 식사하면
서 정겹게 담소하는 경우에도, 혹 침이 튀거나 해서 주변에 실례를 범
할 우려가 있다.

조인상 바른 식사예절은 본인의 품격을 높여주고, 건강도 지켜준
다. 아이러니irony하게 음식을 많이 먹고 과체중을 줄이기
위해 많은 시간과 돈을 사용한다. 성인비만은 소아비만에서부터 지
속되는 경우가 많다고 한다. 가족력이 영향을 미치는 것을 의미한다.
바른 식습관을 형성할 수 있도록 영유아기부터 부모가 함께 실천하
여야 한다.

황효숙 기본적인 예의와 품격 있는 태도에 대해 깊이 생각하도록 가르쳐야 한다. 아무렇게나 행동하는 것이 얼마나 보기 싫은 것인지 인식시켜야 한다.

지옥진 식사예절에 대한 이야기이다. 우리가 식사를 할 때 쩝쩝 소리를 내며 국물을 후루룩거리며 먹는 사람들이 있다. 뜨거운 것을 먹으며 코를 흘쩍거리는 사람들도 있는데, 프랑스에서는 코를 푸는 것이 예의에 어긋나는 것이 아니라고 한다. 오히려 코를 흘쩍거리는 것이 더 예의 없다고 한다. 문화는 다르지만 기본적인 것은 같다. 다른 사람이 싫어하는 행동은 하지 않는 것이다.

"바른 습관을 가지도록 가르친다."

{본문}

濡濕辛醎之饌, 勿徒手面啖, 仍又揩面目, 搔腹
유 습 신 함 지 찬　물 도 수 면 담　잉 우 개 면 목　소 복

背, 揭書帙, 拭衣襟.
배　게 서 질　식 의 금

凡拭粉帖, 勿以唾, 勿黔手指.
범 식 분 첩　물 이 타　물 검 수 지

{해석}

　물기 있고 맵고 짠 반찬을 맨손으로 집어먹고 나서, 그 손을 얼굴과 눈을 문지르거나 배나 등을 긁거나 책을 집어 들거나 옷섶에 닦지 말라. 무릇 분첩(:아이들 글씨 연습하는 도구)을 침으로 닦지 말고, 손가락을 검게 물들이지 말라.(김종권 역, 1993, p.316)

濡 적실 유 濕 젖을 습 辛 매울 신 醎 짤 함 之 갈 지 饌 반찬 찬

勿 말 물 徒 무리 도 手 손 수 面 낯 면 啖 씹을 담

仍 인할 잉 又 또 우 揩 닦을 개 面 낯 면 目 눈 목

搔 긁을 소 腹 배 복 背 등 배

揭 높이들 게 書 글 서 帙 책권 차례 질

拭 씻을 식 衣 옷 의 襟 옷깃 금

凡 무릇 범 拭 씻을 식 粉 가루 분 帖 문서 첩

勿 말 물 以 써 이 唾 침 타

勿 말 물 黔 검을 검 手 손 수 指 가리킬 지

{ 실천방향 }

김윤섭 요즈음의 세태로 보면, 웬만한 부모들은 자녀들을 이렇게 키우진 않는다. 옛날 얘기다. 그래도 혹 이런 양태들이 있다면 조금씩 고쳐나갈 일이다. 내 자녀를 남의 눈총을 받게 내버려 둬선 안될 일이다.

황효숙 귀한 아이들이니 귀하게 키워야 하는 것은 물론이나, 버릇 없게 행동하는 것을 그대로 두고 보아서는 안 된다. 이것 또한 품격 있는 행동을 구별하지 못해서 일어나는 행동들이다. 아주 사소한 것부터 예의와 에티켓을 어려서부터 가르쳐야 할 것이다.

지옥진 우리가 얼마 전에 메르스라는 전염병이 돌 때 손을 잘 씻
도록 하는 캠페인을 했다. 그만큼 손으로 많은 것을 만지
기 때문이다. 손을 씻는 캠페인을 한 기간에 환자 수가 평균보다 30%
적었다고 한다. 손의 역할을 생각하며 정말 감사함을 느끼게 된다.
우리 몸의 건강을 위하여 손을 자주 씻고 청결하게 관리를 하여야겠
다.

"규칙적 생활태도를 갖도록 가르친다."

{ 본문 }

掃塵不拘時, 五日一洗硯, 三日一拂衾褥及席.
소 진 불 구 시 오 일 일 세 연 삼 일 일 불 금 욕 급 석

夫書畫簇抽, 隨亂而整, 暑月房室, 朝夕搜跳蟲.
부 서 화 족 추 수 난 이 정 서 월 방 실 조 석 수 조 충

{ 해석 }

먼지를 소제하는 것은 때에 구애하지 말고, 벼루는 5일에 한 번 씩 씻고, 이불과 요와 자리는 3일에 한 번 털 것이다.

대저 글씨나 그림 족자는 어지러워지는 대로 정돈하고, 여름철 방 안은 아침저녁으로 벼룩을 찾아 잡을 것이다. (김종권 역, 1993, p. 316)

{ 한자 뜻풀이 }

掃 쓸 소 塵 티끌 진 不 아닐 불 拘 잡을 구 時 때 시

五 다섯 오 日 날 일 一 한 일 洗 씻을 세 硯 벼루 연

三 석 삼 日 날 일 一 한 일 拂 떨칠 불 衾 이불 금 褥 요 욕 及 미칠 급

席 자리 석

夫 지아비 부 書 글 서 畫 그림 화 簇 가는대 족 抽 뽑을 추

隨 따를 수 亂 어지러울 난 而 말이을 이 整 가지런할 정

暑 더울 서 月 달 월 房 방 방 室 집 실

朝 아침 조 夕 저녁 석 搜 찾을 수 跳 뛸 조 蟲 벌레 충

{ 실천방향 }

김윤섭   이부자리와 학습 도구 관리에 대해서도 일러 주고 있다. 아이가 커서 단체 생활에 임한다거나 기숙사 혹은 자취 생활을 한다고 했을 때, 집에서부터 일찍이 이런 자기 주변 관리 습관이 잘 닦여져 있다면 스스로도 편할 것이고 남으로부터도 귀감이 될 것이다.

일상을 이렇게 가지런히 챙겨 나가는 훈련은 어릴 때부터 하는 것이 필요하다.

조인상   무슨 일이든 규칙적으로 하는 것은 어렵다. 모든 일에 원칙을 정해 실천할 수 있으면 좋겠지만 쉽지 않은 일이다. 목표를 세우고, 목표를 이루기 위한 몇 가지 실천방법을 정해서 그것만은 규칙적으로 하는 것이 좋겠다.

모든 물건을 사용 후 제자리에 두는 것부터 생활규칙을 지켜나가면 된다.

황효숙   반듯한 생활습관에는 사소한 것부터 정리 정돈을 하고 깨끗이 관리하고 물건을 아껴서 쓰는 습관을 어릴 적부터 습관화하게 해야 한다. 특히 남의 본보기가 되는 직업을 선택할 때에는 더더욱 그리해야 된다.

지옥진   흙집과 벼짚으로 지은 집에는 사람에게 해로운 벼룩이 많았다고 들었다. 지금은 바퀴벌레나 물건에서 나오는 발암물질이 더 위험하다고 한다. 그로 인해 어린아이들이 아토피도 많아 환경에 대한 인식이 달라지고 있다. 집에는 공기청정기와 습기 제거기로 옷에 먼지를 털어주고 살균을 해주는 스타일러도 인기가 있는 제품이다. 세탁기에 세제를 적절히 사용하고 햇볕에 잘 말려야 살균에 도움이 된다고 한다.

"바른 학습태도를 가르친다."

{본문}

勿畫地爲書, 嫌人之踐之也.
물 화 지 위 서   혐 인 지 천 지 야

任氏希壽, 年方五六歲, 見同輩兒, 於庭中書天
임 씨 희 수   연 방 오 육 세   견 동 배 아   어 정 중 서 천

字君父等字, 愀然苦止之.
자 군 부 등 자   초 연 고 지 지

{해석}

　땅에 그림을 그리거나 글씨를 쓰지 말라, 남들이 이것을 밟을까
꺼리는 것이다.

　임희수는 나이 대여섯살 때 같은 또래 아이들이 마당에다가 하
늘 천·임금 군·아버지 부 등의 글자를 쓰는 것을 보고 정색을 하
며, 이를 그만두게 하였다고 한다.(김종권 역, 1993, pp.316-317)

{ 한자 뜻풀이}

勿 말물 畫 그림화 地 땅지 爲 할위 書 글서

嫌 싫어할혐 人 사람인 之 갈지 踐 밟을천 之 갈지 也 어조사야

任 맡길임 氏 성씨씨 希 바랄희 壽 목숨수

年 해연 方 모방 五 다섯오 六 여섯육 歲 해세

見 볼견 同 한가지동 輩 무리배 兒 아이아

於 어조사어 庭 뜰정 中 가운데중 書 글서 天 하늘천 字 글자자 君 임금군

父 아비부 等 무리등 字 글자자

愀 근심할초 然 그럴연 苦 쓸고 止 그칠지 之 갈지

{ 실천방향}

김윤섭   오늘날 교육에서도 새겨듣고 따라한다면 '잘 배운 자식'
을 뒀다는 칭송을 들을 것이다.

조인상   땅에 글을 쓰고, 쓴 글 위에 올라서거나 지우고 하는 것이
의미 없는 일일 수도 있지만 공경에 대한 마음 깊은 말씀
이다.

　누군가가 내 아버지의 이름을 길에 써서 밟고 서거나 발로 뭉개는
것을 상상해보면 생각만으로도 불쾌하다. 어릴 때부터 공경의 의미
를 잘 알려주어야 한다.

황효숙   현대사회에 적용되는 말씀은 아니나 옛 선비들이 글자의
고귀함이나 중요성을 두고 하는 말씀이라 생각된다.

귀한 것을 함부로 땅에 쓰고 함부로 밟고 망가지는 것을 안타까워
하는 말씀이라 생각된다.

"나쁜 버릇은 고쳐 가르친다."

{본문}

勿作弓矢亂射, 勿投石人家, 勿以火藥爲戱.
물 작 궁 시 난 사　물 투 석 인 가　물 이 화 약 위 희

{해석}

　활과 화살을 만들어 어지럽게 쏘지 말고, 돌을 남의 집에 던지지 말고, 화약을 가지고 장난하지 말라.(김종권 역, 1993, p.317)

{한자 뜻풀이}

　勿 말물 作 지을작 弓 활궁 矢 화살시 亂 어지러울난 射 쏠사

　勿 말물 投 던질투 石 돌석 人 사람인 家 집가

　勿 말물 以 써이 火 불화 藥 약약 爲 할위 戱 희롱할희

김윤섭   이런 정도면 매우 위험한 경우다. 해선 안될 일을 했을 땐 그냥 넘어가지 말고 다시 반복하지 않도록 단단히 주의를 줄 일이다.

조인상   사촌오빠가 눈 밑에 흉이 있다. 어려서 놀다가 딱총에 맞아 흉이 졌다고 한다. 유아 안전사고 중 눈을 맞아 실명하는 일이 생기기도 한다. 일부러 눈을 맞추려한 것은 아니겠지만 활과 화살, 총, 칼 등의 놀잇감은 반사회적인 행동을 부추기기도 한다. 아이들 놀잇감의 안전기준이 있지만 늘 조심해야 한다.

황효숙   요즘 시대에 적용될 말씀은 아니나 활과 화살, 화약 같은 위험한 물건을 아무렇게나 두며 사용하는 것, 돌을 남의 집에 던지는 등은 절대 해서는 안 되는 나쁜 행동임을 강조하는 말씀이다.

이런 행동은 기본적인 소양과 예의, 상식에서 벗어나는 행동으로써 절대 해서는 안 되는 것들이다.

지옥진   어떤 과학자가 자신이 만든 미사일이 다른 사람을 해치는 무기가 된다는 것을 알고, 결국은 연구를 하지 않았다는 이야기를 들었다. 내가 화가 난다고 해서 남의 집에 돌을 던지는 것은 내 성격 탓이라고 반성해야 한다.

내 부모를 교통사고로 죽인 사람을 평생 미워하고 산다면, 결국은 내가 증오로 가득 찬 삶을 사는 것이다. 내 안에 증오와 화가 많으면 내 몸과 마음이 상하게 된다. 미움의 반대는 용서이다.

"나쁜 습관은 고쳐 가르친다."

{본문}

賓客騾驢, 勿潛騎馳逐, 勿拔馬尾, 勿嬲惹猘犬.
빈 객 나 려　물 잠 기 치 축　물 발 마 미　물 요 야 제 견

{해석}

　손님의 노새나 나귀를 몰래 타고 달리지 말고, 말총을 뽑지 말고, 미친개를 놀리지 말라. (김종권 역, 1993, p.317)

{한자 뜻풀이}

　賓 손 빈　客 손 객　騾 노새 나　驢 당나귀 려

　勿 말 물　潛 잠길 잠　騎 말 탈 기　馳 달릴 치　逐 쫓을 축

　勿 말 물　拔 뽑을 발　馬 말 마　尾 꼬리 미

　勿 말 물　嬲 희롱할 요　惹 이끌 야　猘 미친개 제　犬 개 견

김윤섭   아이 교육은 부모의 세심한 관심이 우선이다. 유념하여야 한다.

조인상   요즘이야 미친개를 볼 수는 없지만 동물을 건드려서 문제가 생긴 적이 있었다. 몇 년 전 서울대공원의 동물 울타리에 아이가 들어가 다친 사건이 있었다. 부모의 부주의와 대공원의 관리 책임에 대한 논의가 있었는데, 몇 겹의 울타리를 들어갈 때까지 아무도 몰라 제지하지 않은 것에 대한 것과, 아이가 들어갈 수 있는 구조였느냐 하는 것이 쟁점이었다. 아이의 양육은 참 어렵다. 아이의 기질에 따라 더 힘들어지기도 한다. 동물 울타리에 들어간 아이의 말은 들어보지 못했지만, 부모는 수용적인 태도로 아이의 말을 잘 들었어야 한다. 겁을 주어 진짜 속마음을 알지 못한다면 안되니까 나 전달식의 화법(○○가 이런 행동을 하니까 ○○가 다칠까봐 엄마가 너무 놀랐다.)으로 아이와 대화하고 호기심을 이해해야 한다. 거부당하는 경험이 많아지면 아이는 더 이상 부모와 속마음 대화를 하지 않을 수 있다. 속이 타들어가도 일관성 있는 태도를 유지하면서 아이의 소리에 귀 기울어야 한다.

황효숙   손님의 물건에 손을 대는 것, 동물을 놀리는 나쁜 버릇이나 행동은 절대 해서는 안되는 행동임을 훈육해야 한다. 기본적인 상식이 있어야 한다.

지옥진　우리가 살아가면서 남의 물건을 탐내거나 욕심을 부려 더 가지려고 하면 언젠가는 그 대가를 치러야 한다. '미친개를 놀리지 말라.' 처럼 분노조절이 안 되는 사람을 모르고 건드리거나 시비에 휘말리면 결국은 내가 다칠 수 있기 때문에 우리는 늘 조심해야 한다. 요즘은 인권에 대한 의식이 달라져서 어떤 학생들이 패싸움을 하여 친구들이 싸우는 옆에 있었는데 함께 처벌을 받았다고 억울하다고 한다. 선생님께 이야기를 들어보니, 요즘은 옆에 있어도 처벌을 받는 것은 당연하다는 것이다. 잘못된 행동을 하는데 보고만 있으면 방관자가 되는 것이다. 경찰에 신고를 하던지 주변에 알려 도움을 요청하여 도와주어야 한다. 그것이 친구로서 당연히 해야 할 일이라고 가르친다고 하셨다. 만약 약한 여성이나 노인, 아이가 폭행을 당하고 있을 때 목격자는 스스로 해결이 어려우면 신고를 해서 더 큰 피해를 막아야 한다.

"나쁜 습관을 고쳐 가르친다."

{ 본문 }

勿生剝樹皮, 勿活拔鳥毛, 勿浣點障壁, 勿刻畫
물 생 박 수 피　물 활 발 조 모　물 원 점 장 벽　물 각 화

柱桌.
주 얼

{ 해석 }

나무껍질을 산 채 벗기지 말고, 새털을 산 채 뽑지 말고, 장벽
을 더럽히지 말고, 기둥이나 문지방에 글자를 새기지 말라.(김종권
역, 1993, p.317)

{ 한자 뜻풀이 }

勿 말 물 生 날 생 剝 벗길 박 樹 나무 수 皮 가죽 피

勿 말 물 活 살 활 拔 뽑을 발 鳥 새 조 毛 터럭 모

勿 말물 涴 내 이름 원 點 점 점 障 막을 장 壁 벽 벽

勿 말물 刻 새길 각 畫 그림 화 柱 기둥 주 杌 말뚝 얼

{ 실천방향 }

김윤섭 사소절士小節 서 序에 "蓋欲察乎小節, 寡其過, 而顧有所不
能. 人有恒言, 不拘小節, 竊嘗以爲畔經之言也. 書曰,「不
矜細行, 終累大德.」細行卽小節也. 尙書大傳曰,「公卿大夫元士之適
子, 十有三年, 始入小學, 見小節踐小義, 二十入大學, 見大節踐大義.
故小節之不修, 而能致其大義者, 未之見也.」(개욕찰호소절, 과기과, 이
고유소불능, 인유항언, 불구소절, 절상이위반경지언야, 서왈,「불긍세행, 종누
대덕.」세행즉소절야. 상서대전왈,「공경대부원사지적자, 십유3년, 시입소학,
견소절천소의, 이십입대학, 견대절천대의. 고소절지불수, 이능치기대의자, 미
지견야.」)-나는 사소한 예절을 잘 살펴서 그 허물을 적게 하려고 하였
으나 돌아보면 잘 되지 않은 것이 있었다. 사람들은 항상 사소한 예절
에는 메일 것이 아니라고들 말하지만, 나는 일찍이 이는 올바른 도리
에 어긋나는 말이라고 생각했다. '서전'(書:책 이름 상서)에 말하기를,
"조그만 행실을 조심하지 않으면 마침내 큰 행실을 잘못되게 만든
다."라고 하였는데, 조그만 행실은, 곧 사소한 예절이다. 그러므로 사
소한 예절을 닦지 않고서 능히 큰 예의를 실행하는 사람은 아직 보지
못하였다.(김종권 역, 1993, p.19)라고 했다.

조인상 이 글은 허물을 적게 하려면 늘 돌아보고 성찰하라는 말씀
이다. 작은 일에도 예절을 지키라고 했다. 생명의 귀함을

모르고 마구 행동하는 어리석음을 고쳐줘야 한다. 부모의 세심한 관찰과 관심이 필요한 부분이다. 제 자식의 기를 살린다는 부모들의 편협한 마음 때문에, 정작 소중한 아이의 착한 본래의 심성은 점점 거칠어져 가고 있다. 아이의 소중한 미래를 위해 해야 할 일을 늘 생각하자.

황효숙 사소하고 작은 것들도 소홀히 하지 말고 신중히 행동하는 것이 바람직하다. 모든 것이 다 귀하고 소중하니, 함부로 대하지 말고 바르게 행동하도록 가르쳐야 한다. 기본예절과 심성이 중요하다. 가정교육을 잘 받은 아이는 어디에 가서도 드러나기 마련이다. 주머니 안의 송곳을 어찌 감출 수가 있겠는가?

지옥진 아무 곳에나 낙서를 하여 더럽히지 말라고 하는 말은 내 집을 청결히 하듯 공공건물이나 남의 물건을 함부로 다루거나 더럽히지 말아야 한다는 뜻이다. 우리나라 사람들은 자신의 감정을 체면 때문에 참고 억압하는 사람들이 많아서 그런지, 다른 나라에 가서 '나는 대한민국 김개똥이다.' 라고 낙서를 하여 나라 망신을 시키는 경우가 있었다. 아이들에게 내가 할 일은 스스로 책임지고 남에게는 사소한 피해라도 소홀히 여기지 않도록 가르치는 것이 현명한 일이다.

"나쁜 습관을 고쳐 가르친다."

{본문}

緣樹勿掩蜩, 乘屋勿探殼, 勿拍折隣家菓實花
연 수 물 엄 조   승 옥 물 탐 각   물 박 절 인 가 과 실 화

枝, 凡蟲鳥艸木, 一切生物, 不可殘毀.
지   범 충 조 초 목   일 절 생 물   불 가 잔 훼

不惟壞吾良心, 墜躓螫刺, 其害不一二也. 甚及
불 유 괴 오 양 심   추 지 석 자   기 해 불 일 이 야   이 급

春松之液, 不可咀吮.
춘 송 지 액   불 가 저 전

{해석}

　푸른 나무에서 우는 매미를 덮치지 말고, 집 위에 올라가서 새
새끼를 들추지 말고, 이웃집 실과나 꽃가지를 꺾지 말라. 무릇 벌
레·새·풀·나무 등 일체 생물은 죽이거나 상하여서는 안 된다.
　이는 다만 내 양심을 무너뜨릴 뿐 아니라, 떨어져 발을 접질리

고 쏘이고 찔리고 하여, 그 해로움이 한두 가지가 아니다. 새순이나 봄 소나무의 진을 씹거나 빨아먹어서는 안 된다.(김종권 역, 1993, p.317)

{ 한자 뜻풀이}

緣 인연 연 樹 나무 수 勿 말 물 掩 가릴 엄 蜩 쓰르라미 조

乘 탈 승 屋 집 옥 勿 말 물 探 찾을 탐 殼 껍질 각

勿 말 물 拍 칠 박 折 꺾을 절 隣 이웃 인 家 집 가 菓 실과 과 實 열매 실

花 꽃 화 枝 가지 지

凡 무릇 범 蟲 벌레 충 鳥 새 조 艸 풀 초 木 나무 목

一 한 일 切 끊을 절 生 날 생 物 물건 물

不 아닐 불 可 옳을 가 殘 잔인할 잔 毁 헐 훼

不 아닐 불 惟 생각할 유 壞 무너질 괴 吾 나 오 良 어질 양 心 마음 심

墜 떨어질 추 躓 넘어질 지 螫 쏠 석 刺 찌를 자

其 그 기 害 해할 해 不 아닐 불 一 한 일 二 두 이 也 어조사 야

黃 벨 이 及 미칠 급 春 봄 춘 松 소나무 송 之 갈 지 液 진 액

不 아닐 불 可 옳을 가 咀 씹을 저 吮 빨 전

{ 실천방향}

김윤섭 〈동규童規-사물事物 20〉에서와 같은 취지로서 생명 존중의 뜻을 담고 있다. 《맹자孟子》에 '인의예지근어심仁義禮智根於心'이라 했다. 인의예지仁義禮智가 아이의 심성의 근원이라는 말이다. 내 아이를 공동체적 삶을 영위할 수 있는 자율적, 협동적 인간, 따스함이 있는 사람으로 키울 것인가? 자기만 아는 소인배로 대

강 키울 것인가? 바르게 커 나갈 수 있는 길이 무엇인지, 또 어떻게 실천할 것인지에 대하여 부모들이 늘 고민하고 공부하여야 한다.

조인상 어린이집에서는 종일 있는 아이들의 발달을 돕기 위해 바깥놀이를 매일 한다. 어린이집 근처를 산책하기도 하고, 마당에서 그림책을 읽거나 게임을 하기도 한다. 산책길을 따라서 꽃과 나무를 보며 아이들과 얘기를 나눈다. 활짝 핀 꽃이 예쁘다고 꺾어버리면 혼자만 보게 되지만, 화단에 핀 채로 두고 오면 오고 가는 모든 이가 함께 보며 행복해진다고 얘기한다. 아이들의 눈높이에 맞추어 소통하는 것은 늘 어려운 일이다. 자연 속에서 인간이 함께 살아가는 것을 알려주는 것, 지구는 후손에게 빌려온 것임을 생활 속에서 알게 해주자. 삶의 지혜란 이런 일일 것이다.

황효숙 보살피지 않는 생명들에 대한 귀함을 알게 한다. 우리집에선 길고양이에게 매일 사료를 준다. 내가 집에 데려다가 키울 수는 없지만 그들도 말 못하는 생명들이지 않은가?

지옥진 세상에 내 호기심과 장난으로 생명이 있는 미물을 건드려서 죽이거나 상하게 하여서는 안 된다. 이는 내 양심에 어긋나는 행동은 결국 나를 덮치는 위험이 생길 수 있다. 부모가 남을 해하고 못된 짓을 하면 자식 대에 해가 될 수 있다.

"유희에 빠지지 않도록 가르친다."

{ 본문 }

恣嚼氷雪, 團雪溜氷, 不惟損容儀, 亦足致痼病.
자 작 빙 설　단 설 유 빙　불 유 손 용 의　역 족 치 고 병

孔子曰,「父母惟其疾之憂.」
공 자 왈　　부 모 유 기 질 지 우

{ 해석 }

　　함부로 얼음과 눈을 씹거나, 눈을 뭉치고 얼음을 지치는 것은
용의를 상할 뿐만 아니라, 역시 병을 이루기 쉽다.

　　공자는 말하기를, 『부모는 오직 그 병을 근심한다.』라고 하였
다.(김종권 역, 1993, pp.317-318)

{ 한자 뜻풀이 }

　　恣 마음대로자 嚼 씹을작 氷 얼음빙 雪 눈설

團 둥글단 雪 눈설 溜 낙숫물유 氷 얼음빙

不 아닐불 惟 생각할유 損 덜손 容 얼굴용 儀 거동의

亦 또역 足 발족 致 이를치 痼 고질고 病 병병

孔 구멍공 子 아들자 曰 가로왈

父 아비부 母 어미모 惟 생각할유 其 그기 疾 병질 之 갈지 憂 근심우

{ 실천방향 }

김윤섭 좋은 습관은 교육 환경과 교육 방법을 통하여 더 바람직한 방향으로 개선해 나갈 수 있다. 반복 학습과 스스로의 실천을 강조하여 이른바 '내 안에 잠자고 있는 거인'을 자녀들 스스로 찾고 키워나가도록 할 일이다.

조인상 집단 보육하는 어린이집에서 아이들을 양육하면 청결과 사랑이 가장 중요하다. 깨끗하고 안전한 환경에서 사랑으로 양육하는 것이 제일 기본이라는 것이 나의 주장이다. 교사는 아이들에게 민감하게 반응하고, 일관성을 가지고 모든 아이들이 다르다는 것을 이해하여야 한다. 영아의 경우 위생에 대한 개념이 없어서 보살피면서 알려주어야 한다. 밥을 먹기 전에는 손을 깨끗이 씻으라고 이야기하면서 손을 씻기면 좋다. 조금 더 큰 아이는 손에 병균이 있으니 밥 먹기 전이나 화장실을 다녀오거나 외출 후에는 손 씻기가 중요하다는 얘기를 들려주면 된다. 연령에 맞게 대화하는 것이 필요하고, 왜 그래야 하는지 알려주는 것이 좋다.

황효숙 함부로 하는 행동, 특히나 정결한 행동을 하지 않음, 부주의한 행동수칙에서 쉽게 질병이 스며든다. 아주 기본적인 청결을 꼭 지켜야 사소한 질병도 예방할 수 있다.

지옥진 '함부로 얼음과 눈을 씹거나 하지 말라.'는 것은 어려서 아이스크림을 많이 먹으면 몸이 냉해지고 감기나 배탈이 날 수가 있기 때문이라고 생각된다. '얼음을 지치는 것은 용의를 상할 수 있다.'는 것은 스키장에서 스키를 타거나 보드를 탈 때 자신의 실력보다 무리해서 타다가 사고가 나면 몸이 상하기 때문에 조심하여 '부모의 근심과 염려를 끼치지 않도록 하여야 한다.'라는 말씀이다.

"나쁜 습관을 고쳐 가르친다."

{본문}

勿含麥芒, 勿嗅花蕊. 以其皆足以致害也.
물 함 맥 망   물 후 화 예   이 기 개 족 이 치 해 야

{해석}

보리 까끄라기를 입에 물지 말고, 꽃술을 냄새 맡지 말라. 그것
들은 다 해를 이룰 수 있는 것이다. (김종권 역, 1993, p.318)

{한자 뜻풀이}

勿 말 물 含 머금을 함 麥 보리 맥 芒 까끄라기 망

勿 말 물 嗅 맡을 후 花 꽃 화 蕊 꽃술 예

以 써 이 其 그 기 皆 다 개 足 발 족 以 써 이 致 이를 치 害 해할 해 也 어조사 야

김윤섭　　부주의로 인한 폐해를 입지 않도록 늘 일러야 한다. 아이
　　　　　　가 뭘 하는지 항상 관심을 갖고 지켜보는 교육이 되어야
한다.

조인상　　자연체험학습의 기회도 많아지고 있다. 예쁜 색을 띠고
　　　　　　있는 것은 독을 품고 있는 것이 많다. 산과 들로 아이와 외
출할 때는 주의할 것에 대해 이야기를 나누고 나가는 것이 좋다. 일방
적인 부모의 조심에 대한 당부는 좋지 않다. 아이와 무엇을 준비하고
갈까? 생각해 보고, 얘기해 보고 준비하여 나간다면 더 책임감 있는
아이로 자랄 수 있다.

황효숙　　공중도덕은 아닐지라도 집안에서도 지켜야 할 안전습관
　　　　　　이 있다. 게을리하지 말고 늘 숙고하여 규칙적으로 매사
점검하고 보살펴서 평안을 이루어야 한다.

지옥진　　보리까락은 입에 걸리고, 꽃술은 비염을 일으킬 확률이 높
　　　　　　다. 위험하지 않은 것은 없다. 심리적으로 흥분상태에 있
으면 조심성이 없게 되고 급하다 보니 계단을 헛디딜 수 있고, 택시를
타고 다른 생각을 하다가 "서울역 가요." 해야 하는데, "서울대 가요."
하면 시간과 돈을 낭비하는 실수를 하게 된다.
　심리 정서적으로 어려운 상태에 있게 되면, 그것이 현실에서 부정
적으로 결과가 나오게 된다. 아이 때문에 힘들어 하는 어머님이 팔이

너무 아파서 머리를 못 감을 정도라고 하였다. 마음이 아프고 힘이 드니까 정신적으로 힘든 것이 심인성으로 신체화 증상으로 나타나게 된 것이다. 병원에서는 아무 이상이 없다고 하였는데, 아이 상담하면서 하소연을 하였다.

상담으로 아이 상태가 점차 좋아지고 아이의 행동이 개선되면서 어머님은 안정을 찾게 되었고 자신을 위해서 운동을 할 것과 자신도 행복해지기를 선택하였다. 그러면서 신체적으로 심리적으로 건강함을 되찾게 되었다.

"나쁜 습관을 고쳐 가르친다."

{본문}

勿開竈設冶, 以火爲戲, 凡坐立, 必慎避爐火燈
물 개 조 설 야　이 화 위 희　범 좌 입　필 신 피 노 화 등

油.
유

{해석}

아궁이나 풀무를 설치해 놓고 불장난을 하지 말고, 앉고 설 때
에는 꼭 화롯불이나 등잔불을 삼가고 피할 것이다.(김종권 역, 1993,
p.318)

{한자 뜻풀이}

勿 말 물　開 열 개　竈 부엌 조　設 베풀 설　冶 풀무 야

以 써 이　火 불 화　爲 할 위　戲 놀이 희

凡 무릇 범 坐 앉을 좌 立 설 입

必 반드시 필 慎 삼갈 신 避 피할 피 爐 화로 노 火 불 화 燈 등 등 油 기름 유

{ 실천방향 }

김윤섭　예나 지금이나 우리들 일상에서 조심해야 할 일이 많다. 오늘날의 우리네 살림살이에서도 전기, 가스, 수도 등 열고, 닫고, 잠그고 하는 일에 수차례 점검해 보는 안전 의식과 습관을 길러야 한다. 집을 나설 때나 사용하던 공간을 나갈 때는 반드시 살펴보고 나서는 주의가 필요하다. 이런 습관이 몸에 베이도록 유년 시부터 교육할 일이다.

황효숙　공중도덕은 아닐지라도 집안에서도 지켜야 할 안전습관이 있다. 게을리하지 말고 늘 숙고하여 규칙적으로 매사 점검하고 보살펴서 평안을 이루어야 한다.

"나쁜 습관을 고쳐 가르친다."

{본문}

勿當火而咳, 勿溯風而唾, 油頭勿枕書, 汗手勿
물 당 화 이 해   물 소 풍 이 타   유 두 물 침 서   한 수 물

執食.
집 식

{해석}

불에다 대고 기침을 하지 말고, 바람을 거슬러 침을 뱉지 말고,
기름 바른 머리로 책을 베지 말고, 땀난 손으로 먹을 것을 쥐지
말라.(김종권 역, 1993, p.318)

{한자 뜻풀이}

勿 말 물 當 마땅 당 火 불 화 而 말이을 이 咳 기침 해

勿 말 물 溯 거슬러 올라갈 소 風 바람 풍 而 말이을 이 唾 침 타

油 기름 유　頭 머리 두　勿 말 물　枕 베개 침　書 글 서

汗 땀 한　手 손 수　勿 말 물　執 잡을 집　食 먹을 식

{ 실천방향 }

김윤섭　일상의 소소한 부분들을 일러 주고 있다. 이런 것들이 한
　　　　켜 두 켜 쌓여 한 인간을 형성해 나가는 것이다. 자녀 교육
에 대강은 없다. 부모 된 사람의 '해야 할 일'이다. 게을리하지 말아
야 하며, 자녀들은 성인이 되어서도 어른들의 이런 말씀들을 시시콜
콜한 잔소리로 무시해 버리지 말고 실천할 일이다.

조인상　"외출 후에는 꼭 손을 씻어라."라는 이야기는, 공기를 통
　　　　해 전파되는 바이러스성 전염병이 유행할 때 자주 듣는 얘
기다. 바이러스는 미생물로 기침을 할 때 가능한 한 멀리 튀어나가 빨
리 새로운 숙주를 찾아 이동을 해야 생존이 가능해진다. 외출 후에는
세균이 인체 내로 들어오기 전에 씻어내는 것이 감기나 독감을 예방
하는 방법이고 손 씻기는 습관화해야 한다.

황효숙　모든 생활 습관에 깨끗이 하여 몸을 단정하게 하고 위생뿐
　　　　아니라, 몸가짐 또한 바르게 하여 매사 정직하고 반듯한
정신을 가지고 살아야 한다. 끝까지 정직하고 철두철미하게 정직한
것이 바로 '정직'이라고 생각한다. 한 번쯤은 대충하고 그냥 넘어간
다는 생각조차 버려야 한다.

"나쁜 습관을 고쳐 가르친다."

{ 본문 }

剪燈焰, 注硯池, 不滅不溢者, 亦可見小心.
전 등 염　주 연 지　불 멸 불 일 자　역 가 견 소 심

{ 해석 }

등잔불 심지를 자르고 벼루 물을 부을 때 불이 꺼지지 않게 하고 물이 넘치지 않게 하는 것은, 역시 조심함을 알만한 것이다. (김종권 역, 1993, p.318)

{ 한자 뜻풀이 }

剪 자를전 燈 등등 焰 불꽃염

注 부을주 硯 벼루연 池 못지

不 아닐불 滅 꺼질멸 不 아닐불 溢 넘칠일 者 놈자

亦 또역 可 옳을가 覔 볼견 小 작을소 心 마음심

{ 실천방향 }

김윤섭 조심성과 주의력을 기르는 일은 사람마다 조금씩 다르긴 해도 이런 습관을 몸에 베이게 하는 일이야말로 반드시 반복 훈련이 필요하다. 그냥 이루어지는 일은 없다. 어린 아기가 옆으로 돌아눕는 단계에서 얼마나 열심히 반복 연습을 감행하는지 지켜본 바가 있다면, 결코 그냥 저절로 되는 일은 없다는 것을 알 수 있다. 부모님들과 선생님들이 늘 세심한 관심을 가지고 지도해 나가야 하는 일이다.

황효숙 성장기 아이들에게 흔히 나타나는 주의력 결핍 과잉행동 장애는 이제 아이들만의 병이 아니고 성인들에게도 급증하고 있다고 한다. 무엇이든지 경거망동하지 말고 말과 행동에는 두 번 이상 생각하고 신중하게 행동하여야 함을 아이들에게 일러둔다.

지옥진 생활을 하면서 조심해야 할 것이 너무 많다. 급하게 하다가 실수하고 다치고, 물건을 부서뜨리는 경우가 있다. 예를 들어 비싼 휴대폰을 화장실에 빠트린다든가, 액정을 떨어뜨릴 경우 수리 비용이 들게 된다. 휴대폰 완충장치로 케이스를 끼워서 사용하면 보호가 되는데, 어떤 아이는 그냥 휴대폰 자체로 들고 다니는 것이 유행이라서 그런다고 말한다.

어느 날 급하게 서두르다가 사무실 불을 끄지 않은 것을 다음날 출

근해서 알게 되거나 집에 난방을 끄지 않고 나오는 일도 있고, 전기렌지에 음식을 올려놓고 까맣게 태운 일도 있다. 겨울에는 특기 난방기 제품을 살펴보고 조심하며 차분하게 정리하고 돌아보아야 할 자세이다.

"바른 학습태도를 가르친다."

{본문}

裝書封札, 剪束粘搨, 必須精詳正一, 子弟之職
장 서 봉 찰　　전 속 점 탑　　필 수 정 상 정 일　　자 제 지 직

也.
야

{해석}

책을 매고 편지를 봉할 때, 자르고 묶고 붙이고 박는 것을 반드시 정하고, 상세하고 바르고 가지런하게 하는 것은 공부하는 자제들의 할 일이다. (김종권 역, 1993, p.318)

{한자 뜻풀이}

裝 꾸밀장　書 글서　封 봉할봉　札 편지찰

剪 자를전　束 묶을속　粘 붙을점　搨 베낄탑

必 반드시필 須 모름지기수 精 정할정 詳 자세할상 正 바를정 一 한일
子 아들자 弟 아우제 之 갈지 職 직분직 也 어조사야

{ 실천방향 }

김윤섭 자신의 일은 자기 스스로 하도록 가르치고, 작은 일이라도
일하는 요령을 일러줄 필요가 있다. 어릴 때 배워둔 것은
평생 가는 것이 많다.

조인상 예쁘게 다이어리 쓰기가 유행이다. 서로 SNS에 올리기도
하고, 팬시Fancy 회사에서 부추기기도 한다. 가독력 높은
예쁜 글씨와 바르게 정돈하는 모습은 컴퓨터 활용시대에서도 좋은
재능이다. 영유아기부터 바르게 정돈하는 모습을 많이 보여주고 알
려주자.

황효숙 책을 소중히 여기지 않고 찢어진 책을 들고 다니거나, 책
장을 심하게 접어두거나, 함부로 낙서를 하는 아이를 보면
책의 소중함을 가르치는게 옳다. 책에 무엇을 메모할 때에도 반듯하
게 깨끗이 쓰는 것이 좋으며, 연필로 메모해 두어 고칠 수 있게 하는
것이 바람직하다.

지옥진 바르고 가지런히 하는 것은 공부하는 자제들이 할 일이라
는 이야기는 공부할 때 책상을 깨끗이 치우고 마음가짐을
정갈하게 해야 공부가 더 잘 된다는 연구결과가 있는데, 이와 같이 주

변 정리가 잘되고 주변을 볼 수 있는 것은 시간적, 정신적 여유가 있다는 뜻이다.

아이들이 책상을 잘 치우지 않고 어지럽히고 옷가지들이 사방에 널려 있어 그냥 밟고 다닌다는 이야기를 부모님들에게서 자주 듣는데, 요즘 아이들이 너무 바쁘게 공부와 학원생활로 자신을 여유있게 볼 시간이 부족해서 기본 생활 습관이 잘 되지 않는 아이들이 많은 것 같다.

"부모 섬김의 정성을 익히도록 가르친다."

{본문}

事親者, 烹藥煮茶, 水火之候, 不可不知.
사 친 자   팽 약 자 차   수 화 지 후   불 가 불 지

{해석}

　어버이를 섬기는 사람은 약을 달이고 차를 끓이는 데, 그 물과
불의 정도를 잘 알지 않아서는 안 된다. (김종권 역, 1993, p.318)

{한자 뜻풀이}

　事 일 사　親 친할 친　者 놈 자

　烹 삶을 팽　藥 약 약　煮 삶을 자　茶 차 차

　水 물 수　火 불 화　之 갈 지　候 기후 후

　不 아닐 불　可 옳을 가　不 아닐 불　知 알 지

김윤섭 《사자소학四字小學》에 '복이회아腹以懷我 유이포아乳以哺
我' – 배로써 나를 품어주고 젖으로써 나를 먹여주다–라
했다. 어버이의 은혜를 아는 사람으로 키워야 한다. 효심孝心은 타고
나는 성품이기도 하겠지만 부지런히 가르쳐서 실천하도록 늘 경책警
策해야 할 일이다. 자식이 귀하다 여겨질수록 엄격한 가르침이 따라
야 한다.

조인상 섬김의 리더십이 열풍이다. 겉모습으로 취하는 섬김의 모
습이 아니고 진정성 있는 섬김이 필요한 시대이다. 섬김
의 출발은 부모이고 장수와 더불어 노환이 사회문제가 되고 있는데,
어릴 적 키워주신 것을 갚아준다고 생각하면 될 것이다. 섬김 받는 부
모가 되려면 어릴 때 자녀양육에 성심을 다해야 한다.

인간은 동물과 달라 최소 만 5세까지 부모의 돌봄이 없으면 살 수
가 없다. 정성껏 아이를 양육한다면, 아이는 섬김의 의미를 온전히 알
게 되고 실천하는 삶을 살 수 있다.

황효숙 '섬김과 정성'은 부모를 대하는 데 있어서 기본 원리라 할
것이다. 어릴 적에는 깨닫지 못하지만 부모가 얼마나 정
성으로 자식을 대하는지 하나에서부터 열까지 대충 키우는 적이 없
다. 철저히 교육을 잘 받은 아이는 어른이 되어서도 주위를 잘 살핀
다.

매사에 대충대충 하는 일이 없고 주위 사람들을 잘 섬기고 배려하

고, 나누고 양보하며 덕을 쌓고 공손히 어른을 섬길 줄 안다. 그만큼 어릴적 가정교육은 어린아이의 근본의 토대가 된다.

"손님 접대의 태도를 가르친다."

{본문}

賓客之會, 盃盤筆硯, 橫縱座間, 執事承奉, 綽
빈객지회　배반필연　횡종좌간　집사승봉　작

然有儀, 無或麤踈, 可以觀其人也.
연유의　무혹추소　가이관기인야

論語曰,「敏於事.」
논어왈　　민어사

{해석}

　　손님이 모여 놀 때 술상과 붓, 벼루 등이 이리저리 자리 사이에
널려 있으면, 일 보는 사람은 침착하고 정숙하게 시중하여 위의가
있어야지, 조금도 거칠거나 소홀함이 없어야만 가히 그 사람됨을
알 수 있다.

　　《논어》에 말하기를, 「일을 하는 데는 민첩하게 하라.」고 하였

다.(김종권 역, 1993, pp.318-319)

{ 한자 뜻풀이 }

賓 손빈 客 손객 之 갈지 會 모일회

盃 잔배 盤 소반반 筆 붓필 硯 벼루연

橫 가로횡 縱 세로종 座 자리좌 間 사이간

執 잡을집 事 일사 承 이을승 奉 받들봉

綽 너그러울작 然 그럴연 有 있을유 儀 거동의

無 없을무 或 혹혹 麤 거칠추 疏 소통할소

可 옳을가 以 써이 觀 볼관 其 그기 人 사람인 也 어조사야

論 논할논 語 말씀어 曰 가로왈

敏 민첩할민 於 어조사어 事 일사

{ 실천방향 }

김윤섭   손님을 맞을 때는, 집안 정돈 정도는 하고 맞이하는 것이
작은 예의이다.

조인상   지혜와 지식의 차이가 아닐까 하는 생각이다. 지식이 많
은 것과 지혜로워 현명한 일처리를 하는 것은 다르다. 상
황에 맞게 처신을 잘하는 아이로 양육하려면 많은 경험을 주는 것이
방법이다. 여행도 많이 다니고, 새로운 체험도 많이 주며, 책도 세상
도 많이 만나도록 지원하는 것이다.

황효숙　손님 접대할 때는 최대한으로 손님이 불편하지 않도록 대하며, 너무 과하지 않게 자연스럽게 편하게 대하는 것이 좋지만 소홀해서는 안되며 정성이 깃들여있어야 한다. 아무리 작은 것이라도 최선을 다하고 격식을 차리고 예의를 갖추어 보살펴드리는 것이 좋다.

지옥진　손님이 오면 불편하지 않고 과하지 않게 모시는 것이 예의이다. 논어에 '일을 하는 데는 민첩하게 하라.'고 하는 말은, 물건이 어질러 있어도 조심하고 해하는 일이 없어야 한다는 뜻이 될 수 있다.

"자녀의 장래를 위한 교육을 하라."

{본문}

貧賤家兒, 固無論也, 雖富貴家兒, 讀書之餘,
빈천가아　고무논야　수부귀가아　　독서지여

隨其筋力, 時執勞苦之役, 後日功效甚大.
수기근력　시집노고지역　후일공효심대

朱子曰,『古人上下之分雖嚴, 然待子弟如臣僕.』
주자왈　　고인상하지분수엄　연대자제여신복

陶淵明, 籃輿用其子與門人, 子路之負米, 夫子
도연명　남여용기자여문인　자로지부미　부자

之釣弋.
지조익

古人之執干戈衛社稷, 躬耕稼陶漁之事. 後世驕
고인지집간과위사직　궁경가도어지사　후세교

侈日甚, 反以臣子之職爲恥, 士君子知爲學者,
치일심　반이신자지직위치　사군자지위학자

漸率其子弟, 庶幾可少變乎?
점 솔 기 자 제   서 기 가 소 변 호

{해석}

가난하고 천한 집 아이는 실로 말할 것이 없지만, 비록 부유하고 귀한 집 아이라도 책을 읽고 공부하는 여가에 그 힘에 따라서 때때로 수고로운 일을 하면, 뒷날에 그 보람이 매우 클 것이다.

주자는 말하기를, 『옛날 사람은 신분의 상하에 구별이 비록 엄하였으나, 그 자제를 대하기를 하인들과 같이 하였다.』라고 하였다.

도연명(:동진의 시인. 도삼)은 가마를 타고 다닐 때 그 아들과 문인들을 시켜 메게 하였고, 자로(:공자의 제자. 중유)는 쌀을 져다가 부모를 봉양하였고, 공자는 낚시질과 주살질을 하였다.

또 옛날 사람들은 무기를 잡아 종묘사직을 지켰고, 몸소 밭을 갈아 농사를 짓고, 그릇을 굽고 고기를 잡았다. 그런데 후세에 와서는 교만하고 사치스러움이 날로 심하여져서, 도리어 신하와 아들로서 해야 할 일을 부끄럽게 여기게 되었는데, 사군자는 학문을 할 줄 아는 사람이니, 그 자제를 잘 거느려 조금씩이라도 달라지게 하기를 바랄 수 없을 것인가?(김종권 역, 1993, p.319)

{한자 뜻풀이}

貧 가난할빈 賤 천할천 家 집가 兒 아이아

固 굳을고 無 없을무 論 논할논 也 어조사야

雖 비록수 富 부유할부 貴 귀할귀 家 집가 兒 아이아

讀 읽을독 書 글서 之 갈지 餘 남을여

隨 따를수 其 그기 筋 힘줄근 力 힘력

時 때시 執 잡을집 勞 일할노 苦 쓸고 之 갈지 役 부릴역

後 뒤후 日 날일 功 공공 效 본받을효 甚 심할심 大 클대

朱 붉을주 子 아들자 曰 가로왈

古 옛고 人 사람인 上 위상 下 아래하 之 갈지 分 나눌분 雖 비록수
嚴 엄할엄

然 그럴연 待 기다릴대 子 아들자 弟 아우제 如 같을여 臣 신하신 僕 종복
陶 질그릇도 淵 못연 明 밝을명

籃 대바구니남 輿 더불여 用 쓸용 其 그기 子 아들자 與 더불여 門 문문
人 사람인

子 아들자 路 길로 之 갈지 負 질부 米 쌀미

夫 지아비부 子 아들자 之 갈지 釣 낚을조 弋 주살익

古 옛고 人 사람인 之 갈지 執 잡을집 干 방패간 戈 창과 衛 지킬위
社 모일사 稷 피직

躬 몸궁 耕 밭갈경 稼 심을가 陶 질그릇도 漁 고기잡을어 之 갈지 事 일사

後 뒤후 世 인간세 驕 교만할교 侈 사치할사 日 날일 甚 심할심

反 돌이킬반 以 써이 臣 신하신 子 아들자 之 갈지 職 직분직 爲 할위
恥 부끄러울치

士 선비사 君 임금군 子 아들자 知 알지 爲 할위 學 배울학 者 놈자

漸 점점점 率 거느릴솔 其 그기 子 아들자 弟 아우제

庶 여러서 幾 몇기 可 옳을가 少 적을소 變 변할변 乎 어조사호

김윤섭 서양 교육사상가 페스탈로찌Johann Heinrich Pestalozzi
(1746-1827)는 생활 중심의 교육관을 실천하려 했던 바,
"나는 학습을 노동과 결합시키고 학교를 공장과 결합하여 양자를 통
합하려 했다."고 하여 공리적 효용성보다 교육적 가치로서 노작勞作
을 강조했으며, 노작을 통해서 가슴의 덕성을 함양하고 정신적인 의
지를 단련할 수 있다고 보았다.(김태오, 2011, pp.99-100) 새겨볼 일이
다.

조인상 스스로가 경험한 것보다 좋은 학습방법은 없다. 체험학습
이라고도 한다. 다양한 체험을 통해 스스로 느껴보는 것
은 세상을 넓게 바라볼 수 있는 힘이 될 것이다. 역지사지易地思之는
말과 생각만으로는 이루어질 수 없다. 내가 그가 아닌데, 어떻게 그를
온전히 이해할 수 있을 것인가? 세상의 모든 일을 다 경험할 수는 없
겠지만 다양한 경험은 인생을 풍부하고 아름답게 성숙하게 한다.

황효숙 어릴 적 교육자이셨던 부모님께서는 사람을 하대하는 것
을 금기시하셨다. 나 또한 우리 아이들에게 똑같이 교육
을 하였다. 사람은 귀천이 없는 것으로 누구나 존중 받아야함을 강조
하였다. 단지 역할 분담이 다를 뿐이다. 자녀의 장래가 무엇이 되는
가도 중요하지만 그보다 어떤 인격체의 사람이 되는가가 훨씬 더 가
치 있기 때문이다. 우리는 끊임없이 성장해야 함을 잊어서는 안 된
다. 육체가 자라는 것뿐 아니라 아이의 정신과 영혼까지도 성장하고

성숙되어져야 함을 잊어서는 안 된다.

지옥진   우리나라의 경제성장으로 원하면 다 가질 수 있는 환경을
갖추고 있는 부유한 가정이 많다. 아이들과 상담할 때 필
요하고 갖고 싶은 것이 있는지 물어보면 없다고 하는 아이들도 있다.
그런데 이런 것이 다 좋은 것일까?

어떤 엄마는 자신이 결핍된 환경에서 어릴 때 자랐기 때문에 아이
에게 필요하다고 생각되면 사시사철 계절 옷, 학용품, 간식들을 냉장
고에 미리 채워서 넣는다고 한다. 그런데 아이가 감사한 것을 모른다
고 하셨다.

앞으로는 아이가 필요한 것을 원할 때, 그리고 아이가 원하는 제품
을 스스로 골라서 살 수 있도록 하는 것이 좋겠다.

두 번째는, 용돈을 정해놓고 용돈으로 살 수 있는 것은 스스로 구
입하고 가격이 나가는 제품이나 부모가 구입해주어야 하는 것은 정
해 놓는 것이 좋다. 예를 들어, 친구와 떡볶이를 사먹거나 더워서 아
이스크림을 사서 먹는 등 소소하게 자신이 필요한 것을 사는 경우는
용돈으로 쓰도록 하고 필요한 것이지만 가격이 나가는 것은 서로 합
의하고 상의해서 결정하는 것이 좋다.

가난하거나 부자이거나 어릴 때부터 스스로 자신이 선택하고 책임
지게 하는 것이 가장 중요한 경제교육이라고 생각한다.

"바르고 고운 마음씨를 가르친다."

{ 본문 }

鄭童子慶參, 從余學, 靜厚而勤實.
정 동 자 경 삼 종 여 학 정 후 이 근 실

嘗曰, 『處萬事, 得其善甚難, 登溷琑事也, 善登
상 왈 처 만 사 득 기 선 심 난 등 혼 쇄 사 야 선 등

亦難.』
역 난

余聞而嘉之.
여 문 이 가 지

{ 해석 }

　　정경삼이라는 아이는 나에게서 공부를 하였는데, 정숙하고 온
후하면서 부지런하고 착실하였다.

　　그는 일찍이 말하기를, 『온갖 일이 다 처리하기가 극히 어려운
것입니다. 변소에 가는 일 같은 것은 아주 작은 일이지만, 그것도

잘하기가 역시 어렵습니다.』라고 하였다.

　나는 그 말을 듣고서 그 마음가짐을 아름답게 여겼다.(김종권 역,
1993, pp.319-320)

{ 한자 뜻풀이 }

　鄭 나라정　童 아이동　子 아들자　慶 경사경　參 석삼

　從 좇을종　余 나여　學 배울학

　靜 고요할정　厚 두터울후　而 말이을이　勤 부지런할근　實 열매실

　嘗 맛볼상　曰 가로왈

　處 곳처　萬 일만만　事 일사

　得 얻을득　其 그기　善 착할선　甚 심할심　難 어려울난

　登 오를등　溷 어지러울혼　瑣 자질구레할쇄　事 일사　也 어조사야

　善 착할선　登 오를등　亦 또역　難 어려울난

　余 나여　聞 들을문　而 말이을이　嘉 아름다울가　之 갈지

{ 실천방향 }

김윤섭　일상日常의 소소한 일이라 해서 대충해도 괜찮은 일은 없
다. 작은 일이라도 주의를 기울이고 조심하고, 또 다시 살
펴보는 습관과 태도가 몸에 베이도록 어릴 때부터 가르쳐야 한다. 예
를 들면, 옛 어른들 교육에서는 물건 하나도 타넘고 다니지 말고, 식
구들 간 대화도 언성을 높이지 말라고 가르치셨다. 가족 간에 서로 위
하고 경애하는 공경恭敬을 실천하도록 했던 것이다. 그렇게 가르쳐
두는 것이 자녀의 장래를 위하는 길이다.

조인상　모든 일에 마음을 다하여 세상을 살아가야 하는데, 조금만 잘하면 방자해진다. 개구리가 올챙이적 생각을 못한다는 말처럼 한결같은 마음으로 대하기란 어려운 일이다. 운전자도 3년이 지나면 사고율이 높아진다고 한다. 이제 좀 운전을 잘할 수 있다고 생각하여 조심성을 잃어버리기 때문일 것이다. 가끔이라도 가고 있는 이 길이 내가 가려고 했던 곳인지 되돌아봐야 한다. 겸손은 너무 어렵다. 아이들을 양육하면서 자기 성찰할 수 있는 습관을 주어야 한다. 일기를 쓰거나 가족의 날을 정해서 서로의 얘기를 들어주자. 들어주고 지지해주자. 무엇이든 시간을 들인 것만큼 성장한다는 법칙은 늘 유효하니까.

황효숙　바르고 고운 마음씨가 어떤 것인지 알지만, 그것을 꾸준히 끝까지 실천하기는 참으로 어렵다. 특히 이해관계가 있는 직장이나 조직에서는 더더욱 그렇다. 처음엔 바르고 고운 마음씨이지만 그것을 끝까지 고수하기란 쉽지 않으며, 특히 이기적인 사람들과 같이 생활하면서 어찌 끝없이 용서하고 배려하고 이해할 수 있을까? 늘 혼란스럽고 숙제로 남는다. 바르고 고운 마음씨를 아이에게 가르치되 지속적으로 끝까지 실천할 수 있는 뚝심 또한 병행해야 하겠다.

세 살 적 배움, 평생을 이끈다

사소절士小節 동규편童規編

초판 인쇄 2021년 11월 10일
초판 발행 2021년 11월 17일

저 자 이덕무
역 자 김종권
해 설 김윤섭·조인상·황효숙·지옥진
발행자 김동구
디자인 이명숙·양철민
발행처 명문당(1923. 10. 1 창립)
주 소 서울시 종로구 윤보선길 61(안국동)
        우체국 010579-01-000682
전 화 02)733-3039, 734-4798, 733-4748(영)
팩 스 02)734-9209
Homepage www.myungmundang.net
E-mail mmdbook1@hanmail.net
등 록 1977. 11. 19. 제1~148호

ISBN 979-11-91757-24-8 (93150)
20,000원